Die Welt in einer Schale Tee

Von Gerhardt Staufenbiel

Die Welt in einer Schale Tee

Buchbeschreibung:

Der Japanische Teeweg, die meditative Kunst der Teezubereitung, die vom Zen, in seinem Ursprung aber auch vom Christentum geprägt ist, wird hier aus einer jahrzehntelangen Erfahrung auf diesem Übungsweg vorgestellt.

Die historischen Hintergründe werden mit eigenem Erleben auf diesem Übungsweg kombiniert und ergeben so ein lebendiges und gründliches Bild dieser geheimnisvollen Kunst.

Der Teeweg bildet nicht nur das Herz der Japanischen Kultur, sondern bietet gerade auch in den heutigen hektischen Zeiten einen Ort der Stille und der Selbstreflektion in einer Gemeinschaft gleichgesinnter Menschen als Gastgeber und Gast.

Über den Autor:

Der Autor blickt auf eine mehr als fünfzigjährige praktische Erfahrung im japanischen Teeweg zurück. Aber auch die Übungswege des Zen, und der Zen-Shakuhachi haben sein Denken geprägt. Zugleich war er als Dozent für Philosophie in der Erwachsenenbildung und als Gründer des Myoshinan Chadojo, dem Zentrum für japanische Künste und den Teeweg tätig.

Er ist Verfasser einer Reihe von Büchern über die japanische Kultur, Zenkünste, Hölderlin und Zenmeister Dōgen, die aus dem Dialog zwischen dem Abendland und dem fernen Osten aus der praktischen Erfahrung in den Zen-Wegen und der abendländischen Philosophie geprägt sind.

Die Welt in einer Schale Tee

Leben auf dem japanischen Teeweg

Band 1

Von Gerhardt Staufenbiel

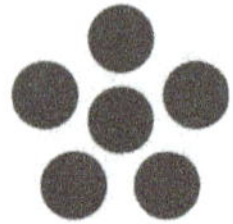

Band 1

Verlagslabel: Myoshinan, www.teeweg.de

Druck und Distribution im Auftrag des Autors:
tredition GmbH, Heinz-Beusen-Stieg 5, 22926 Ahrensburg, Germany

Chanoyu ist wie der Ton des Windes in der Kiefer,
gemalt mit Tusche und Pinsel auf einer Hängerolle.

In meinen Händen halte ich eine Schale Tee.
Seine grüne Farbe ist ein Spiegel der Natur, die uns
umgibt.
Ich schließe meine Augen, und tief in mir finde ich die
grünen Berge und das klare Wasser der Quellen.
Ich sitze allein, werde still und fühle, wie all dies ein
Teil von mir wird.

Sen Sōshitsu XV

Die übernatürlichen Kräfte, so wie sie sind, sind das
Teetrinken und das Essen im Hause der Buddhas. Bis
heute sind die Buddhas ihrer nicht müde geworden.

Dōgen Zenji

Inhaltsverzeichnis

Eine Schale Tee

Draußen wirbeln die weißen Flocken und decken das Land.
Alles verschwindet im winterlichen Weiß.
Der riesige Wintermond steht hell und klar
über den kahlen Feldern.
Die Luft ist rein, aber die Kälte lässt erzittern.
Alles wird still.
Nur der Wind singt sein Lied in den kahlen Bäumen.
Eilende Schritte knirschen im Schnee.

Drinnen singt der Teekessel über dem Holzkohlenfeuer.
In der versenkten Feuerstelle glühen die Holzkohlen
und verbreiten wohlige Wärme.
Warmes, flackerndes Kerzenlicht erhellt den winzigen Raum.
Der Duft von edlen Hölzern und kostbarem Räucherwerk
erfreut das Herz.

Still sitzen Menschen um das Feuer und genießen
den duftenden Tee aus uralten Schalen.

Der Winter kommt heran.
Sehnsucht nach der Geborgenheit im Teeraum.
Heimkehr in die Stille.

Chanoyu – der Teeweg

Chanoyu ist wie der Ton des Windes in der Kiefer,
gemalt mit Tusche und Pinsel auf einer Hängerolle.

Chanoyu 茶の湯, im Westen meistens als die japanische Teezeremonie bezeichnet, ist eine traditionelle japanische Kunstform, die sich auf die Zubereitung und den Genuss von Matcha (fein gemahlenem grünen Tee) konzentriert. Wörtlich bedeutet Cha-no-Yu 茶の湯 ‚Heißes Wasser für Tee‘. Das ist eine für den japanischen Zen sehr typische Untertreibung, denn es ist viel mehr als nur als das Erhitzen von Wasser und die Zubereitung und den Konsum von Tee. Es ist eine spirituelle, ästhetische und philosophische Lebenspraxis, die tiefe Einblicke in die japanische Kultur und Lebensweise bietet.

Diese Zeremonie betont Prinzipien wie Harmonie, Respekt, Reinheit und Gelassenheit. Chanoyu kann eine formelle oder informelle Veranstaltung sein, bei der der Gastgeber den Gästen Tee serviert. Die Vorbereitung des Tees wird mit großer Achtsamkeit in ritualisierter Form durchgeführt, wobei jeder Schritt der Zubereitung eine bestimmte Bedeutung hat.

Die Teezeremonie umfasst auch das Studium von Kunstwerken, Keramik, Raumgestaltung und Blumenarrangements, die alle darauf abzielen, eine Atmosphäre der Ruhe und Ästhetik zu schaffen. Die Teilnehmer können sich auf die Schönheit des Moments, den Geschmack des Tees und die Interaktion mit anderen konzentrieren, während sie sich in einer entspannten Umgebung befinden.

Chanoyu hat eine lange Geschichte und ist eng mit dem Buddhismus, der Philosophie des Zen sowie anderen Aspekten der traditionellen japanischen Kultur verbunden. Es dient nicht nur als Gelegenheit, Tee zu trinken, sondern auch als eine Möglichkeit, Achtsamkeit zu praktizieren und die Verbundenheit mit anderen und mit der Natur zu würdigen und zu einem tiefen inneren Frieden zu finden.

Hier im Buch werden wir auch den kulturellen Ursprüngen in China und in Japan nachgehen, die Eingang in den Teeweg gefunden haben.

Der Teeweg – ein Leben

1. Chanoyu to wa

Chanoyu to wa	Chanoyu: das bedeutet[1]
tada yu wo wakashi	Nur Wasser erhitzen
cha wo tetete	Tee bereiten
Koto wo shiru-beshi.	und ihn trinken.
nomu bakari naru	Dessen muß man sich bewusst sein.

Sen no Rikyū

Dieser Text von Teemeister Sen no Rikyū[2] beschreibt das Wesen der japanischen Kunst des Teeweges, des Chadō oder Sa-dō 茶道.[3] Es ist einfach nur: ‚Wasser erhitzen und Tee trinken‘. Mehr nicht. Aber das rituelle Teetrinken ist eine Gelegenheit, bei der in stiller Harmonie die Herzen des Gastgebers und seiner Gäste eine innige Einheit erleben, in der jeder Unterschied zwischen Gast und Gastgeber verschwindet. Das ist ein Zustand eines völligen inneren Friedens beim Teilen einer Schale Tee.

Rikyū wurde einhundert Jahre nach seiner erzwungenen Selbsttötung durch Seppuku zu einer Art Tee-Gott oder Tee-Heiligem erhoben. Sein Beispiel hat den Teeweg in Japan bis heute tief geprägt.

Die Version des Textes oben stammt aus dem Nambōroku, den Aufzeichnungen des Mönches Nambō über seine Gespräche mit Rikyū zum Teeweg. In leicht abgewandelter Form findet sich der Text als waka

---

[1] Fassung aus dem Nambōroku, Kapitel Metsugo, Worte nach dem Tod (Rikyūs), 2. Abschnitt.

[2] Sen no Rikyū 千 利休; 1522 bis 1591.

[3] 茶道 Teeweg. Der Tee 茶 cha (tscha) und der Weg 道 Dō chinesisch gesprochen. Es gibt auch die Aussprache als Sa-dō. Beide Aussprachen sind korrekt, aber die häufigere Aussprache ist Cha-dō. So heißt es auch Cha-wan für Teeschale, Cha-shaku für Teelössel etc. Der Begriff chadō wurde zur Zeit Rikyūs noch nicht verwendet. Stattdessen heißt die Kunst der Teebereitung Cha-no-yu, wörtlich ‚Heißes Wasser für Tee‘.

Gedicht in den Rikyū hyakushū,[1] den einhundert Gedichten über den Tee, die Sen no Rikyū zugeschrieben werden. Das zeigt, wie wichtig der Gedanke der Schlichtheit des ‚einfach nur Tee Trinkens‘ war.

Rikyū nennt diese Kunst mit den schlichten Worten ‚Cha-no-yu‘, wörtlich ‚heißes Wasser für Tee‘. Erst später kam die Bezeichnung Chadō als Weg des Zen in Anlehnung an die anderen Künste wie Kadō oder Ikebana, Kendo oder Kyudō auf. In den westlichen Ländern nennt man diese Kunst eher Teezeremonie. Der Blick der ersten Europäer, die eine Tee-Einladung miterleben durften, fiel auf die Teebereitung als Ritual. Heute gibt es in der Tradition der Urasenke, einer der großen Schulen für Cha-no-yu, mehrere hundert verschiedene formalisierte Methoden, mit denen der pulverisierte grüne Tee zubereitet wird. Tantansai, der Großmeister der Urasenke in der 14. Generation nach Rikyū hat eine Liste mit etwa 800 unterschiedlichen Methoden und mehr als 250 völlig verschiedenen Abläufen bei der Zubereitung des Tees notiert. Die komplexen Formen gleichen einem Ritual, das sich je nach Gelegenheit, den geladenen Gästen, den verwendeten Teegeräten und vor allem auch nach den Jahreszeiten variiert.

Rikyūs Gedicht dagegen betont, dass es sich bei dieser Kunst um etwas ganz Einfaches handelt. Nur Wasser erhitzen, Tee bereiten und trinken. Aber dieses einfache Handeln hat sich zu einer hochstilisierten Kunst entwickelt, die zu einem der wichtigsten Übungswegen Japans, dem Cha-Dō 茶道, dem Tee-Weg wurde. Dieser Teeweg kann durchaus als das Herz der japanischen Kultur angesehen werden.

Rikyūs Gedicht stellt zwar die Kunst des Teetrinkens als ganz einfache Sache vor, aber diese Kunst hat eine ganze Welt geschaffen. Man trifft sich zum Teetrinken in schlichten Teehäusern, deren Architektur eine besondere Kunstform darstellt. Die Teehäuser liegen in eigens für den Teeweg angelegten Gärten, dem Rōji, dem ‚taubedeckten Pfad‘. Der Teeweg hat eine reichhaltige Kultur der Keramik hervorgebracht und eine ganz eigenständige Kunst des Blumensteckens geformt, die sich sehr von der üblichen Form des Ikebana unterscheidet. Viele der japanischen Künste wie die Kunst des Schreibens mit dem Pinsel, das Verfassen von

---

[1] Die beiden grundlegenden Texte zum Teeweg werden ausführlich im zweiten Band besprochen.

12

Kurzgedichten oder die Tuschemalerei haben Eingang in den Teeweg gefunden oder sind sogar speziell für den Teeweg geformt worden.

Einfach nur Feuer anzünden, Wasser erhitzen, Tee bereiten und ihn trinken, scheint eine ganz simple Angelegenheit zu sein. Aber in Wahrheit ist es eine sehr komplexe Kunst, die ein jahrelanges Üben erfordert. Das einfache Tee-Trinken steht am Ende eines langen Weges, in dem alles wieder ganz schlicht und natürlich wird.

Im siebten Kapitel, dem Metsugo, ‚Worte nach dem Vergehen‘ berichtet Nambō nach dem Tod Rikyūs aus der Erinnerung. Im zweiten Abschnitt heißt es:

> Bei der Verwendung des Daisu, der Beachtung von Yin und Yang und der Kanewari,[1] gibt es unzählige zeremonielle Formen vom formalen Raum bis hin zur flüchtigen wabi Teestube im Grasstil. Nach einer langen Ausbildungszeit sollte ein Teemensch diese Prinzipien und Formen verstehen und ausführen können. Die Essenz von „wabi" ist die reine und unverfälschte Welt des Buddha, und der taubedeckte Pfad zum Teehaus (roji) ist ein Ort, an dem jeder weltliche Staub abgefallen ist und an dem der Gastgeber und die Gäste einen aufrichtigen Austausch von Herz zu Herz haben. Es geht nicht darum, mit größter Anstrengung die genauen Regeln einzuhalten und die Einzelheiten der Zeremonie genau zu beachten.
>
> Es geht nur darum, ein Feuer anzuzünden, Wasser zu kochen, Tee zuzubereiten und ihn zu trinken. Nichts anderes. Diese reine, von allem Unwesentlichen befreite Gestalt ist genau der Geist Buddhas.

Der Text unterscheidet verschiedene Stile der Teebereitung. Das Daisu, ein Schmuckgestell, das aus China nach Japan kam, wurde nur im formalen Shoin-Raum der Adligen verwendet. Die Anordnung der Teegeräte erfolgt nach genauen geheimen Regeln, die den Gesetzen von Yin und Yang, japanisch In und Yō entsprechen.

Zusätzlich gibt es ein geheimes Maßsystem, die kanewari, nach der Anordnung und Abmessungen der Teegeräte geregelt sind. Kane ist das

---

[1] Namboroku, Kapitel 7: Metsugo, Abschnitt 2: 台子陰陽の曲尺割.

Winkelmaß des Zimmermannes und kanewari ist das Maßsystem, nach dem der gesamte Raum geregelt ist. Die Aufzeichnungen des Mönches Nambō sind die einzige Quelle für das System der kanewari. Sie stehen im Kapitel sumibiki – ‚mit Tusche durchgestrichen‘.

Keine der modernen Teeschulen vermittelt heute den Schülern die Kenntnis dieses kanewari Maßsystems, aber die gelehrten Formen spiegeln heute noch dieses System wieder, ohne es ausdrücklich zu benennen.

Die Tatami, die Reisstrohmatten, mit denen der Teeraum ausgelegt sind, werden nach Yin- und Yanglinien aufgeteilt. Vermutlich entsprechen diese Linien einem Maßsystem aus den Ritualen des esoterischen Buddhismus und dem Buddhismus des reinen Landes. Nur wenn alle verwendeten Geräte bei den Ritualen

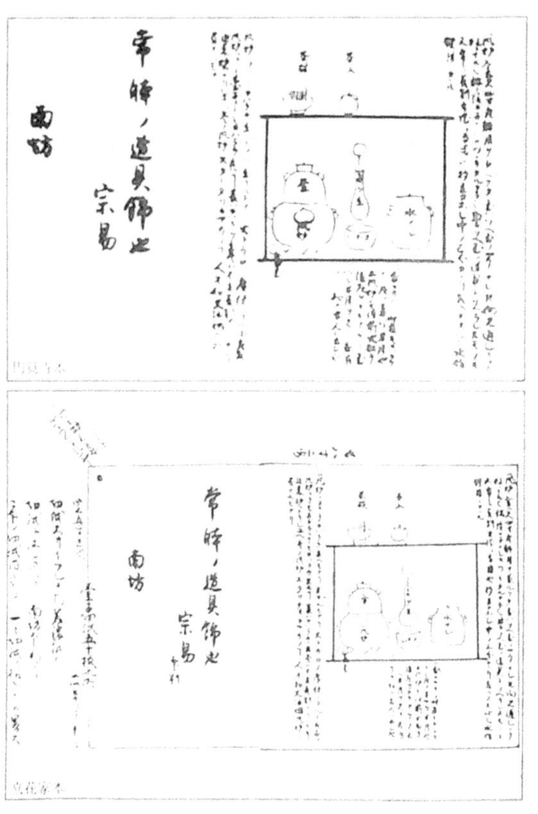

Abb. 1 Nambōroku: Daisu

genau nach diesem Maßsystem abgemessen und aufgestellt sind, ist gewährleistet, dass der Kultraum dem Paradies des reinen Landes des Amida-Buddha entspricht.

Aber nicht nur der formale Shoin-Raum ist nach diesem System geordnet. Auch die Formen der Teebereitung in der schlichten strohgedeckten Einsiedlerhütte folgen diesem geheimen System, das nur eingeweihten Personen bekannt war. Damit wird der Teeraum zu einem Abbild des westlichen Paradieses des Amida. Man muss nicht bis nach dem Tod warten, um das Paradies betreten zu können. Bereits das gemeinsame Teetrinken ist wie die Rückkehr in dieses Paradies.

Die formale Unterscheidung der Stile bei der Teebereitung bezieht sich nicht nur auf die Formen im Shoin-Raum oder in der strohgedeckten Hütte. Bereits die Art des Tees, der zubereitet wird, ist nach formalem oder eher schlichtem Tee im Grasstil unterschieden. In der gesamten japanischen Kunst gibt es drei Stile mit unterschiedlicher Formalität, nämlich shin 真, *gyō* 行 und sō 草. Der formalste Stil ist shin 真. Wörtlich ist shin die Wahrheit, wahr, echt. In den Kunststilen ist es der formalste Stil. In der Schreibkunst bezeichnet shin den `Kanzleistil‘, bei dem die Schriftzeichen in ihrer strengsten und korrekten Form geschrieben werden. Gyō ist halbformal und sō ist wörtlich ‚Gras‘. In der Schreibkunst tanzt der Pinsel flüchtig über das Papier und man benötigt oft spezielle Lexika, um die im Grasstil geschriebene Schrift überhaupt lesen zu können.

Die schlichte und flüchtig gebaute Teehütte im Grasstil ist Sōan 草庵. Im Münchner Englischen Garten hatte einmal ein deutscher Künstler die Grashütte des Teemeisters Sōan nachgebaut. Er dachte, der Teemeister Sōan hätte sich einmal eine Hütte aus Gras gebaut. Das zeugt dann wohl von totaler Unkenntnis der japanischen Kultur. Natürlich gibt es keinen Teemeister Namens Sōan und die Hütte ist auch nicht aus Gras, sondern im Grasstil gebaut. Die Wände sind aus Lehm und Bambus und das Dach ist mit Stroh gedeckt. Im Inneren der Hütte ist der eigentliche Teeraum mit Tatami, den Reisstroh-Matten ausgelegt. Gras findet man dort nirgendwo.

Die Unterscheidung nach formalem, wahren Tee gibt es bereits bei der Art der Teezubereitung. Heute gibt es die strikte Trennung von formalem dicken Tee im Shin-Stil, dem Koicha und dem dünnen Tee im Grasstil, dem Usucha. Beim dünnen Tee werden lediglich zwei Teelöffel Teepulver mit etwa 15 bis 20 ml Wasser gemischt und mit dem Teebesen schaumig geschlagen. Beim dicken Tee dagegen werden pro Person ca 15 Teelöffel vom Teepulver mit wenig Wasser geknetet bis eine glänzende Masse von etwa der Konsistenz von Rahmspinat entsteht. Der Tee ist so dick, dass man ihn eher essen statt trinken muss. Er soll so flüssig sein, dass man in gerade noch ohne Löffel aus der Schale ‚trinken‘ kann. Bei der Zubereitung des dicken Tees liegt der Schwerpunkt auf der strengen

Einhaltung der Form. Die Zeremonie wird in tiefem Schweigen und voller Konzentration auf den Tee durchgeführt. Erst wenn der Gast den ersten Schluck probiert hat, fragt der Gastgeber, ob die ‚Medizin' so in Ordnung ist: „O fuku kagen wa".

Die Zubereitung erfolgt nach genau festgelegten Schritten einer Choreografie. Zunächst werden die Teegeräte in den Raum gebracht und angeordnet. Dann wird die Teeschale angewärmt und der Teebesen aus Bambus gewässert, damit die Fäden des Besens nicht brechen. Im nächsten Schritt wird das Teepulver in die Schale gegeben und mit Wasser vermischt. Teilweise sind die einzelnen Schritte in einer ganz natürlichen Abfolge geordnet. Gibt man etwa den Tee in das heiße Wasser, so ist es sehr schwer, das Teepulver gut mit dem Wasser zu vermischen. Also kommt zuerst das Pulver in die Schale und wird dann mit Wasser aufgegossen. Die einzelnen Schritte folgen festen Konventionen, die sich sehr stark je nach tenmae unterscheiden. Die Choreografie der Schritte wird als tenmae 点前 oder temae 手前 bezeichnet. Ten 点 - mae 前 ist wörtlich ‚Punkt und davor'. Das Bewusstsein ist immer genau am Punkt: jetzt und jetzt und jetzt. Es ist eine Abfolge von Augenblicken, die immer genau jetzt, am Punkt sind. Te 手 - mae 前 ist der Punkt, der unmittelbar vor der Hand liegt. Der Gastgeber tut immer genau das, was gerade jetzt vor der Hand liegt. Temae 手前 ist eine Kunst oder Kunstfertigkeit, in diesem Fall für die Zubereitung des Tees nach einem festen Ritual.

Es ist nicht sicher, ab wann die Formen von Usucha und Koicha streng unterschieden wurden. Vermutlich gab es eine dünnere Variante des Tees und eine dickere, mehr cremige Art. Heute wird streng zwischen den beiden Arten unterschieden. Der dicke Tee ist dabei als Shin, als ‚wahrer Tee' klassifiziert und der dünne Tee als Sō – Tee, also als ‚Gras-Tee'.

Die meisten formalen Variationen der Teezeremonie sind Formen des Koicha. Beim dünnen Tee steht der Gast im Mittelpunkt während bei den formalen Zeremonien der Schwerpunkt und die Konzentration auf der Zubereitung von Tee liegt. Aber bei den formalen Zeremonien im Shin-Stil besteht die Gefahr, dass die Einhaltung der Formen so wichtig genommen wird, dass Gast oder Gastgeber über die Fehler der anderen spotten. Im Nambōrōku heißt es dazu:

Bei der Verwendung des Daisu, der Beachtung von Yin und Yang und der Kanewari (台子陰陽の曲尺割) gibt es unzählige zeremonielle Formen vom formalen Shoin-Raum bis hin zur flüchtigen wabi Teestube im Grasstil. Nach einer langen Ausbildungszeit sollte ein Teemensch diese Prinzipien und Formen verstehen und ausführen können.

Die Essenz von wabi ist jedoch der Ausdruck der reinen und unverfälschten Welt des Buddha, und der taubedeckte Pfad zum Teehaus (roji) ist ein Ort, an dem jeder weltliche Staub abgefallen ist und an dem der Gastgeber und die Gäste einen aufrichtigen Austausch von Herz zu Herz haben.
Es geht nicht darum, mit größter Anstrengung die genauen Regeln einzuhalten und die Einzelheiten der Zeremonie genau zu beachten. Es geht nur darum, ein Feuer zu anzuzünden, Wasser zu kochen, Tee zuzubereiten und ihn zu trinken. Nichts anderes. Diese reine, von allem befreite Form entspricht genau dem Geist des Buddha.

Auch heute noch gibt es in den Traditionen der Teeschulen Japans geheime Überlieferungen, die nur fortgeschrittenen Schülern vorbehalten sind. Diese Formen sind sogar nach Stufen der Geheimhaltung geordnet. Es gibt in der Tradition der Urasenke die Shikaden, die Okuden und die Betsuden als geheimste Form, die nur mündlich vom Lehrer auf den Schüler weitergegeben werden. Aber es besteht die Gefahr, dass bei diesen strengen Formen der eigentliche Geist des Teeweges verloren geht. Im Nambōroku heißt es dazu:

> Die Gäste kritisieren den Gastgeber und der Gastgeber macht sich lustig über die Fehler seiner Gäste. Aber wir können nicht darauf warten, bis jemand kommt, der im Erwachen die Wahrheit versteht. Wenn ich den Tee bereiten könnte mit dem großen Meister Zhaozhou[1] als Lehrer und Bodhidharma als Gast, dann könnte ich eine wirklich gelungene Teeversammlung gestalten.
> Yukai Yukai 愉快 愉快 – Angenehm froh

Nambō wünscht sich den alten chinesischen Meister Zhaozhou, oder wie ihn die Japaner nennen Jōshū als Lehrer. Jōshū soll nach der Tradi-

---

[1] Zhaouzhou oder japanisch Jōshū *778 +897.

tion erst im Alter von achtzig Jahren begonnen haben, eigene Schüler anzunehmen. Dann unterrichtete er noch weitere vierzig Jahre als Zenmeister bis er mit fast 120 Jahren starb. Von ihm gibt es sehr viele Zengeschichten und Kōan. Allen gemeinsam sind es die Schlichtheit und der einfache, alltägliche Geist, der aus den Geschichten spricht.

Einmal wurde Jōshū von einem Mönch gefragt, wie man die Buddhaschaft erlangen kann. Jōshū antwortete: „Als ich jung war, habe ich mir ein Mönchsgewand aus sechs Pfund Hanf gemacht!" In einem anderen Koan wird der chinesische Zenmeister Dong-Shan gefragt:

> „Ru he shi Fo – Was ist Buddha?" Dong-Shan antwortete: „Drei Pfund Hanf!"

Die drei Pfund Hanf sind wohl nötig, um eine Zenrobe für den Mönch zu fertigen.[1] Sechs Pfund für die Robe von Jōshū sind einfach zu viel und zu schwer. Als junger Mensch stellt man sich oft die schweren und komplizierten Fragen. Aber im Alter merkt man, dass drei Pfund Hanf genügen. Nicht danach fragen, wie man zum Buddha werden kann. Das ist eine viel zu schwere Frage. Einfach nur die alltäglichen Dinge tun wie Wasser holen, Feuer anzünden, Tee bereiten und trinken.

Einmal wurde Jōshū wieder nach Buddha gefragt. Er antwortete mit einer Gegenfrage: „Hast du deine Reisschale schon gewaschen?" Frag keine theoretischen Fragen, tue einfach das, was jetzt im Augenblick unmittelbar erforderlich ist.

Bodhidharma ist der indische Prinz, der den Zen nach China brachte. Nach der Legende saß er neun Monate mit dem Gesicht zur Wand in einer Höhle und meditierte. Als er müde wurde, riss er seine Augenlider ab und warf sie auf den Boden. Daraus entstand der Teestrauch. Heute können die Mönche bei der Meditation den Tee trinken, damit sie bei der Meditation nicht müde werden. Sie müssen sich zum Glück auch nicht mehr die Augenlider abreißen. Noch heute sind die Zenmönche in Japan die größten Konsumenten des pulverisierten Matcha.

---

[1] Eine Hängerolle mit diesem Spruch hängt in meinem Teeraum in der bayerischen Rhön. Ich habe sie auf einer Chinareise von einem chinesischen Mönch geschenkt bekommen, der sie zuvor von einem japanischen Zenmeister in Japan bekommen hatte, der sie selbst geschrieben hatte.

Wenn Jōshū mit seinem alltäglichen Geist der Gastgeber ist und Bodhidharma der Gast, dann würde eine Teeeinladung für Nambō eine sehr freudige und angenehme Angelegenheit, weit entfernt vom Stress der Bewältigung all der komplizierten Rituale und Formen. So schreibt er dann auch unter seinem Text: Yukai 愉快 Yukai 愉快 .

Yukai ist ein Ausruf der Freude und des Wohlbefindens. Mit diesen beiden Gästen wäre die Teeinladung keine Pflicht, sondern eine angenehme und freudvolle Angelegenheit. Alles Bemühen um komplexe Formen und das sorgsame Einhalten von Regeln und Formen sind verschwunden. Die Bewegungen beim Bereiten von Tee sind fließend und völlig selbstvergessen geworden. Atmung und Bewegung werden eine harmonische Einheit und der Unterschied zwischen Gast und Gastgeber verschwindet. Alle atmen im selben Rhythmus. Keiner achtet auf etwaige Fehler des anderen. Alle sind ganz und gar in eins und genießen in freudig entspannter Atmosphäre gemeinsam den Tee.

> Es ist jedoch nicht möglich, irgend jemanden in dieser Welt in Bodhidharma oder Jōshū zu verwandeln. Die Tatsache, dass du das willst, bedeutet auch, dass du ein hartnäckiger junger Mann bist, was dem Buddhismus hinderlich ist. Das spielt keine Rolle. Es heißt, dass diejenigen, die die drei Welten verlassen haben, in Frieden leben können, ohne sich von den drei Welten belästigt zu fühlen.

Der Text wendet sich hier gegen den missionarischen Eifer, mit dem versucht wird, alle Menschen von der Richtigkeit der eigenen Ideen zu überzeugen oder sie zu zwingen, ebenso wie man selbst, unbedingt dem buddhistisch geprägten Teeweg zu folgen. Die drei Welten sind die Welt der Leidenschaften, die Welt des Hungers und die friedliche Welt des erlösten Geistes. Die erste Welt ist die alltägliche Welt, in der das Feuer der Leidenschaften, des Neides und der Missgunst in der Hektik des Alltags brennt. Die zweite Welt ist die Welt, in der die Übenden beginnen, sich aus diesem brennenden Feuer der Leidenschaften zu lösen. Diese beiden ersten Welten repräsentieren den Zustand des intensiven Leidens und der Qualen, die aufgrund von schlechten Handlungen und schlechtem Karma erlebt werden. Sie sind nicht nur als physischer Ort verstanden, sondern als ein Zustand des Geistes, in dem Leid und Unzufriedenheit vorherrschen. Die Dritte Welt ist die Welt der Befreiung vom Leiden, die unmittelbar als Ergebnis der Meditation erfahren werden kann. Jemand, der den inneren Frieden gefunden hat, verzichtet darauf, zu missionieren. Lediglich das Beispiel seines Lebens kann Andere motivieren, ebenfalls diesen Weg der Befreiung zu gehen. Nambō fährt fort:

„Bis hierher habe ich zugehört, aber die Bedeutung von Meister Rikyūs Worten ist mir etwas verschwommen, und ich weiß nicht, wie ich damit umgehen soll. Was genau ist das ‚Erwachen des Meisters‘ und wie äußert es sich?" Meister Rikyū antwortete darauf: „Die tiefe Erleuchtung der Gründer des Buddhismus übersteigt weit jemanden wie mich in Bezug auf den buddhistischen Weg. Als Zen-Mönch kommst du nicht einmal annähernd an sie heran.

Aber wenn man versucht, sie durch die buddhistischen Schriften und ihre Kommentare zu verstehen, ist man verloren. Lassen Sie mich Ihnen sagen, was ich über die Teezeremonie gelernt habe.

Die Teezeremonie hat eine Unzahl von Regeln und Vorschriften, einschließlich des Daisu. Die alten Meister hörten auf, diese Regeln zu lernen, und schrieben sie nur in ihren Geheimbüchern nieder, um sie ein Leben lang zu bewahren. Ich hatte den Ehrgeiz, eine höhere Stufe zu erklimmen, und so widmete ich mich der Zen-Meditation bei den Mönchen von Daitokuji und Nanshuji.

Ich widme mich der Teezeremonie jeden Morgen und Abend, basierend auf den zen-buddhistischen Regeln der Reinheit. Ich schuf auch die Grenzen des Roji und der Welt des Reinen Landes im westlichen Paradies und gestaltete die Teezeremonie in einer winzigen Einsiedelei mit zwei Tatami-Matten. Ich spürte die Bedeutung meiner Übungen beim Tragen von Feuerholz und beim Wasserholen, und ich erkannte, dass in einer Schale Tee wahrer Geschmack steckt. Aber es ist meine Schuld, dass das Herz des Tees, das wie klares Wasser sein will, manchmal trübe wird. Wenn der Gast keine Person ist, die den Weg gemeistert hat, wird auch der Meister von der Unerfahrenheit des Gastes beeinflusst".

Anders als die alten Meister, die lediglich den Ablauf der Zeremonien in geheime Bücher geschrieben, aber die Zeremonie nicht mehr praktisch geübt hatten, übt Rikyū jeden Morgen und jeden Abend die komplette Zeremonie. Es genügt nicht, zu wissen, wie die Zeremonien ablaufen sollen, sie müssen praktisch geübt werden und das immer und immer wieder. Dabei gestaltet Rikyū sie aus den Erfahrungen heraus, die er bei der Zen-Meditation gemacht hatte. Es genügt nicht, still für sich in Versenkung zu sitzen. Die Erfahrung aus der Meditation muss sich im alltäglichen Tun verwirklichen. Das Tragen von Feuerholz und das Wasserholen sind die alltäglichen Übungen, die noch weit über eine reine Zen-Meditation hinausführen und die zu den einfachen Tätigkeiten des Alltäglichen gehören.

Der Zen-Mönch Nambō betont, dass für Rikyū die Zen-Meditation allein nicht genügt. Rikyū ist bei seinem praktischen Tun auch von den Vorstellungen des reinen Landes geleitet. Das ‚reine Land' des Amida Buddha ist ein Paradies, weit im Westen gelegen. Dort herrscht vollkommene Harmonie. Kein Mensch herrscht über Andere und letztlich verwandelt sich die ganze Welt in Gold. Das reine Land hat große Ähnlichkeiten mit den Vorstellungen des christlichen Paradieses. Wenn man stirbt und man hat vorher mit vollkommen reinem Herzen den Namen Amida Buddhas gerufen, dann erscheint im Sterben Amida Buddha und geleitet den Sterbenden in das westliche Paradies. Aber Rikyū genügt die Vorstellung des reinen Landes, das man nach dem Tod erreicht, nicht. Er gestaltet den Rōji, den Teegarten und den kleinen Teeraum so, dass sie ein Abbild des reinen Landes sind.

Rōji bedeutet wörtlich ‚taubedeckter Boden 露地'. Dieser Garten ist mehr als nur ein Weg, der zur Teestube führt; er ist eine sorgfältig gestaltete Umgebung, die die Gäste auf die spirituelle Erfahrung der Teezeremonie vorbereitet. Der Rōji erweckt mitten in der Großstadt den Eindruck eines moosbedeckten Pfades weitab von jeder Hektik in den Gebirgen. Mitten im Garten liegt ein kleiner Zaun mit einer Tür, die den Bereich der Außenwelt vom stillen Ort des Teehauses abgrenzt. Beim Durchschreiten der Tür verlässt man den Bereich der Hektik und des Alltags. Vor dem Eingang zum Teeraum steht ein Wasserbecken, an dem man Hände und Mund vom Staub des Alltags reinigt.

Im Lotossutra wird von einem Hausherrn berichtet, der entdeckt, dass sein Haus lichterloh brennt. Wenn er die Familienmitglieder warnt, so würden sie in Gier versuchen, zu retten, was zu retten ist und dabei im Feuer umkommen. So ruft er, dass draußen im Freien auf dem ‚taubedeckten Boden' - dem Roji - ein Wagen steht, der mit kostbaren Edelsteinen und goldenem Geschmeide gefüllt ist. So rennen alle nach draußen. Dort aber erkennen sie, dass sie gerade ein brennendes Haus verlassen haben. Das brennende Haus ist die alltägliche Welt der Hektik und der Gier. Der Roji der Ort, an dem das kühle Feuer des Erwachens auf den Tautropfen im Moos leuchtet. Es ist der Ort der Befreiung vom Feuer der Leidenschaften.

roji wa tada	Da der taubedeckte Pfad
ukiyo no hoka no	nichts anderes ist
michi naru ni	als ein Weg abseits des Weltgetriebes,
kokoro no chiri no	wird er das Herz wohl
nado chirasan	von seiner Unreinheit befreien.

Der Roji dient dazu, die Gäste auf den Moment der Teezeremonie vorzubereiten, indem er sie dazu einlädt, ihre Gedanken loszulassen, ihre Sinne zu schärfen und sich auf die Einfachheit und Schönheit des Moments zu konzentrieren. Es ist eine Gelegenheit, sich von äußeren Ablenkungen zu lösen und sich auf die gemeinsame Erfahrung des Tees, der Harmonie und der Verbundenheit zu konzentrieren.

Der Mönch Nambō – falls der denn tatsächlich gelebt haben sollte – war ein Zenmönch in der Nachfolge des großen Zenmeisters Ikkyū. Dennoch ordnete er den Tee nicht als Kunst des reinen Zen ein. Vielmehr ist er eine Kunst als Verwirklichung des Buddha, unabhängig von irgendwelchen Schulrichtungen. Tatsächlich hat auch der Buddhismus des reinen Landes des Amida Buddha einen großen Einfluss auf die Philosophie des Teeweges gehabt. Der Teeraum ist dann nicht nur eine Stätte der Zen-Übung, sondern auch eine Verwirklichung des Paradieses im Reinen Land Amidas und eine Übung, die nicht nur Zenbuddhisten, sondern auch Anhänger anderer buddhistischer Richtungen in Japan ausübten.

Für die meisten Japaner ist heute die Kunst der Teebereitung in keiner Weise mehr mit religiösen Vorstellungen verbunden. Die Teekunst ist weitgehend zu einer Unterhaltung und zum Zeitvertreib gut situierter älterer Damen geworden. Der Einfluss des Zen auf den Tee wird anerkannt, genau so wie der Zen andere Künste wie etwa die Malerei, die Schreibkunst oder das Spiel der Shakuhachi beeinflusst hat. Außerhalb Japans dagegen suchen die Teeschüler häufig nach einer Methode, in die Stille zu kommen. Daher wird der Teeweg meistens als Zen-Kunst und als Meditation verstanden.

Dass der Tee keine rein religiöse Kunst ist, die lediglich für japanische Buddhisten lebbar wäre, zeigt, dass die christlichen Missionare der Jesuiten, die zur Zeit Rikyūs in Japan missionierten, begeisterte Anhänger der Teekunst waren.

Gemeinsam essen und trinken ist auch nicht auf die japanische Kultur beschränkt. Es ist ein Ur-Erleben, seit es Menschen gibt. Die Formen des Chanoyu konnten sich lediglich deshalb nicht im Abendland verbreiten, weil sich Japan für Jahrhunderte völlig von der Außenwelt abgrenzte. So wurde die Kunst der Teebereitung zu einer unverwechselbaren japanischen Kunst, wie sie sonst nirgendwo auf der Welt entstanden ist.

Dennoch gibt es sogar in dieser ganz und gar japanischen Kunst Elemente aus dem christlichen Abendland. Die Jesuiten, die in Japan missioniert haben, waren begeisterte Anhänger der Teezeremonie. Es wird sogar gesagt, dass der heilige Franz Xavier den Teemeister Sen Rikyū getroffen hat und ihm vom Kamel erzählt hat, das eher durch ein Nadelöhr hindurchgeht, als dass ein Reicher Eingang in das Himmelreich finden wird.

Daraufhin hat Rikyū die Eingangstür in den Teeraum so niedrig geformt, dass man sich auf die Knie lassen muss, um dort hineinzukriechen.

Die Bewegungen, mit denen die Teeschale mit einem weißen Tüchlein ausgewischt wird, können als I-N-RI, geschrieben in japanischen Kana – Zeichen いんり, gedeutet werden. Man kann heute noch in den Bewegungsmustern der Urasenke-Schule den Einfluss der Missionare erkennen. Wenn die Teeschale mit einem weißen Leinentüchlein gereinigt wird, so ergeben die Bewegungen die Form von japanischen Hiragana Schriftzeichen. Man schreibt die Silben ‚i' い und ‚ri' り. Mit dem Teebesen wird anschließend ein ‚no' の geschrieben. Japanische Teelehrer erklären häufig, dass die drei Zeichen das Wort i-no-ri ‚beten, ein Gebet verrichten', meinen. Aber inori ist ein modernes japanisches Wort. In der alten japanischen Sprache aus der Zeit Rikyūs kommt dieses Wort nicht vor. Außerdem wird nicht i-no-ri, sondern i-ri-no geschrieben. Schaut man genau auf die Bewegungen, so folgt auf das Zeichen für i い ein flüchtig dahingeschleudertes ‚n' ん und damit ergibt sich die Zeichenfolge I-N-RI. Kein Japaner kennt die Bedeutung dieser Zeichenfolge. Es könnte sein, dass diese Bewegung ein Erkennungszeichen der Christen war, die sich durch diese Zeichen heimlich zu erkennen gaben. Offiziell war ja das Christentum nach der Abschließung Japans verboten und man konnte seinen Glauben nur im Verborgenen leben.

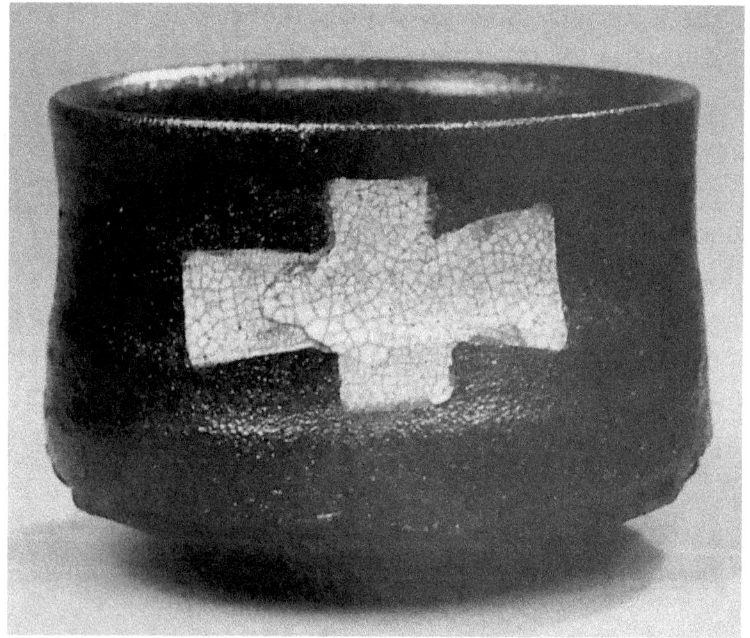

Abb. 2 Teeschale mit Kreuz

Das Auswischen der Teeschale ist vermutlich ein Überbleibsel aus der Missionierung der Jesuiten in Japan. Viele Beobachter, die zum ersten Mal eine Teezeremonie erleben, fühlen sich an eine katholische Messfeier erinnert.

Das ist die Hinterlassenschaft der Jesuiten, die begeisterte Anhänger der Teekunst waren. Jede Missionsstation verfügte über einen Teeraum und einer der Patres war dafür zuständig, dass der Raum stets für unerwartete Gäste vorbereitet war. Es gab sogar Teeschalen mit einem Kreuz auf der Vorderseite und Kaltwassergefäße in der Form von Taufbecken. Vielleicht hätte die Teezeremonie sogar Eingang in die abendländische Kultur gefunden, wenn nicht später die Christen in Japan verfolgt worden wären und sich das Land nicht völlig gegen die Außenwelt abgeschottet hätte. Diese Abschottung gegen den Westen entstand letztlich als Antwort auf die Politik Spaniens, die mit der Missionierung der Japaner die Herrschaft in Japan übernehmen wollten.[1]

Der Jesuitenpater Luis d'Almeida beschrieb in einem Brief von Oktober 1561 eine solche Teezeremonie.

> Hochstehende und reiche Japaner lieben es, ihren Gästen ihre Schätze als Zeichen der Wertschätzung zu zeigen. Diese Schätze bestehen aus Utensilien, die sie zum Trinken eines bestimmten pulverisierten Krautes benutzen, das sie cha nennen. Dieses Kraut ist bei denen, die es trinken sehr beliebt. Sie mahlen eine halbe Handvoll der Blätter, geben sie in eine Porzellanschale und füllen mit heißem Wasser auf. Dazu benutzen sie einen sehr alten Eisenkessel und einen Behälter für das Wasser, mit dem sie die Porzellanschale reinigen. Außerdem einen kleinen Dreifuß, auf den sie den Deckel des Wasserkessels ablegen, damit er nicht auf den Bodenmatten liegt. Der Behälter für die Teeblätter, der Löffel und die Schöpfkelle mit der sie das Wasser aus dem Kessel schöpfen - alle diese Utensilien sind die Kostbarkeiten Japans so wie Ringe, Halsketten, kostbare Rubine und Diamanten bei uns.

Luis d'Almeida war als echter Portugiese tief beeindruckt über den Reichtum, den die Japaner, denen er begegnete, in ihren Teeräumen zeigten. Weit entfernt vom Ideal der Schlichtheit, wie es Rikyū formuliert, ging es den japanischen Teeleuten offenbar darum, kostbare Gegenstände zu zeigen. Luis d'Almeida schreibt weiter in seinem Brief:

> (Im Teeraum) war auf einer Seite ein Regal, wie es hier üblich ist und davor eine Feuerstelle aus schwarzer Keramik, die glänzte wie ein polierter Spiegel. Darauf ein wunderbar gestal-

---

[1] Ausführlicher dazu: Vor langer Zeit – Mukashi mukashi. ISBN 978-3-7439-5134-1.

teter Teekessel auf einem merkwürdig geformten Dreifuß.[1]

Die Asche, auf der die Holzkohle glühte, sah aus wie sehr fein gemahlene und gesiebte Eierschalen. Alles war von größter Reinheit und so geordnet, dass man es kaum beschreiben kann. Mein Begleiter sagte mir, dass der Gastgeber den Teekessel für über 600 Dukaten[2] erstanden hatte, dass er aber sehr viel mehr Wert sei. Nachdem wir Platz genommen hatten, wurde eine Mahlzeit serviert. ... Ich kann versichern, dass man nirgendwo auf der ganzen Welt ein Mahl finden kann, dass besser bereitet und serviert wird als in Japan.

Nach der Mahlzeit setzten wir uns alle anmutig auf unseren Knien nieder, wie es unter den japanischen Christen Sitte ist.

Der Gastgeber servierte eigenhändig den Cha, den ich vorher beschrieben habe. Anschließend zeigte er mir einen kleinen eisernen Dreifuß, auf dem er zuvor den Deckel des Wasserkessels abgelegt hatte. Er war so alt, dass er aus mehreren zerbrochenen Stücken wieder zusammengelötet war. Der Gastgeber erklärte mir, dass er dafür 1030 Dukaten[3] bezahlt hatte, dass er aber der Meinung sei, dass er sehr viel mehr wert sei. Er zeigte mir noch mehrere Utensilien, die alle in feine Beutel aus Damast und Seide gehüllt und in kleinen Holzkästen aufbewahrt waren. Er sagte mir, dass er noch mehr solcher Schätze besäße, die aber an einem sicheren Ort aufbewahrt würden.

Auch Rikyū war einer solchen Prachtentfaltung nicht abgeneigt. Für eine Teezeremonie am Hofe des Tennō hatte er einen zerlegbaren Teeraum entworfen, in dem alles aus Gold bestand. Sogar die Wände der Teehütte waren vergoldet und die Teeschale bestand aus purem Gold. Dabei ging es Rikyū aber vermutlich nicht darum, den Reichtum zu zeigen. Vielmehr verstand er den Teeraum als das westliche Paradies des

---

[1] Mit diesem Dreifuß ist vermutlich eine chinesische tragbare Feuerstelle aus Bronze mit drei Füßen gemeint. Das schwarze Gestell ist ein Daisu, ein Schmuckgestell, wie es im Teeraum benutzt wurde. Siehe Abb. 40, S. 188.

[2] Bei einem geschätzten heutigen Wert eines Golddukaten von ca. 200 € entspricht das einem Preis um die 120.000 Euro.

[3] Das entspricht nach der Schätzung einem heutigen Preis von über 200.000 Euro für einen winzigen Dreifuß von vielleicht 5 – 6 cm Höhe.

Amida-Buddha, in dem alles aus Gold besteht.

Aber als Erfüllung des buddhistischen Ideals galt Rikyū der schlichte Teeraum mit unverputzten Lehmwänden, in dem einfaches Gerät verwendet wurde. In der Schrift Nambōroku sagt Rikyū im Gespräch mit dem Mönch Nambō:

> Chanoyu im kleinen Raum ist vor allem eine Verwirklichung des Dō (des WEGES) im Geist des Buddhismus. Sich an der großartigen Konstruktion eines Hauses und an dem Geschmack erlesener Speisen zu freuen, ist eine sehr weltliche Angelegenheit. Uns genügt ein Haus, durch dessen Dach es nicht regnet, und ein Mahl, bei dem gerade der Hunger gestillt ist. Das entspricht der Lehre Buddhas und dem wahren Geist der Teekunst.

Rikyū nimmt hier ausdrücklich Bezug auf einen kleinen Teeraum, den er als Vollendung des Weges im Buddhismus sieht. Dass er sich in diesem Text ausdrücklich auf den Buddhismus bezieht, liegt an seinem Gesprächspartner, dem Zenmönch Nambō. Die Jesuiten haben ihre Art der Teebereitung wohl als Verwirklichung des christlichen Glaubens gesehen. Auch sehr viele der frühen Teemeister aus der Zeit Rikyūs waren entweder zum Christentum übergetreten oder hatten große Sympathien für das Christentum. Der Teeweg hat durchaus auch viele christliche Ideale der europäischen Renaissance aufgenommen. So gilt im Teeraum die Gleichheit der Menschen ohne Rangunterschied und ohne Berücksichtigung des Glaubens oder der ethnischen Zugehörigkeit. Das war im feudalen Japan durchaus nicht selbstverständlich. So ist der eigentliche Gehalt des Teeweges jenseits jeder Weltanschauung oder Religion.

Die kleinen Räume, die Rikyū entworfen hat, sind tatsächlich sehr klein. Der Raum Taian, den er speziell zum Empfang Hideyoshis nach dessen Korea-Feldzug entworfen und gebaut hatte, ist nur zwei Tatami groß. Eine Tatami ist eine Matte aus Binsengras und Reisstroh mit einer Größe von 95 cm auf 1,90 m. Der Raum hat also nur etwas mehr als dreieinhalb Quadratmeter. Und das für den Empfang eines siegreichen Feldherrn und Herrschers! In der Burg von Osaka, einem der militärischen Hauptsitze Hideyoshis hatte Rikyū den Yamasato Raum entworfen mit ebenfalls zwei Tatami. In diesem Raum empfing Hideyoshi wichtige politische Partner zum Tee. Yamasato 山里 ist ein kleines abgeschiedenes Bergdorf, das weitab von größeren Städten in der Einsamkeit der Berge liegt. Mitten in der von Krieg und Kampf geprägten Burg hatte Rikyū einen Rückzugsort in die Stille geschaffen. Hier ging es nicht um Prachtentfaltung und um prahlerische Präsentation von kostbaren Teegeräten. Hier konnten der Herrscher und seine Gäste den Frieden an einem geschützten Ort finden.

Es gab auch schon früh Bemühungen, sich von der Prachtentfaltung im Teeraum zu distanzieren. Man muss kein Vermögen ausgeben, um Wasser in einem eisernen Teekessel zu erhitzen.

In einem kleinen Vorort der Kaiserstadt Kyōto lebte der Teemeister Hechikan demonstrativ in großer Armut und in bescheidenen Verhältnissen. Er besaß nur einen einzigen Teekessel, mit dem er frisches Wasser holte, in dem er seinen Reisbrei kochte und den er auch für die Teezeremonie benutzte. Er besang den Kessel mit einem traditionellen Waka:

> Tetori me yo / onore wa kuchi ga / sashideta zo / zōsui taku to / hito ni kataru na[1]

> Oh mein Kessel! Dein Mund (Öffnung) ist etwas zu vorlaut. Erzähle den Menschen nicht, dass ich in dir meinen Reisbrei gekocht habe.

Eines Tages wollte Rikyū ihn besuchen, aber das Teehaus lag direkt an einer staubigen und belebten Straße. Am Eingang gab es zwar einen Brunnen, aber Rikyū meinte, dass man unmöglich mit Wasser aus diesem staubigen Brunnen den Tee bereiten könnte. Als er sich umdrehte, um wieder zu gehen, rief ihm Hechikan zu, dass er ruhig kommen könne, denn das Wasser wurde in den Bergen geschöpft und kam nicht aus diesem Brunnen. Rikyū kehrte um und beide hatten gute Gespräche

---

[1] Anna Zalewska, Expressing the Essence of the Way of Tea: Tanka Poems used by Tea Masters. In: Analecta Nipponica Journal of Polish Association for Japanese Studies.

beim Tee. Später wurden beide sogar gute Freunde. [1]

In den einhundert Lehrgedichten Rikyūs wird ebenfalls gesagt, dass es genügt, einen einzigen Teekessel zu besitzen. Mehr braucht es nicht, um Chanoyu zu praktizieren:

釜一つあれば茶の湯はなるものを数の道具をもつは悪かな

Kama hitotsu areba chanoyu wa naru mono o kazu no dogu o motsu wa orokana.

Wenn man einen Kama (Teekessel) für Chanoyu hat, ist es töricht, viele Teegeräte zu besitzen. [2]

Selbstverständlich benötigt man auch noch eine Schöpfkelle, eine Teedose und eine Teeschale. Gemeint ist, im Geiste der Schlichtheit den Tee zu praktizieren. Es kommt nicht darauf an, teure Teegeräte um sich herum zu versammeln. Es genügt, mit einem reinen und aufrichtigen Herzen den Tee zu bereiten. So kann Chanoyu oder die ‚Teezeremonie‘ in vollkommen unterschiedlichen Atmosphären und im unterschiedlichsten Geist gelebt und praktiziert werden. Auch heute gibt es den Tee als Nachweis, dass man über einen guten Geschmack verfügt und teure Teegeräte gesammelt hat. Es gibt auch den Tee als meditative Kunst, die in kleinen Räumen geübt wird. Während des Weltkrieges wurde der Teeweg als nationales Kulturgut verstanden. Der fünfzehnte Großmeister der Urasenke Sōshitsu Sen XV diente auf Kyūshū in einem Teil der japanischen Truppen, die versuchten, mit den Kamikaze-Fliegern die amerikanische Flotte zu treffen. Nach dem Krieg wandelte sich das Verständnis des Teeweges. Sōshitsu Sen begann, ihn als Mittel der Völkerverständigung weltweit zu verbreiten. Seine Devise war: „Frieden durch Teilen einer Schale Tee". Am häufigsten aber findet man den Tee in Japan heute als Freizeitbeschäftigung wohlhabender älterer Damen, die sich in kostbare Kimonos gekleidet zu einem Treffen mit guten Gesprächen beim Tee versammeln. Dort wird der Teeweg nicht als meditative Kunst, sondern als lockere gesellschaftliche Zusammenkunft verstanden. So kann

---

[1] Geschichte und Gedicht werden erzählt in: Stories from a Tearoom Window; Shigenori Chikamatsu, erstmals 1804 publiziert. Jetzt englische Übersetzung in Tuttle books.

[2] Rikyū hyakushū Nr 98.

sich der Teeweg historisch an die Gegebenheiten der jeweiligen Zeit anpassen. Seine Spannweite reicht von einer meditativen, vom Zen beeinflussten Kunst bis hin zum Zeitvertreib und zur Unterhaltung für ältere Damen.

In der klassischen Schrift Nambōroku erklärt Rikyū chanoyu als eine Kunst, die allgemein menschlich ist. Hier im Text bekommt diese Kunst einen buddhistischen Hintergrund, aber wenn man Buddha als einen Menschen versteht, der zu sich selbst gefunden hat und der damit zum Vorbild für andere wurde, dann handelt es sich um etwas allgemein Menschliches.

> Man bringt Wasser herbei, sammelt Brennholz, erhitzt das Wasser und bereitet Tee. Dann bringt man ihn dem Buddha dar, reicht ihn den anderen und trinkt ihn auch selbst. Man arrangiert Blumen und entzündet Weihrauch. Durch all dies formen wir uns selbst, um nach den Taten Buddhas und der vergangenen Meister zu wandeln.
> Alles andere musst du aus Dir selbst verstehen lernen.

Gemeinsam Essen und Trinken gehört zu den ureigensten menschlichen Erfahrungen jenseits jeder Religion oder kulturellen Prägung. Diese Erfahrung gehört zum biologisch eingeprägten Urwesen des Menschen.

Nachdem Moses die steinernen Gesetzestafeln erhalten hatte, führte er die Ältesten Israels auf den Berg Choreb. Am frühen Morgen kommen sie auf dem Gipfel an und sie „sahen Gottheit, leuchtend wie Kern des Himmels". Und dann geschieht etwas Ungeheures: „Sie setzten sich nieder und aßen und tranken und nicht reckte seine Hand aus JHWJ wider die Eckpfeiler Israels".[1] Die Ältesten SEHEN Gottheit. Statt niederzufallen im Gebet, tun sie das Natürlichste und Einfachste: Sie setzen sich zum gemeinsamen Mahl im Angesicht der Gottheit. Kein Mensch kann die Gottheit sehen von Angesicht und leben. Aber das gemeinsame Mahl wird zu einer Feier der Gegenwart Gottes und der Gemeinschaft der Menschen. Das alltäglichste, das gemeinsame Mahl wird zum einem der tiefsten religiösen Erleben. Niemand muss dabei einen Gott anbeten.

---

[1] Übersetzung: Martin Buber.

Es ist ganz einfach und alltäglich: Gemeinsam Essen und Trinken!

Ein Schüler fragte Rikyū eines Tages, was denn der Sinn des Teeweges sei. Rikyū antwortete: „Nur Wasser holen, Feuer anzünden, Tee bereiten und trinken. Das ist alles." Der Schüler meinte: „Das kann ich alles schon!" Rikyūs Antwort war ganz im Geist des Zen gesprochen: „Dann möchte ich dein Schüler werden!"

2. Mein Weg zum Tee

Der September war bisher recht warm und sonnig gewesen. Aber heute, genau an meinem Geburtstag, regnete es den ganzen Tag ununterbrochen.

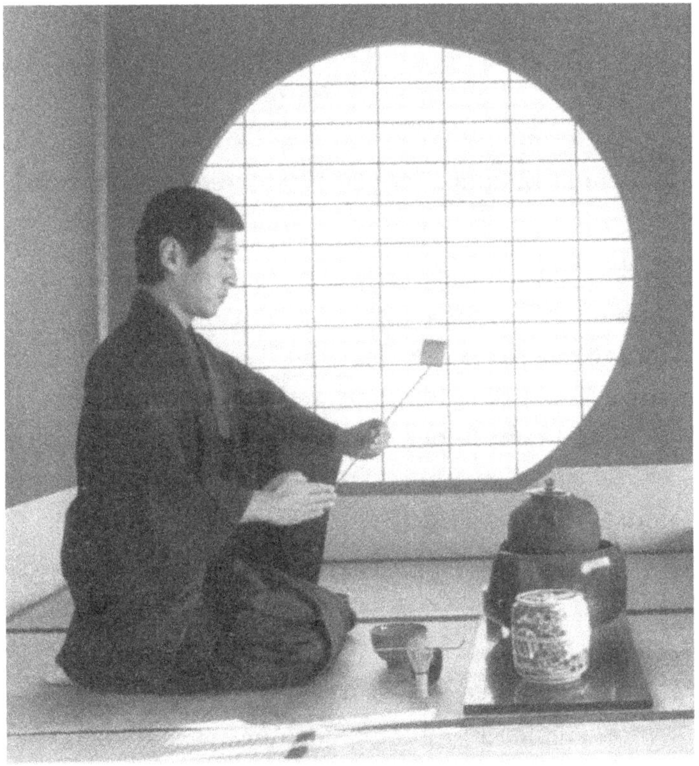

Abb. 3 Yoshinori Kawasaki im Münchner Teehaus

Ein milder Herbstregen fiel auf die Bäume und Büsche im Englischen Garten, die grün und warm im Regen leuchteten. Noch gab es kaum Anzeichen einer Herbstfärbung.

Als ich mich dem Teehaus direkt hinter dem Haus der Kunst näherte, strömte von dort her ein wunderbarer Duft, der sich mit dem Duft von feuchtem Gras im warmen Regen mischte. In der Ferne läuteten die Glocken der Ludwigskirche zum Sonntaggebet. Die Straßen waren still und der Englische Garten lag einsam und verlassen, so als wäre er nicht mitten in der Stadt, sondern weit entfernt, irgendwo auf dem Lande in tiefer Abgeschiedenheit. Sogar die Enten und Schwäne auf dem Teich waren still. Es schien ihnen wohl einfach zu nass im Regen. Alles war vom warmen Herbstregen wie reingewaschen und neu, so als wäre die Welt gerade eben erst entstanden, und alle Wesen standen ehrfürchtig staunend vor der friedvollen Welt.

Als ich das Gartentor über der Brücke zum Teehaus öffnete, wurde der Duft aus dem Teehaus immer stärker. Es schien, als hüllte er die ganze Welt in duftende Wolken. Der kurze Weg über die schmale Brücke führte in eine andere Welt, in eine Welt der Stille und des Friedens. Es war wie im Lande des Amida Buddha, der alle Wesen rettet und zu sich ins Paradies holt. Dort regnet es Blüten vom Himmel und ein wunderbarer Duft umhüllt die ganze Welt.

Heute, an meinem Geburtstag war ich mit ein paar Mitschülern von Yoshinori Kawasaki, unserem Sensei zum Tee eingeladen. Er würde ein Essen reichen, zweimal die Holzkohle zeremoniell legen und den dicken Tee, den Koicha und danach den dünnen Tee, den Usucha, bereiten. Die Einladung würde ungefähr fünf Stunden dauern. Fünf Stunden der Besinnung und des tiefen Friedens.

Yoshinori Kawasaki[1] hatte ein wunderbares Essen vorbereitet, das er nun im Teeraum servierte. Es gab die üblichen Speisen wie Miso-Suppe,

---

[1] Das Foto Abb. 3 auf der gegenüberliegenden Seite zeigt Kawasaki im Herbst 1980. Das Foto habe ich aufgenommen für einen Artikel, den ich geschrieben habe für: Rausch und Realität. Drogen im Kulturvergleich. 2 Bände. Materialbände zu einer Ausstellung des Rautenstrauch-Joest-Museums für Völkerkunde Köln; Band 2: Teezeremonie in Japan. Außerdem in der Festschrift ‚200 Jahre Englischer Garten, das Teehaus im Englischen Garten‘ München 1989.

Reis und gesäuertes Gemüse. Als zweiten Gang servierte er leicht angebratenen Thunfisch. Dazu reichte er Reis, der mit Azukibohnen verfeinert war: „Damit euch der Reis besser mundet"!

Danach legte Kawasaki Sensei frische Holzkohle ins Feuer und fügte noch köstliches Räucherwerk hinzu. Ein fast betäubend schöner Duft von Sandelholz erfüllte den Raum und die Herzen.
Draußen fiel der Regen mit einem gleichmäßigen stillen Geräusch vom weit überhängenden Dach des Teehauses in den Kiesgarten. Es war wie der gleichmäßige Gesang der Mönche bei der Rezitation der Sutren. Der Gesang des Regens draußen wurde unterstützt vom Singen des Teekessels auf dem Feuer. In einer merkwürdig trauervoll wehmütigen, aber ausgesprochen ehrfürchtigen Stimmung bereitete Yoshinori dann den dicken Tee. Nach dem dünnen Tee verließen wir tiefberührt getragen von der ehrfürchtigen Stimmung das Teehaus. Es war die trauervoll würdige Stimmung des Mono no aware, in der die Schönheit der Vergänglichkeit gefeiert wurde. An diesem Tag erlebten wir den tiefen Geist des Teeweges aus dem Zen:

閑坐聴松風　　　kanza chō shōfū
In Stille sitzen - dem Kiefernwind lauschen.

Noch heute - fünfzig Jahre später - erfüllt mich diese Stimmung, wenn ich an die Tee-Einladung von damals denke. Die Erinnerung daran gehört zu den kostbarsten Erlebnissen, die dem Leben einen tiefen Sinn verleihen.

Yoshinori Kawasaki war 1972 als ganz junger Teelehrer nach München gekommen. Später wurde er einer der hochrangigsten Teelehrer der Urasenke. Damals hatte Sōshitsu Sen Hounsai Oiemoto XV,[1] der Großmeister der Urasenke-Teeschule in Kyōto, zur Olympiade in München ein japanisches Teehaus gestiftet. Kawasaki war als Teemeister gekommen und führte während der Spiele die Teezeremonie vor. Das Teehaus steht zwar im Münchner Englischen Garten, aber der gehört zur Schlösser-

---

[1] Sōshitsu Sen: Sen ist der Familienname. Jeder Großmeister der Urasenke nimmt mit seiner Amtseinführung den Namen Sōshitsu an. Hōunsai ist der buddhistische Name, den ein Zenmeister verliehen hat. Hō-un ist der Wolken-Phönix, -sai bezeichnet einen Laienpriester. Oiemoto ist der Titel des Oberhauptes einer Kunstrichtung. Wörtlich: Wurzel des Hauses.

und Seenverwaltung des bayerischen Staates. Dort entschied man, dass ein Teehaus nur dann Sinn macht, wenn es dort regelmäßig Vorführungen und Unterricht geben würde. So blieb Kawasaki als ständiger Lehrer in München. München hatte damit als erste deutsche Stadt einen ständigen japanischen Teelehrer.

Während der heiteren Olympischen Spiele in München, die mit dem tragischen Mord an Mitgliedern der israelischen Mannschaft endeten, hörte ich von den Vorführungen der Teezeremonie im neu gestifteten Teehaus. Damals trafen wir uns regelmäßig zu einer kleinen philosophischen Arbeitsgruppe an der Münchner Universität. Wir versuchten zusammen mit dem japanischen Philosophie-Doktoranden Ryosuke Ohashi in ersten Schritten, Texte aus dem Shōbōgenzō von Zenmeister Dōgen zu übersetzen.[1] Schließlich besuchte ich auch eine Vorführung im Teehaus. Yoshinori Kawasaki hatte unglaublich schöne und elegante Bewegungen, mit denen er den Tee bereitete. Ich war wie vom Schlag gerührt. Die Stille, die Eleganz und Schönheit der Bewegungen in einem praktischen Zenweg war wohl das, wonach ich schon immer gesucht hatte. Schon am nächsten Tag hatte ich meine erste Unterrichtsstunde bei Kawasaki Sensei.

Ich war auf einem langen Weg der Suche endlich zum Tee gekommen und Kawasaki war mein erster und wichtigster Lehrer. Später habe ich noch sehr viele sehr gute Lehrer kennengelernt. Aber Kawasaki hat die unauslöschliche Liebe zum Tee in mir geweckt und gefestigt. Ich bin ihm immer dankbar dafür, denn der Teeweg hat mein Leben geprägt.

Schon während des Physik-Studiums war ich magisch von der Philosophie angezogen und ich las Schopenhauer und Nietzsche. Während meiner Arbeit in der physikalischen Forschung am Max-Planck-Institut begann ich mit dem Zweitstudium der Philosophie. Aber mir war die reine Philosophie zu abgehoben und praxisfern. So begann ich mit Yogaübungen. Aber die theoretischen Hintergründe des Yoga waren damals noch von der Theosophie geprägt und stießen mich ab. So begann ich,

---

[1] Viele Jahre und viele Übungsstunden im Zen und im Teeweg später verarbeitete ich diese Erfahrungen in dem Buch: Im Garten der Stille. Hölderlin im Gespräch mit Zenmeister Dōgen. Dort wird der Text U-Ji von Dōgen ausführlich interpretiert.

ein wenig Sanskrit zu lernen, damit ich die indischen Schriften im Original lesen konnte. Viel mehr als der indische Yoga faszinierte mich der japanische Zen. Bereits seit einigen Jahren praktizierte ich das Zazen, die Meditation im Sitzen. Und das, obwohl ich inzwischen als Erwachsenenbildner bei der Ausbildung von Yogalehrern mitwirkte.

Für Kawasaki Sensei war ich sicher ein merkwürdiger Schüler. Ich war um einige Jahre älter als er. Ich lernte sehr schnell, aber immer wieder fragte ich, warum man etwas in einer bestimmten Weise tut. „Ihr Deutschen seid merkwürdig. Ihr fragt immer nach dem Warum!" Oft stellte Kawasaki Sensei eine Gegenfrage: „Was meinst du, warum das so ist?" Immer wieder war er erstaunt über meine Antworten. „Woher weißt du das?" Ich hatte einfach über die Abläufe und die Bewegungsmuster nachgedacht. In ihnen steckt ungeheuer viel Weisheit. Vielleicht achtzig oder sogar neunzig Prozent der Philosophie des Teeweges, des Chanoyu, versteckt sich in den Abläufen und Bewegungen. Die theoretischen Schriften über den japanischen Teeweg waren mir damals völlig unzugänglich, weil die Texte fast immer in einem mittelalterlichen Japanisch geschrieben sind, das sogar für moderne Japaner schwer zu lesen ist. Mit der Zeit liebte Kawasaki unsere ‚Warum - Gespräche' und oft dachten wir gemeinsam nach. In ihnen kamen die grundsätzlichen Unterschiede der abendländischen und der japanischen Kultur zum Vorschein. Im modernen Japan fragt man niemals warum, sondern immer nur wie. Wie macht man das?

Einmal fragte ich ihn aus meinen Erfahrungen mit der Atmung im Yoga, ob denn die Atmung im Teeweg eine Rolle spielt. „Atmung ist sehr wichtig. Aber sie ergibt sich nach langer Übung ganz von allein!" Meistens schon. Aber ich habe inzwischen so viele Japaner gesehen, die ganz offenbar noch niemals über die Atmung im Teeweg nachgedacht haben. Der Westen hat die Denkwege, aber die Praxis fehlt. Der Osten dagegen hat die Praxis, aber das Denken wird vernachlässigt. So besteht die Gefahr, dass ganz wesentliche Momente in der Praxis verloren gehen, weil niemand mehr ihren Sinn versteht.

Einmal fragte ein Schüler die japanische Lehrerin, warum man in der versenkten Winterfeuerstelle feuchte Asche um das Holzkohlenfeuer streut. Sie dachte nach und versuchte immerhin eine Antwort. Sie meinte, dass die Luft im Teeraum zu trocken ist und man deshalb feuchte Asche um das Feuer streut. Eine völlig absurde Vorstellung! Die feuchte Asche enthält lediglich ein paar Tropfen Wasser. Die tragen zur Luftfeuchtigkeit in keiner Weise bei. Außerdem gibt der dampfende Teekessel viel mehr Feuchtigkeit in den Raum ab. Der Grund ist, dass man mit der feuchten Asche den Luftzug im Feuer so regelt, dass die Luft durch die brennende Kohle zieht und damit das Feuer anfacht.

Japaner neigen dazu, alles zu schematisieren und in Regeln einzufrieren. So gibt es genau geregelte Positionen für die Teegeräte, die man auswendig lernen muss. Aber die Dinge stehen so, dass man sie bei der Benutzung in einer Weise nehmen kann, in der Körper, Atmung und Geist in völlige Harmonie kommen. Wenn das Bewusstsein aber auf die Einhaltung der Regel fixiert ist, dann kommen absurde Gedanken zum Vorschein. Ich habe Diskussionen erlebt, in denen darüber gestritten wurde, wie viele Zentimeter über dem Boden und in welchem genauen Abstand vom Körper die Teedose gehalten werden muss. Die Antwort ist ganz einfach. Das ist für jeden Menschen abhängig von seinem Körperbau völlig unterschiedlich. Spürt man die Atmung, so ist klar, in welcher Position die Dose gehalten wird. Da braucht man keinen Meterstab!

Fragen ist keine Krankheit. Es sorgt dafür, dass man zusammen mit der Praxis versteht, was man tut. Fragen ohne die notwendige Praxis führt ebenso in die Irre. Der Professor für Japanologie, der regelmäßig als Gast in meinen Unterricht kam, weigerte sich, selbst mit den Übungen zu beginnen. „Ich bin Wissenschaftler! Wenn ich beginne, den Teeweg praktisch zu üben, verliere ich meine Objektivität!" Eine andere Japanologieprofessorin sagte mir einmal: „Ich bin nur wie eine Journalistin. Ich schreibe über den Teeweg. Aber ich selbst habe keinerlei praktische Erfahrung damit!" Es ist, als würde jemand gelehrte Schriften über das Schwimmen verfassen, aber er selbst ist niemals ins Wasser gestiegen. Er würde wohl auch sofort ertrinken. Ein wahrer Meister in den Künsten hat die Praxis, aber er versteht auch, was er tut und warum er es tut.

Ein paar Tage nach der regnerischen Teezeremonie im September saß ich im Teehaus bei den Übungen. Mitten in meinen Übungen fragte Yoshinori ganz unvermittelt: „Kennst du einen guten Arzt? Vielleicht brauche ich einen guten Arzt, ich hatte beim Kniesitz Seiza im Teeraum noch niemals Schmerzen, aber nun tut mir alles weh!" Ich war ganz erschrocken und fragte weiter, aber Yoshinori schwieg nur. Kurze Zeit später erfuhr ich, dass er am Hodgkin-Krebs erkrankt war.

Die Behandlung mit Chemotherapie brachten den Krebs zum Stillstand. Aber Yoshinori verlor seine sämtlichen schönen schwarzen Haare, auf die er so stolz gewesen war. Er war verunsichert. „Ich lebe vollkommen gesund und übe den meditativen Teeweg. Warum bekomme ich eine solche Krankheit?" War es das Holzschutzmittel, mit dem das Teehaus behandelt worden war? War es die Lage auf einer künstlichen Insel am Rande des stark fließenden Eisbaches, die schlechte Strahlungen verursachte? Kawasaki Sensei wollte nicht mehr in seinem geliebten München bleiben und er ging als Teelehrer nach Hawaii. Dort gibt es eine bedeutende Niederlassung der Urasenke und eine große japanische Community.

Ich traf ihn 1991 in Kyōto wieder zur Feier des vierhundertsten Todesjahres von Sen no Rikyū, das mit großen Feierlichkeiten begangen wurde. Im Daitokuji Tempel wurden die Feiern mit einer großen buddhistischen Zeremonie begangen. Ich saß inmitten einer großen Gruppe von Japanerinnen aus Hawaii. Als sie hörten, dass ich ein Schüler von Kawasaki war, nahmen sie mich begeistert in ihre Gruppe auf. Die Gedenkzeremonie zog sich über lange Zeit hin und wir saßen dichtgedrängt im Seiza auf dem Holzboden im Tempel. Ausgewählte Personen gingen vor zum Altar und streuten Dufthölzer auf das Räucherbecken am Altar vor dem Bildnis Rikyūs. Plötzlich hörte ich meinen Namen, aber ich wusste nicht, was das bedeutet. Kawasaki winkte mir ganz aufgeregt zu, dass ich zum Altar kommen und Dufthölzer auflegen sollte. Aber meine Füße waren total eingeschlafen. Die netten Damen aus Hawaii halfen mir auf die Füße und reichten mich weiter, bis meine Füße wieder den Dienst aufnahmen und ich schließlich am Altar landete. Als ich am Abend zurück in mein Quartier kam, rief der Wirt ganz aufgeregt: „Ich habe dich heute im Fernsehen gesehen, wie du Weihrauch für Rikyū geopfert hast!"

Ein letztes Mal traf ich Kawasaki 1999, als Tomiko Sen, die Frau des Großmeisters, gestorben war. Ich war zu den Totenfeiern nach Kyōto gereist. Der Großmeister empfing mich unmittelbar nach meiner Ankunft vom Flugplatz in seinen privaten Räumen. Dort hatte er einen riesigen Altar mit Opfergaben für seine verstorbene Frau aufgebaut. Jeden Tag öffnete er für sie eine Flasche mit deutschen Rheinwein: „Sie hat den deutschen Wein so sehr geliebt!" Sōshitsu Sen rief nun Kawasaki herbei, damit er als mein Lehrer mir einen besonders ehrenvollen Tee zur Begrüßung bereiten sollte. Seine Bewegungen waren nun ganz schlicht und scheinbar vollkommen kunstlos geworden. Aber die Stimmung war ehrfürchtig traurig wie damals an dem regnerischen Septembertag. Sein Tee war vollkommen natürlich, ohne jede Kunst, so wie ein einfacher Bauer am Feuer den Tee bereiten würde. Er war geworden wie eine alte Frau, die weder lesen noch schreiben gelernt hat, die aber mit dem ganzen Herzen und vollkommener Hingabe einfach nur eine Schale Tee bereitet. So jedenfalls heißt es im „Testament", das Sen no Rikyū zugeschrieben wird. Die höchste Vollendung liegt in der absolut kunstlosen Natürlichkeit, die aber erst am Ende eines langen Weges erlangt werden kann. Kawasaki war ganz schlicht geworden.

Danach habe ich ihn nie wieder getroffen. Ein paar Jahre später erlag er nach mehr als dreißig Jahren dann doch seiner Krankheit. Die Abstände zwischen den Chemotherapien waren immer kürzer geworden. Vielleicht hatte ihn der Tee so lange am Leben erhalten.

Einmal, an seinem Todestag bereitete ich ihm in meinem kleinen Teehaus in der fränkischen Schweiz zum Gedenken eine Schale Koicha, den dicken Tee. In der Tokonoma, der Bildernische, stand das Foto, das ich damals im Münchner Teehaus aufgenommen hatte. Mitten in der Zeremonie rüttelte etwas ganz heftig an der Schiebetür zum Vorbereitungsraum. Erschrocken schaute ich nach, aber da war nichts zu sehen. Es rüttelte noch einmal ganz kurz an der Tür, aber dann war alles wieder still. War Kawasaki gekommen, um seinen Tee zu trinken? Oder war es nur ein Siebenschläfer, der sich in den Vorbereitungsraum verirrt hatte? Ich werde es nie erfahren. Aber Kawasaki war in diesem Augenblick greifbar nahe. Auch das Teilen einer Schale Tee mit den Verstorbenen ist Tee.

Sōshitsu Sen, der Großmeister der Urasenke, hat einmal gefragt, ob denn Ausländer den Teeweg verstehen können. Ich neige sogar dazu, die Frage umzukehren. Können Japaner den Teeweg verstehen? Die japanische Kultur ist tiefgreifend vom Tee geprägt, so wie das Abendland vom Christentum geprägt ist. Jeder Abendländer lebt aus dem Christentum, auch wenn er niemals eine Kirche betreten hat oder wenn er sich ausgesprochen als Atheist bekennt. Ebenso ist wohl jeder Japaner vom Teeweg geprägt, auch wenn er niemals eine formale Teezeremonie gesehen geschweige denn miterlebt hat. Was so tief die Kultur prägt, muss nicht verstanden werden. Der Fisch muss das Wasser, in dem er schwimmt, nicht verstehen. Aber der Fremde ist in der Not, dass er verstehen muss um sich zurechtzufinden. So kann es vielleicht sein, dass eines Tages die Abendländer beginnen, den Japanern den Teeweg zu erklären. Schon heute gibt es deutsche Professoren, die an japanischen Universitäten über den Teeweg lehren und forschen. In den Vereinigten Staaten beginnen Teegruppen unterschiedlichster Schulen sich im Rahmen einer Universität zu treffen und gemeinsam Tee zu üben. Ist dort der Teeweg dabei, amerikanisch zu werden?[1]

Heute bin ich ein alter Mann mit weißen Haaren ohne Amt und Würden und lebe in einem mehr als zweihundert Jahre alten Forsthaus, mitten in den Hügeln und Wäldern der bayerischen Rhön. Draußen vor dem Fenster leuchten die abgeernteten Stoppelfelder in strahlendem Gold. Dichte Wälder umrahmen mit ihrem dunklen Grün schweigsam die Felder. Sanfter Wind streicht über das Land und singt sein Lied in den Kiefern.

Oben unterm Dach ist Japan gegenwärtig. Die winzigen Fenster geben den Blick frei auf die Berglandschaft der Rhön. Manchmal weiden auf der Wiese gegenüber die Rhönschafe. Aber drinnen ist alles ganz und gar japanisch. Zwei Teeräume ganz im japanischen Teehausstil lassen vergessen, dass wir mitten in Deutschland leben. Der Teekessel singt wie der Wind in den Kiefern und der Duft von edlen Hölzern lässt die Seele von fernen Ländern träumen. Nur das Blöken der Schafe erinnert daran, dass wir mitten in Deutschland sitzen und dem Kiefernwind lauschen.

So sitzen wir jeden Tag um die Feuerstelle und genießen mit einer meditativen Zeremonie den Tee. Voller Ehrfurcht und staunend genieße

---

[1] Lauren Deutsch: Tea "Beyond" Japan: Chanoyu in the Diaspora; in: Kyoto Journal KJ 71 2009.

ich den Tee wie am allerersten Tag. Ich werde still und die ganze Welt versammelt sich in einer einzigen Schale Tee. Frieden in einer Schale Tee![1]

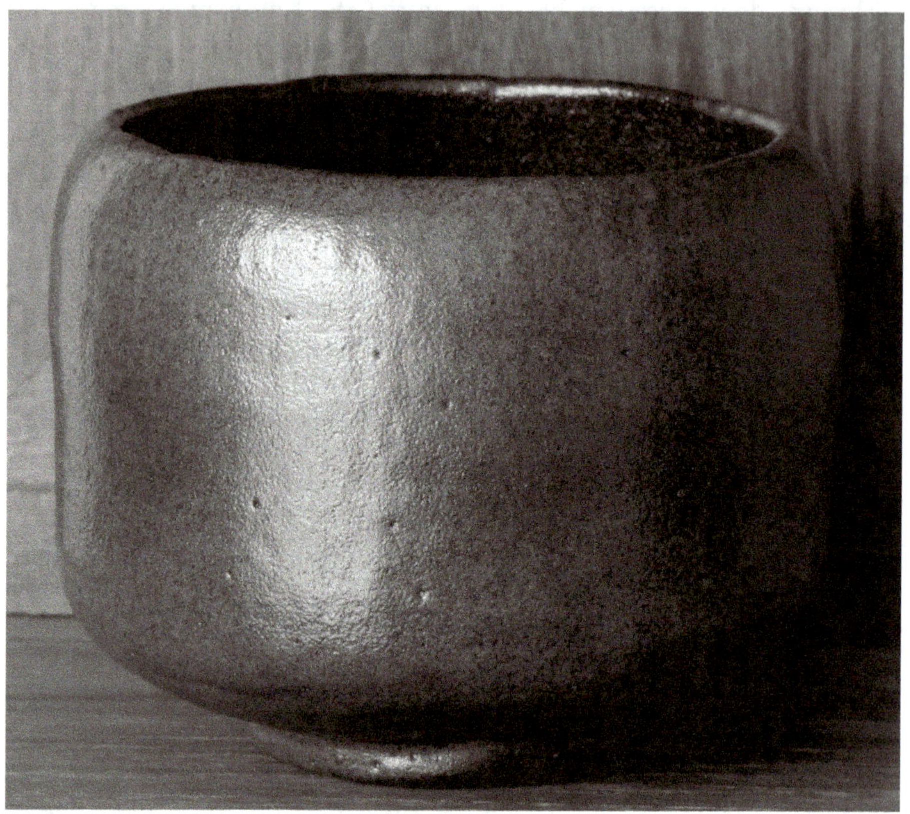

Abb. 4 Teeschale nach Shojiro

---

[1] Die Teeschale auf der Abbildung ist eine Kopie einer Schale, die der erste Raku-Keramiker Shōjirō 長次郎 (1516-?) Für Sen no Rikyū gefertigt hat. Die Kopie stammt von Sasaki Shōraku III. Foto von Frank Herbst.

Rückkehr in den Ursprung: China

3. Tee und Zen - ein Geschmack

Nach vielen Jahren der Übung im Teeweg, in Zen und mit der Shakuha-chi, der Bambusflöte der Zenmönche, bereiste ich den Süden Chinas. Wir waren von chinesischen Zentempeln nach Südchina eingeladen und wurden von Tempel zu Tempel weiter gereicht. Wir erlebten viele

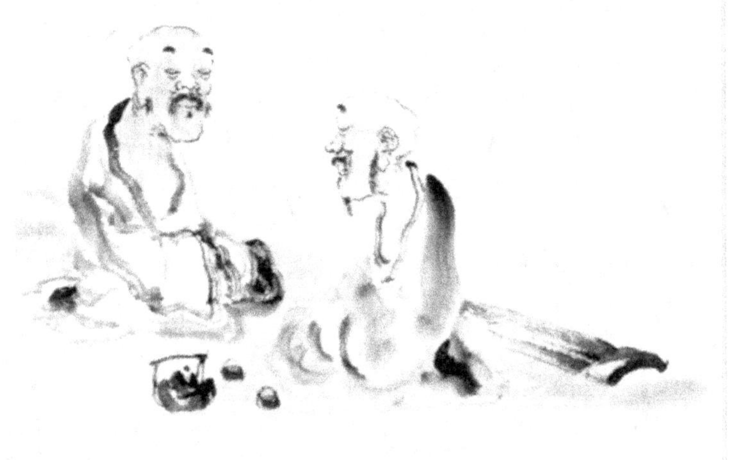

Abb. 5 Mönche beim Tee (Jiashan)

Gedenkstätten, in denen die frühesten Zenmeister Chinas gewirkt hatten. Schließlich standen wir tief berührt an der smaragdenen Felswand, auf die wohl der Mönch Yuanwu geblickt hatte, als er um 1100 die Kōan Sammlung Bi Yan Lu – Niederschrift von der smaragdgrünen Felswand – niederschrieb. Dort am heutigen Tempel Jiashan nahmen wir an einer großen Tagung über das Thema „Tee und Zen – Ein Geschmack" teil. Es war bewundernswert, mit welchem Eifer die Chinesen versuchten, die alte Teekultur Chinas wieder zu beleben. Es gab sogar Gruppen, die japanische ,Teezeremonie in den Traditionen der Urasenke und der Omotosenke vorführten. Wir selbst führten in den Tempel immer wieder die Teezeremonie mit einem Reiseset vor, und ich spielte die japanische Shakuhachi, die ja ebenfalls ihren Ursprung im alten China hat.

Der Jiashan Tempel[1] hatte zu einer Tagung eingeladen über das Thema 茶禅一味 cha zen ichi mi - chá chán yī wèi – Tee und Zen ein Geschmack.[2] Alle Wissenschaftler auf der Tagung, die sich mit der Geschichte des Tees und des Zen in China befasst hatten, waren der Überzeugung, dass einer der frühen chinesischen Zenmeister den Spruch geprägt hatte. Vermutlich war es Jiashan Shanhui 夾山善會 (805-881), der den Tempel am Jia-Berg, den Jiashan gegründet hatte. Dort am Tempel wird heute wieder Tee angebaut und es gibt wieder Unterricht in der Teezeremonie als Zen-Übung. Der Tee vom Jiashan wird unter dem Markennamen chá chán yī wèi auf den Markt gebracht.

Der folgende Text wurde im Dezember 2015 bei einer Tagung in einem Zen – Tempel und in verschiedenen Universitäten gehalten habe, u.a. einer buddhistischen und einer öffentlichen Universität in Hangzhou, der alten Teestadt Chinas und im Jaoshan Tempel gehalten. Zum Vortrag im Jaoshan-Tempel waren Besucher bis von Peking angereist. Meister Ming Ying hatte eingeladen zu einem Vortrag über Tee und Zen, den der Physiker und Teemensch aus der Heimat von Karl Marx halten würde. Sogar die Bürgermeisterin des Ortes war gekommen, um zu erfahren, ob sie weiter den Neuaufbau des zerstörten Tempels fördern sollte. Sie meinte, dass sie zwar nur Bürgermeisterin einer Kleinstadt mit lediglich 4 Millionen Einwohnern sei, dass sie aber dennoch daran interessiert war, den einst wichtigen und berühmten Tempel wieder bei Neuaufbau zu fördern.

---

[1] 夾山寺 Jiā shān sì, Jiashan Temple, Buddhist temple in Shimen 石門, Changde 常德, Hunan,

[2] Ein Video über Zen und Tee am Jiashan in Chinesich und Englisch auf youtube: https://www.youtube.com/watch?v=2iWMGlcpSZE

4. Tanz mit dem Tee [1]

茶禅一味 chá chán yī wèi

Ich komme aus Deutschland. Ich lebe in einem kleinen Dorf in den Bergen, abseits von jeder größeren Stadt. Dort unterrichte ich den japanischen Teeweg, Zenmeditation und japanische Shakuhachi. Dort diskutiere ich mit meinen Schülern über das Hekiganroku, Zhuangzi, Laozis oder auch Heidegger oder Hölderlin.

In meinem Teeraum hängt eine Schriftrolle: 茶禅一味 CHA ZEN ICHI mi – há chán yī wèi. Dies ist ein alter chinesischer Spruch, aber die Schriftrolle wurde von einem koreanischen Zen-Meister geschrieben. So begegnen sich in meinem Bergdorf in der kleinen Hütte rund um die Feuerstelle für den Tee die geistigen Welten Deutschlands, Chinas, Japans und Koreas: SEN RI DŌ FU – 千里 同風 – qiān lǐ tóng fēng – tausend Meilen: überall derselbe Wind. Oder 'Reiner Wind ums Erdenrund – wo fände er ein Ende? [2]

Sehr gerne übe ich auch die ganz alten komplexen Formen der Teebereitung, wie sie ähnlich um 1200 aus China nach Japan gekommen sind. Sie wurden von den japanischen Teemeistern nach strengen Regeln formalisiert. Aber für mich sind sie reine Zenmeditation und kein System von Regeln.

In Japan höre ich oft: Tee ist Tee und Zen ist Zen. Damit will man zum Ausdruck bringen, dass beide Wege völlig unterschiedlich sind und nur wenig bis nichts gemein haben. Zen ist für die meisten Japaner einfach nur: Still sitzen in absoluter Strenge bis hin zur Selbstquälung. Aber das ist nicht mein Verständnis. Es gibt unterschiedliche Wege, Zen zu üben. Man kann still auf dem Kissen sitzen und einfach nur atmen, man kann die Zen-Shakuhachi spielen oder auch eine Schale Tee in strenger

---

[1] Dies ein Vortrag, den ich in China im Dezember 2015 bei einer Tagung in einem Zen – Tempel und in verschiedenen Universitäten gehalten habe, u.a. einer buddhistischen und einer öffentlichen Universität in Hangzhou, der alten Teestadt Chinas und im Jaoshan Tempel Deshalb ist für die originalen Texte in der Regel die chinesische Pinjin und nicht die japanische Aussprache gewählt. Die japanische Aussprache ist hier zur Unterscheidung in Kapitälchen gegeben, die chinesische Aussprache kursiv.

[2] Biyänlu, jap. Hekiganroku, 1. Beispiel. Übersetzung: Gundert 清風匝地有何極.

Form zubereiten. Auch das Schreiben mit dem Pinsel oder sogar das Blumenstecken können eine Zenübung sein. Alles ist Zen. Auch das Waschen von Reis oder das Putzen von Gemüse in der Küche kann – wenn es im rechten Geist getan wird – Zen sein. Für Zenmeister Dōgen ist das ganze Leben ‚Sitzen im Zen‘. Sogar wenn ich am Computer arbeite und diesen Aufsatz schreibe, kann das Zen sein - muss es aber nicht.

Lange bevor ich anfing, mich mit dem japanischen Teeweg zu beschäftigen, war ich vom chinesischen Denken und vom Chan[1] fasziniert. Noch während meines Physikstudiums sah ich eines Tages ein Buch mit dem Text 太一金華宗旨 ‚Taiyi jinhua zongzhi‘ aus der Drachentorschule. Die Übersetzung von Richard Wilhelm ist unter den Titel 'Geheimnis der goldenen Blüte' erschienen.[2] Damals konnte ich nur die Übersetzung von Richard Wilhelm lesen. Ich war sofort von diesem Buch gefangen, obwohl ich kaum etwas davon verstand. Weil ich in Deutschland nirgendwo einen Lehrer des Zen und der Meditation finden konnte, begann ich für mich allein zu üben.

Die Arbeit in der physikalischen Forschung genügte mir bald nicht mehr und ich studierte zusätzlich noch Philosophie. Mein Schwerpunkt des Studiums waren die abendländischen Philosophen, immer aber war ich vom chinesischen Denken fasziniert. Besonders hat mich das Bi yän lu berührt. Später arbeitete ich mit einem Inder zusammen und unterrichtete angehende Yogalehrer in Philosophie. In dieser Zeit lernte ich sehr viel über die Atmung im Yoga. Als ich später meinen Teelehrer nach der Atmung fragte, meinte er, dass sie sehr wichtig sei. Aber er konnte mir keine Hinweise auf die richtige Atmung geben. Er meinte, das ergibt sich mit den Jahren des Übens von allein. Heute weiß ich, dass es der Atem ist, der die Übungen des Teeweges zur Zenmeditation werden lässt. Das richtige Atmen ist heute das Erste, was ich meinen Schülern zeige. Dann werden die unterschiedlichen Formen der Teebereitung fast von allein gelernt.

1972 stiftete Hounsai, der Großmeister der Urasenke ein japanisches Teehaus im Englischen Garten in München. Bei einer Vorführung der

---

1 Chan: indisch Dhyana, chinesisch: Chan, koreanisch: Seon, japanisch: Zen.

2 In meinem Buch ‚Heilige Drachen‘ wird der Text ausführlich besprochen.

Teezeremonie war ich sofort so gefesselt, dass ich noch am nächsten Tag mit dem Unterricht im Teeweg begann. Die Bewegungen des Teemeisters erinnerten mich an die Kunst von Koch Ding, der die Ochsen für den König Hui von Wen zerlegte[1]:

> Wo immer seine Hand hingriff, wo immer seine Schulter sich anlehnte, wo immer sein Fuß hintrat, gegen was auch immer er sein Knie stemmte, da fiel, ritschratsch, das Fleisch von den Knochen. All dies geschah so rhythmisch wie in einer Melodie, es wirkte wie der „Tanz des Maulbeerbaumhains" oder wie der Takt der Melodie „Jingshou". „Wunderbar", sagte der König, „wie kommt es, dass deine Kunst des Zerlegens der Ochsen einen so hohen Grad erreicht hat?"

Anfangs machten mir die wunderschönen Bewegungen im Teeweg große Freude. Es war die Freude und das Glück des Anfängers, der Anfängergeist SHŌSHIN oder shu xin 初心. Aber allmählich wurden die Formen immer schwieriger, und bald stand ich ratlos da wie der Koch Ding, als er das erste Mal vor einem Ochsen stand. Weit entfernt von der eleganten Schönheit, mit der er den Ochsen später zerlegte wie in einer Melodie oder in einem Tanz, sah ich nur noch ein gewaltiges System von Regeln und Vorschriften. Wie sollte das jemals bewältigt werden? Eines Tages saß ich vor der Tür des Teeraumes und gestand meinem Lehrer, dass ich keine Ahnung hatte, wie die ganze Zeremonie abläuft und womit ich beginnen sollte.

> 'Das ist gut so! Wenn du ganz leer bist, dann kannst du einfach anfangen und von Schritt zu Schritt, von Augenblick zu Augenblick zu gehen!'

Und so begann ich – wie der Koch Ding – nicht mehr den ganzen Ochsen zu sehen, sondern die Form Schritt für Schritt zu gehen:

> Als ich mit dem Zerlegen begann, sah ich nichts als den Ochsen.
> Nach drei Jahren sah ich nicht mehr den ganzen Ochsen, sondern nur noch seine Teile.

Wie der Koch Ding bewege ich mich nun von einem Augenblick zum

---

[1] Zhuangzi, Buch 3,3.

anderen, ohne die ganze Form im Blick zu haben. JETZT nehme ich den Teelöffel, jetzt die Teedose, JETZT fülle ich den Tee in die Schale, JETZT gebe ich heißes Wasser dazu.

Die Form ist wie die Partitur, nach der ein Musiker eine Komposition von Mozart spielt. Solange er noch die Noten sieht und mit den technischen Problemen der Interpretation kämpft, solange ist er unfrei an die Vorgaben gefesselt. Erst wenn er die Partitur so verinnerlicht hat, dass er sie vergessen kann, beginnt er völlig frei Musik zu spielen. Aber dennoch spielt er nur die Noten, die Mozart vorgegeben hat. Auch der Tänzer, solange er beim Tanzen auf seine Füße schaut, bleibt an der Form hängen. Wenn er seine Füße und sich selbst vergisst, beginnt es, zu tanzen.

Die Form wird wie ein Fluss, der die Zeit vorgibt. Ich saß wie in einem Boot und ließ mich treiben. Nur von Zeit zu Zeit mussten das Steuer oder das Ruder bewegt werden. Zenmeister Dōgen vergleicht das Leben mit einer Bootsfahrt. Der Fluss trägt uns und er gibt vor, wohin wir treiben. Je mehr wir den Fluss vergessen, desto mehr sind wir bei uns selbst. Dann können wir ganz bei dem Boot sein. Aber wir können das Boot nur dann richtig steuern, wenn wir niemals den Fluss vergessen. So werden Fluss, Boot und wir selbst EINS.

Je mehr ich mich in die Form fallen lasse und je weniger ich tue, desto intensiver und wacher erlebe ich mich selbst. Ich erlebe mich, indem ich mich völlig selbst vergesse und in der Form verliere. Nehme ich den Teelöffel, so werde ich ganz zum Teelöffel. Alles Andere um mich herum wird unwichtig und verschwindet förmlich. Ich vergesse mich vollkommen, weil ich ganz beim Teelöffel bin. Dann nehme ich die Teedose und bin ganz und gar bei der Teedose. Schritt für Schritt lasse ich mich von der Form tragen, vergesse mich selbst und bin gerade dadurch ganz bei mir. Zenmeister Dōgen sagt[1]:

Den Buddha-Weg erlernen heißt, sich selbst erlernen. Sich selbst erlernen heißt, sich selbst vergessen.

仏道をならふといわは、自己をならふ也。
自己を ならふといふは、自己をわするるなり。

---

[1] Dōgen, Shōbōgenzō, Genjokōan

Aber ich vergesse mich nicht so, wie ich mich im Tiefschlaf vergesse. Im Tiefschlaf ist kein Bewusstsein mehr von mir selbst. In der Teemeditation gibt es in meinem Geist (心) Shen, jap. Shin) ein Bewusstsein, das WEISS, dass ich mich vergesse. Dieses Bewusstsein ist fast wie ein Beobachter, der mich ständig im Blick hat. Je mehr ich mich selbst vergesse und bei den Dingen bin, desto intensiver erlebe ich mich und den Augenblick. Zhuangzi schildert, wie Meister Nán guō-zǐ-qí [1] 南郭子綦 ausatmet und sich selbst vergisst.[2] Aber er weiß, dass er sich vergisst. Es gibt offenbar eine formlose Instanz im Geist (Shen), die mich wissen lässt, dass ich bin, obwohl ich mich verloren habe.

> 若有真宰，而特不得其眹。可行已信， 而不見其形， 有情而無形
> Es scheint, als gäbe es einen wahren Herrscher, doch für ihn gibt es keinen Beweis. Wir dürfen vertrauen auf sein Wirken, aber können seine Form nicht erkennen. Zwar hat er Eigenschaften aber keine Form.

Wir vergessen uns selbst bei Tee, weil wir ganz bei den Dingen sind. In einem Lehrgedicht Rikyū's [3] über den Teeweg heißt es, dass man die Dinge so ablegen soll, als würde man eine geliebte Person verlassen.

> 何にても置き付けかへる手離れは　恋しき人にわかるゝと知れ
> NANI NITEMO OKI TSUKE KAERU TEBANARE WA KOISHIKI HITONI WAKARURU TO SHIRE.
> Was auch immer man niederstellt, beim Loslösen und Zurücknehmen der Hand ist es wie der Abschied von einem geliebten Menschen. Das soll man immer wissen.

Entsprechend gilt auch, dass man jedes Ding so nimmt, als würde man sich auf eine geliebte Person hinbewegen. Freudig nähert man sich dem Ding, wird allmählich immer langsamer und zärtlicher, bis endlich der Gegenstand achtsam berührt wird. Legt man ihn ab, so ist es ein lang-

---

[1] Der Name des Meisters lautet in der Übersetzung etwa: Der Meister vom Südtor-ungefähr. Oft benutzt Zhaunagzi witzige oder ironische Namen für seine ‚Helden‘.

[2] Zhuangzi, Buch 2.1

[3] Rikyū Hyakushū, einhundert Lehrgedichte, die traditioncll dem Teemeister Sen no Rikyū *1522 +1591 zugeschrieben. Vermutlich sind die Gedichte weitaus älter und stellen eine Sammlung von Erfahrungen unterschiedlicher Teemeister dar.

samer Abschied. Nur allmählich entfernt man sich, bis sich die Bewegung auf den nächsten Gegenstand richtet. Dadurch wird der Geist vollkommen wachsam und konzentriert. Man verliert jeden störenden Gedanken und ist nur noch bei dem jeweiligen Gegenstand.

Das ist die Übung der Achtsamkeit, die Buddha im Satipatthāna Sutra lehrt. Die erste und wichtigste Achtsamkeit im Sutra ist die Achtsamkeit auf den Atem: 'Wenn der Mönch langsam ausatmet, weiß er: ‚Ich atme langsam aus!'. Wenn der Mönch langsam einatmet, weiß er: ‚Ich atme langsam ein!'. So atme ich auch beim Tee. Langsam und achtsam atme ich aus, beuge mich gleichzeitig vor, während die Hand zum Teelöffel geführt wird. Behutsam liegt der Löffel in der Hand. Nun atme ich langsam ein und richte den Körper wieder auf. Dadurch wird der Geist vollkommen auf den Ablauf gerichtet. Alles Störende verschwindet. Das ist 悟 – Satori im Tee.

Dōgen sprach davon, dass ‚den Buddhaweg erlernen', das ‚Sich-Selbsterlenen' ist. Das Sich-selbst-erlernen ist: Sich-selbst-vergessen. Und er fährt fort[1]:

> Sich selbst vergessen heißt, durch die zehntausend Dharma von selbst erwiesen werden. Durch die zehntausend Dharma von selbst erwiesen werden heißt, Leib und Geist (Shinjin) meiner selbst (jiko) sowie Leib und Geist der Anderen fallen zu lassen.
>
> 自己をわするるといふは、萬法に證せらるるなり。満法に證せらるるといふは、自己の身心および他己の身心をして脱落せしむるなり。

Die zehntausend Dharma 萬法 wàn fǎ sind hier einfach die zehntausend Dinge, die ganze Wirklichkeit mit allem, was ist. Der deutsche Philosoph Martin Heidegger sagt, dass es zwei Weisen gibt, wie wir mit den Dingen umgehen oder wie die Dinge auf uns wirken. Einmal drängen die Dinge auf mich ein und wollen erledigt werden. Sie reißen mich aus meiner Mitte heraus, weil ich in der alltäglichen Hast eile und die Dinge ‚besorge'. So werde ich von Ding zu Ding gerissen, und gerate in den Strudel des Machen-müssens. Dieses Machen-müssen ist die Not unserer heutigen Zeit. Erst ein Schritt zurück in die Gelassenheit befreit

---

[1] Dōgen, Shōbōgenzō, Genjokōan.

von diesem rasenden Getriebe. Im Frühwerk Heideggers 'Sein und Zeit' unterscheidet Heidegger die Eigentlichkeit und das Man. In der Eigentlichkeit ist der Umgang mit den Dingen aus der Sorge um das Gelingen meines Selbst. In der Weise des ‚Man‘ wird dieser Umgang zum ‚Besorgen‘. In seinen späten Vorträgen 'Bauen wohnen Denken' und vor allem im Aufsatz 'Das Ding' versteht er das Ding als die Versammlung von Göttern, Mensch, Himmel und Erde. Das Ding ‚ereignet‘ das Spiegel-Spiel, in dem sich die Vier jeweils ihr Wesen zu-spiegeln. Dieser Denkansatz stammt aus der Auseinandersetzung mit Hölderlin und dem Daodejing. Später verwendet Heidegger für dieses Spiegelspiel das Wort Er-Eignis. Das Er-Eignis ist ein Geschehen, in dem ich im Umgang mit den Dingen mich selbst finde, mir zu eigen werde.

In der anderen Art des Umganges mit den Dingen versammeln mich die Dinge in andächtigem Tun. Das Ding ‚ereignet‘ ein Spiegel-Spiel, in dem sich alles in allem spiegelt und jedes sein eigenes Wesen gewinnt. Das Ding ist das ‚Gering‘. Es ist wie ein Ring, der alles versammelt, und es ist unscheinbar, klein, alltäglich. Es ist einfach nur eine Schöpfkelle, mit der ich heißes Wasser für den Tee fasse.

Ich spüre den Unterschied, wenn ich mit der Schöpfkelle kaltes Wasser oder heißes Wasser schöpfe. Ich höre den Unterschied des Klanges, den kaltes oder heißes Wasser in der Teeschale macht. Das kalte Wasser klingt wie ein klarer frischer Wasserfall in den Bergen. Erfrischend und rein ist sein Ton, klar wie eine Glocke. Die Sinne überspringen ihre Grenzen: Ich höre die Temperatur des Wassers! Ich spüre die Weichheit des heißen Wassers beim Einschenken, und ich fühle die klare Frische des kalten Wassers, wenn ich seinen Klang höre. So wie Koch Ding nicht mehr seine Sinne benutzt, sondern den Geist (shen) wenn er den Ochsen zerlegt, so nehmen wir die Wirklichkeit im Teeraum mit dem Geist wahr. Die Sinne werden so wach, dass sie ihre Beschränkungen verlieren. Der kleine Teeraum weitet sich und ich erlebe die gesamte Natur um mich herum und in mir.

Das heiße Wasser im Teekessel singt wie der Wind in den Kiefern. Vom Teemeister Murata Jūko (村田珠光, 1423–1502) wurde gesagt, dass ‚das Singen seines Teekessels den Wind in den Kiefern beneidete‘. Yamanoue Sōji (1544 – 1590) schildert in seiner Schrift Yamanoue Sōji no ki, wie der Dōbuūshū Nōami, den Shōgun Yoshimasa auf Murata Jūko aufmerksam macht:

> 'Das Singen des siedenden Wasserkessels beneidet den Wind in den Kiefern, und (Tee) bietet zu allen Jahreszeiten abwechslungsreiches Vergnügen. Neuerdings hört man von einem gewissen Jukō vom Shōmyō-ji in Nara, der sich mit dreißig Jahren ganz dem Tee gewidmet hat, in dieser Kunst (道 – michi) äußerst bewandert ist und ebenso die Lehre des Konfuzius studiert hat.'

Das Singen des Teekessels beneidet den Wind in den Kiefern, weil der Wind von selbst so singt, wie er singt. Es ist von Natur aus so, niemand hat ihn gemacht. Dagegen ist es die Kunst der Menschen, das Wasser im Teekessel singen zu lassen.

Der Wind in den Kiefern ist der Gesang des Himmels, der von selbst so ist (ziran). Aber es ist die hohe Kunst der Menschen, diesen Gesang im Teekessel nachzuahmen. So weitet sich der kleine Teeraum und der Gesang des Himmels ist mitten unter den Menschen. Wir lauschen diesem Gesang und werden still. (Zhuangzi berichtet, wie Meister Nán-guō-zǐ-qí die Flöten des Himmels und die Flöten des Menschen unterscheidet. Die Flöten der Menschen ist der Lärm des Alltags, der alle Stille übertönt. Die Flöten der Erde ist das Singen und Heulen des Windes in den Höhlungen und Felsen. Es ist der Lebensatem des 'großen Klumpens', der Erde. Die Flöten des Himmels sind unhörbar und sie klingen von selbst so.

Versucht man, das heiße Wasser mit der Schöpfkelle aus dem Kessel zu schöpfen, so spürt man, wie die Hitze des Wassers sich gegen die Schöpfkelle stemmt. Habe ich eine Kelle voll mit heißem Wasser geschöpft, so spüre ich genau, dass es viel leichter ist als das kalte Wasser.

Der Wasserdampf steigt auf, und in den Wolken scheinen die Drachen zum Himmel emporzusteigen und von dort ihre Gabe nieder zu senden. Das Wasser klingt weich und samtig in der Teeschale wie die Gabe der Drachen. Plötzlich erfüllt der Teeduft den ganzen Raum – ja, er scheint das ganze Erdenrund zu füllen.

Allmählich spüre ich, wie die Schöpfkelle scheinbar völlig verschwindet. Sie passt sich vollkommen an die entspannte Hand an und man braucht überhaupt keine Kraft mehr, um das Wasser zu schöpfen. Alles geht ganz von allein, so als würde man das Wasser mit der hohlen Hand direkt aus der reinen Quelle schöpfen. Das Werkzeug ist verschwunden: Schöpfkelle und Hand werden EINS. Das ist der Ring des Dinges, den Heidegger meint.

Ich hatte eine Schülerin, die an einem Gehirntumor erkrankte. Kurz vor ihrem Tod lud sie mich zu einer Schale Tee ein. Sie hatte die Form völlig vergessen. Aber der Klang des Wassers, das sie in die Teeschale goss, verzauberte sie. Immer und immer wieder schöpfte sie Wasser und goss es in die Teeschale. Ganz verzückt und versunken sagte sie still vor sich hin: 'Das ist so schön!' Sie erlebte eine Art Satori im Schöpfen von Wasser.

Auf meinem Weg der Teeübungen verschwanden die strengen Formen der Teebereitung und ich verstand allmählich, dass die scheinbaren Regeln überhaupt keine Regeln waren. Sie folgen der Natur der Teegeräte, der Natur des Wassers und der Natur des Tees. Die ‚Regeln' sind lediglich eine Hilfe für den Anfänger auf dem Weg. Hat man den Weg erfasst, verschwinden die Regeln von ganz allein. Sie werden zu einer himmlischen Ordnung (tianli 天理) , wie sie auch Koch Ding erfährt.

Der Koch Ding begann nach einiger Übung, den Ochsen nicht mehr mit den Augen zu sehen:

> Nach drei Jahren sah ich nicht mehr den ganzen Ochsen, sondern nur noch seine Teile. Heute sehe ich ihn nicht mehr mit den Augen, sondern nur noch mit dem Geist (shén 神). Ich arbeite nicht mehr mit den Sinnesorganen, sondern mit der Intuition (shen). Mein Messer verlässt sich auf die himmlische Ordnung (tianli), es schlüpft in die Spalten und lässt sich von den Öffnungen führen. Da ich mich also in das Gefüge des Ochsens einfüge, bin ich so weit gekommen, dass mein Messer niemals ein Band oder eine Sehne berührt, geschweige denn einen Knochen.

Dadurch, dass Koch Ding sein Messer behutsam den Linien des Ochsen folgen lässt, nutzt es sich nicht ab. Sogar nach 19 Jahren ist es scharf wie am ersten Tag. 'Ich benutze dieses Messer seit 19 Jahren, und ich habe damit mehrere tausend Ochsen zerlegt. Die Klinge ist aber so scharf, als ob sie gerade vom Schleifstein käme ···'

Bewegung und Atmung werden bei der Teezubereitung Eins. Die Atmung wird immer tiefer und wir atmen nur noch mit dem Becken. Vom Teemeister Rikyū sagte man, dass er mit den Fersen atmete. Auch Zhuangzi spricht davon, dass der ‚wahre Mensch des Altertums' 'von den Fersen aufwärts atmete, der gewöhnliche Mensch dagegen atmet nur aus dem Brustkorb.' (Zhuangzi Buch 6,1) Die tiefe Atmung, die scheinbar aus den Fersen kommt, lässt uns förmlich im Boden Wurzeln schlagen und der Sitz wird fest und ruhig wie ein Berg.

Wir hören auf, die Hände zu benutzen. Jede Bewegung kommt wie ein Tanz und völlig ohne jede Anstrengung oder Kraft ganz aus der Körpermitte. Sie werden wie der Tanz, den auch Koch Ding tanzt, wenn er den Ochsen zerlegt. Eines Tages hatte ich einen japanischen Musiker und Shamisen Spieler zu Gast beim Tee. Verlegen gestand er, dass er ‚die Regeln nicht kennt'. Er beobachtete einfach nur, wie ich ihm eine Schale Tee bereitete. Plötzlich sagte er: 'Jetzt verstehe ich den Tee! Es ist Musik!' Es ist die tonlose Musik des Tanzes, den auch Koch Ding tanzt. Tee ist wie Tai-Chi oder Qigong. Aber jede Musik folgt strengen Regeln! Die Ordnung der fünf Töne ist genau festgelegt. Aber sie folgt der Ordnung des Körpers mit seinen fünf Organen. So bringen die fünf Töne die fünf Organe des Körpers in Harmonie. Eine Melodie braucht Strukturen, damit sie schön ist. Die Spannung zwischen hohen und tiefen Tönen, zwischen laut und leise, zwischen langsam und schnell macht die Schönheit der Melodie. Auch der Tanz folgt festen Regeln. Aber solange ich angestrengt auf die Füße schaue, kann ich mich nicht in den Tanz einfügen. Erst wenn ich die Regeln vergesse und ganz in der Melodie und in Rhythmus aufgehe, werde ich zum Tanz. Ich tanze selbstvergessen, einfach nur so, ganz von selbst.

Auch die Zubereitung des Tees ist ein solcher Tanz. Geschmeidig und sanft gleiten die Bewegungen ohne jede Kraft. Aber plötzlich spürt man, wie die Lebenskraft Chi erwacht. Sie steigt vom hinteren Dantien im Becken und den Nieren empor wie ein Drache, füllt den ganzen Körper, strömt durch die Hände und erfüllt das Herz mit einer stillen Freude.

Die Teegeräte werden nicht mehr mit den Händen bewegt, sie folgen nur noch dem Chi oder japanisch KI 気, das durch die Hände strömt. Und plötzlich ergreift der Tanz der Bewegungen auch die Zuschauer und Gäste beim Tee. Sie spüren dieselbe Energie und denselben Rhythmus in sich. Gemeinsam tanzen Gast und Gastgeber den Tee und werden EINS.

Wie Yan Hui, der die Riten und die Musik vergessen hatte, sitzen und vergessen wir.

> Wir sitzen und vergessen die Regeln (坐忘) und wir vergessen uns selbst. Es ist nichts Besonderes, es ist einfach nur Tee. Das ist offene Weite, Nichts Heiliges.[1] Es ist nichts Heiliges, einfach nur Wasser erhitzen, Tee bereiten und trinken. Das ist alles!

Während ich am Yaoshan diesen Vortrag hielt, begann plötzlich eine junge Teilnehmerin Tai-Chi zu tanzen und alle Zuhörer, die zuerst erstaunt waren, begannen, mit zu tanzen.

Bei den Zen-Übungen im Tempel, die ein Schüler von Meister Ming Ying leitete, dauerte die Meditation bei eisiger Kälte im ungeheizten Meditationssaal über 90 Minuten. Die Besucher ächzten heimlich vor Schmerzen. Meister Mingying wollte uns zeigen, dass er gelernt hatte, hart zu üben wie in den alten Zeiten des Zen. Bei den Gesprächen beim Tee sagte Meister Mingying oft: Lass uns nach draußen gehen, es ist zu kalt! Draußen wärmte die Sonne ein wenig, drinnen waren die Wände eisig kalt. Ein wenig verschämt meinte er zu mir: »Du hast dich schon mit Zen beschäftigt, als wir noch die Fußnoten von Karl Marx auswendig gelernt haben!«

Nach meinem Vortrag traf ich ihn plötzlich im Garten, wo er Taichi tanzte. »Wir haben das während unserer Ausbildung im Tempel gelernt, aber ich hatte keine Vorstellung, wozu das gut sein sollte!«

---

[1] 廓然無聖　　Bi yän lu, Beispiel 1.

5. Tee am Jiashan

Seit vielen Jahren beschäftige ich mich immer wieder mit dem Bi Yan Lu, das in Japan Hekiganroku genannt wird, der ‚Niederschrift vor der smaragdenen Felswand'. Wilhelm Gundert, der Cousin von Hermann Hesse, hatte die erste Übersetzung des Hekiganroku in deutscher Sprache vorgelegt. Er meinte noch, dass der Titel vermutlich daher stammt, dass im Zimmer des chinesischen Kommentators Yuanwu[1] der Kōansammlung eine Schriftrolle hing mit der Aufschrift 碧巖 Bi-Yän, smaragdgrüne Felswand hing. Aber vermutlich lag sein Zimmer auf dem Gelände des Jiashan Tempels unmittelbar gegenüber einer Felswand mit grünlicher Farbe der Felsen.

Auf unserer Reise standen wir schließlich direkt vor der smaragdenen Felswand in der Nähe des Jiashan Tempels in der Provinz Hunan. Es ist schon ein eigenartiges Erlebnis, an solch einem historischen Ort zu stehen, denn hier ist wohl die erste Zen-Schrift entstanden. Der Chan – Meister Yuan Wu hatte 100 alte Zen-Geschichten mit einem Kommentar versehen und als Schrift herausgegeben. Von seinem Zimmer aus konnte er eine smaragdfarbene Felswand sehen. Daher der Titel seiner Schrift. An der Felswand hängt heute ein Bild von Meister Yuan Wu. Davor klingt leise aus dem Lautsprechen „Om mani padme Hum" und überall brennen Räucherstäbchen und die Luft ist erfüllt mit einem wunderbaren Duft. Eine einfache Bäurin verneigte sich vor dem Bild, rezitierte den Text aus dem Lautsprechen mit und legte einen Blumenstrauß nieder.

Der Jiashan Tempel hatte zu der Tagung über `Tee und Zen – Ein Geschmack` eingeladen. In der benachbarten Stadt fand im Kongresszentrum die Tagung mit vielen Vorträgen statt. Im Tempel waren dann einen ganzen Tag lang Vorführungen rund um den Tee. Viele Menschen hatten einen kleinen Stand aufgebaut und führten ihre Art der Teezeremonie vor. Es waren viele rührende und auch ganz beachtliche Versuche, die Teezeremonie in China wieder zum Leben zu erwecken. Sogar eine Urasenke Gruppe aus der Nähe von Peking führte eine Zeremonie vor. Sie bestanden darauf, dass ich ihr Gast war.

---

[1] Yuanwu Keqin 圓悟克勤; pinyin: Yuánwù Kèqín; Japanisch: Engo Kokugon) (1063–1135).

Jiashan Shanhui, der Gründer des Tempels, der nach ihm benannt ist, wird in einer Reihe alter Kōan erwähnt, die ihn als bedeutenden Zen-Meister zeigen, der aber immer noch bereit ist, weiter zu lernen. Er war bereits Abt eines Zen-Tempels, als ihn ein Mönch befragte. Ein anderer anwesender Zen-Meister konnte sein Lachen über die Antwort nicht verbergen. Er schickte Jiashan zu dem Mönch Chuanzi Decheng, der als Fährmann an einem Fluss arbeitete. Decheng war ein langjähriger Schüler von Yaoshan, von dem später mehr berichtet wird. Nach einem Zen-Gespräch mit dem Bootsmann, der Jiashan dabei zweimal mit seinem Ruder ins Wasser stieß, ernannte ihn der Bootsmann als seinen Dharma-nachfolger und verschwand mitsamt seinem Boot spurlos für immer. Jiashan ging darauf in die Berge, wo er die nächsten zwanzig Jahre meditierte und weiter lernte. Danach gründete er den Tempel, der heute nach ihm benannt ist. [1]

Es wird auch von einer Begegnung von Jiashan mit dem Meister Zhao Zhou[2] berichtet, den die Japaner Jōshū nennen. Es ist nicht klar, ob er Jiashan in seinem neuen Tempel besuchte oder ob der Besuch vor der Begegnung mit dem Bootsmann stattfand.

Zhao Zhou kam mit seinem Stab in die Meditationshalle, während Jiashan die Meditation anleitete. Jiashan fragte: „Was willst du denn hier?" Zhao Zhou antwortete: „Ich prüfe die Wassertiefe!" Jiashan antwortete: „Hier gibt es keinen einzigen Tropfen Wasser. Was willst du da prüfen?" Zhao Zhou nahm seinen Stock und ging.[3]

---

[1] Quelle: Wu deng hui yuan ; 五燈會元, Chronik der fünf Leuchten. Eine Chronik der frühen Zenmeister Chinas. Eine der fünf Chroniken, das Jingde chuandeng Lu liegt in einer ausführlich kommentierten deutschen Übersetzung vor.

[2] Zhao Zhou Congshen (chinesisch 趙州從諗, Pinyin Zhàozhōu Cōngshěn, W.-G. Chao-chou Ts'ung-shen; jap. 趙州從諗 Jōshū Jūshin; * 778; † 897)

[3] Jingde chuandeng lu, Kap. 10.

Zhao Zhou (Jōshū) wanderte von Zen-Meister zu Zen-Meister bis er im Alter von achtzig Jahren eine eigene Zengemeinschaft gründete. Dort unterrichtete er noch vierzig Jahr bis zu seinem Tod. Viele der Kōan in den Sammlungen erzählen von Zhao Zhou. Ein bekanntes Kōan, das heute noch in vielen Teeräumen in Japan und auch in meinem Teeraum in der bayerischen Rhön hängt, lautet: Ki Sa Ko - Trink Tee, geh!

> Kam ein Mönch auf seiner Wanderschaft zu Zhao Zhou, so fragte der alte Meister: „Warst du schon einmal hier?" Antwortete der Mönch mit einem Ja, so forderte ihn Zhao Zhou auf: „Trink Tee. (Dann) Geh!" Antwortete der Mönch mit nein, so sagte der alte Meister: „Trink Tee. Geh!" Der Tempelverwalter verstand nicht und fragte, warum der alte Meister immer mit demselben Spruch antwortete. Zhao Zhou sagte nur: „Trink Tee. Dann geh!"

Mit der Frage: „Warst du schon einmal hier!", meinte der Meister wohl nicht, ob der Mönch schon einmal an diesem geografischen Ort in diesem bestimmten Tempel war. Er fragte vielmehr, ob der Mönch überhaupt schon einmal hier im Augenblick ganz und gar anwesend war. Falls er noch niemals ganz und gar im ‚HIER' anwesend war, so wird es höchste Zeit, dass er im konkreten Augenblick ankommt. Das kann er am besten, indem er mit voller Achtsamkeit seinen Tee trinkt. Hat er das getan, so kann er gelassen loslassen und seiner Wege gehen. Immer im gegenwärtigen Augenblick. Er wird immer und überall ‚Hier' sein.

Die Geschichte zeigt, dass auch für Zhao Zhou ebenso wie für Jia-shan der Tee eine ganz zentrale Rolle einnahm. Die Frage ist nur, was mit ‚Tee' gemeint war. Ist es der lange fermentierte Tee wie wir ihn als Pu-Erh Tee kennen, ist es der fermentierte und getrocknete dunkle oder ‚rote' Tee oder doch eher ein grüner Tee? In China gibt es heute viele unterschiedliche Stile und Verarbeitungsmethoden für den Tee, vom lange Jahre fermentierten Pu-Erh bis zum frischen Grüntee. Uns wurde in einem Tempel Pu-erh serviert, der mehr als fünfzig Jahre gelagert war. Wurde Tee in den frühen Zeiten des Zen als Aufguss oder in der pulverisierten Form getrunken? Gehörte für Tee und Zen bereits eine Art von Zeremonie, wie sie heute in Japan geübt wird? Die chinesische Teezeremonie wurde in der Tang-Zeit geübt. Von dort gelangte sie nach Japan, aber in China geriet die ursprüngliche Teezeremonie in Vergessenheit.

Eine Art von Teezeremonie erlebten wir am Yaoshan Tempel, an dem wir einige Tage zusammen mit Meister Ming Ying weilten. Wir trafen uns in einem besonderen Raum für Teezeremonie. Dort saßen wir an einem langen Tisch. Meister Ming Ying hatte ein Set für die chinesische Teezeremonie Gong fu cha vor sich stehen. Während wir oft stundenlang über Zen und Tee diskutierten, bereitete der Meister unentwegt frischen Tee und reichte ihn in kleinen Schälchen an uns weiter. Manchmal sagte er: „Kommt, lasst uns nach draußen gehen, es ist zu kalt!" Wir waren im Dezember am Tempel. Die ungeheizten Räume waren oft bitterkalt, besonders früh am Morgen. Draußen schien die milde Wintersonne. So saßen wir im Freien unter Bäumen, die sich unter der Last der Pomelos bogen, und tranken Tee und diskutierten. Zum Tee gab es köstlich süße Mandarinen, die überall auf dem Tempelgelände wild wuchsen. Scherzhaft sagte Ming Ying: „Esst so viel ihr könnt! Wenn man genug davon isst, bekommt man Samadhi!"

Am Jiashan wurden am zweiten Tag der Konferenz[1] zum Thema ‚Tee und Zen ein Geschmack' auf dem Tempelgelände von vielen Gruppen und Einzelpersonen ihre ganz individuell gestalteten Teezeremonien vorgeführt. Es gab viele Varianten des chinesischen Gong fu cha. Aber es gab auch Versuche, wieder mit dem pulverisierten Tee wie in der Tang-Zeit zu arbeiten. Eine junge Frau führte mit ihrer Gruppe in beeindruckender Weise ein Teeritual vor, das wie ein großes, gemeinsames Gebet wirkte.

---

[1] Teilnehmer in Abb. 10: Leiterin der Teegruppe von Bild Abb. 8, Volker Heubel, der als Dolmetscher dabei war, der Abt des Jiashan und der Autor. Abb. 8 zeigt eine beeindruckende Teegruppe, die im Stil der Tangzeit gekleidet eine beeindruckende Zeremonie mit pulverisiertem Tee aus Japan vorführten.

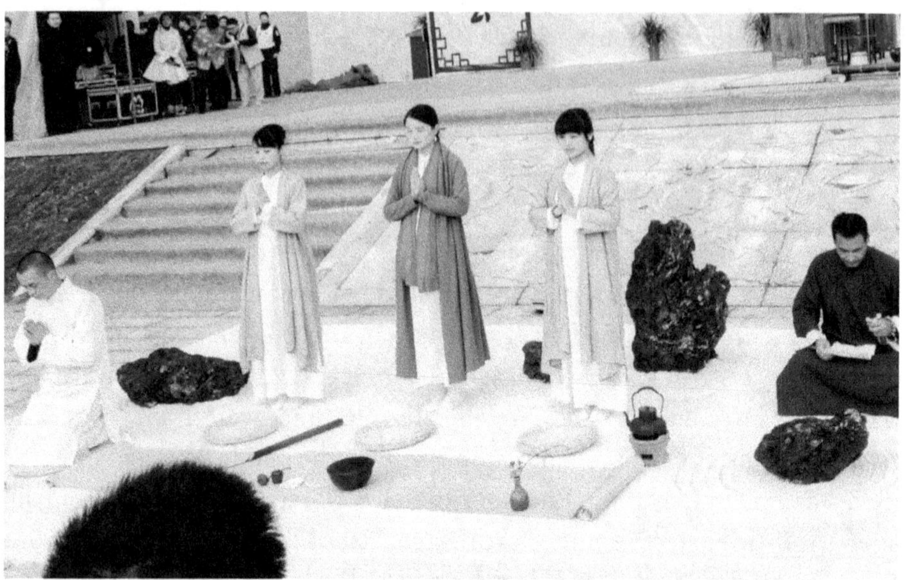

Abb. 8 Teegruppe am Jiashan

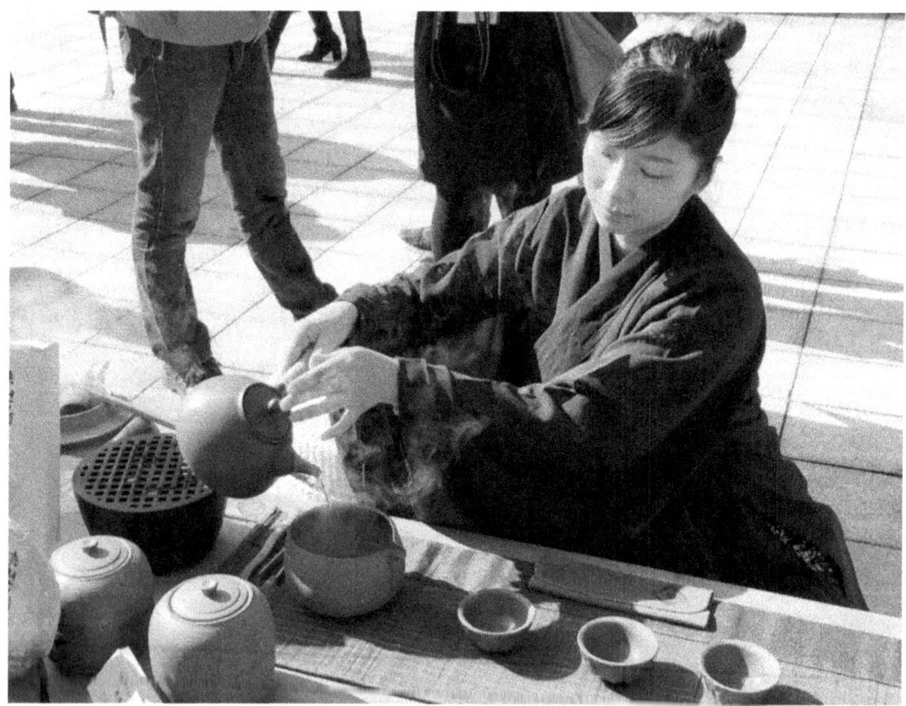

Abb. 9 Gung Fu cha am Jiashan

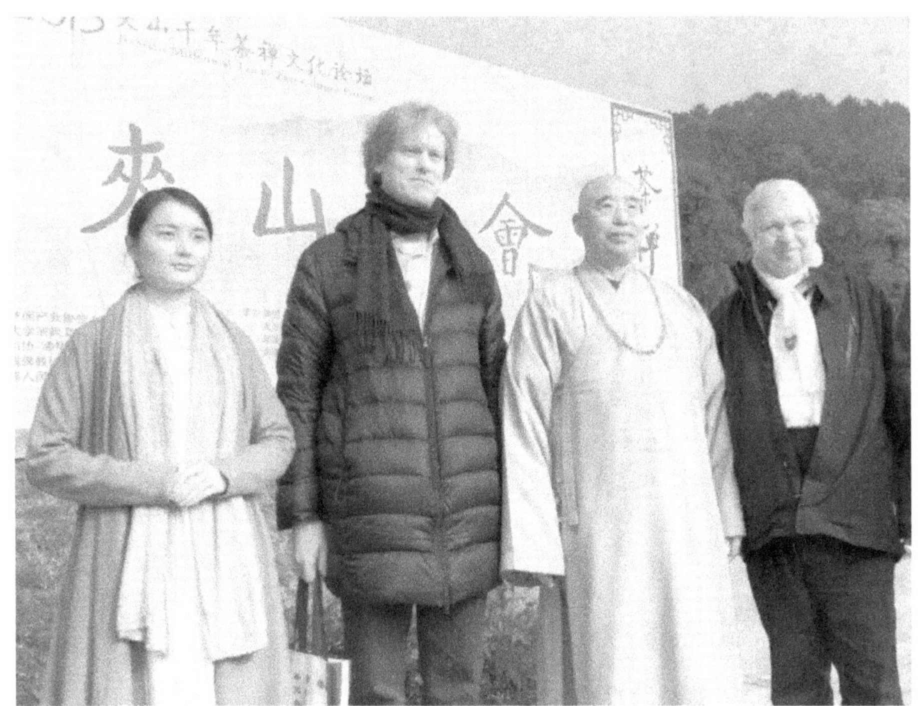

Abb. 10 Am Jiashan

In einer Kunsthochschule in Hangzhou erlebten wir den Versuch der Studenten, die alten Teezeremonien aus der Tang-Zeit[1] zu rekonstruieren. Ein Student bereitete mit japanischen Utensilien in einer Teezeremonie, die der heutigen japanischen Zeremonie ähnelte, einen schaumig geschlagenen Matcha zu. Dabei benutzte er den Pulvertee, der aus Japan importiert worden war. Eine junge Frau knetete gleichzeitig in einer anderen Teeschale einen dicken Teebrei, wie er in Japan als Koicha getrunken wird. Dann malte sie mit einem feinen Stift aus Bambus mit dem dicken Teebrei auf die Oberfläche des schaumig geschlagenen Tees ein kleines Bild im Stil der Tuschemalerei. Es zeigt einen Teetrinker, der in einem Buch liest, unter einem blühenden Zweig, wohl einer Pflaumenblüte. Vermutlich liest er ein Gedicht über Pflaumenblüten, die in der Nacht die ihren süßen Duft verbreiten.

---

[1] Tang-Dynastie (chinesisch 唐朝, Pinyin Tángcháo) war eine chinesische Kaiserdynastie, die von 617/18 bis 907.

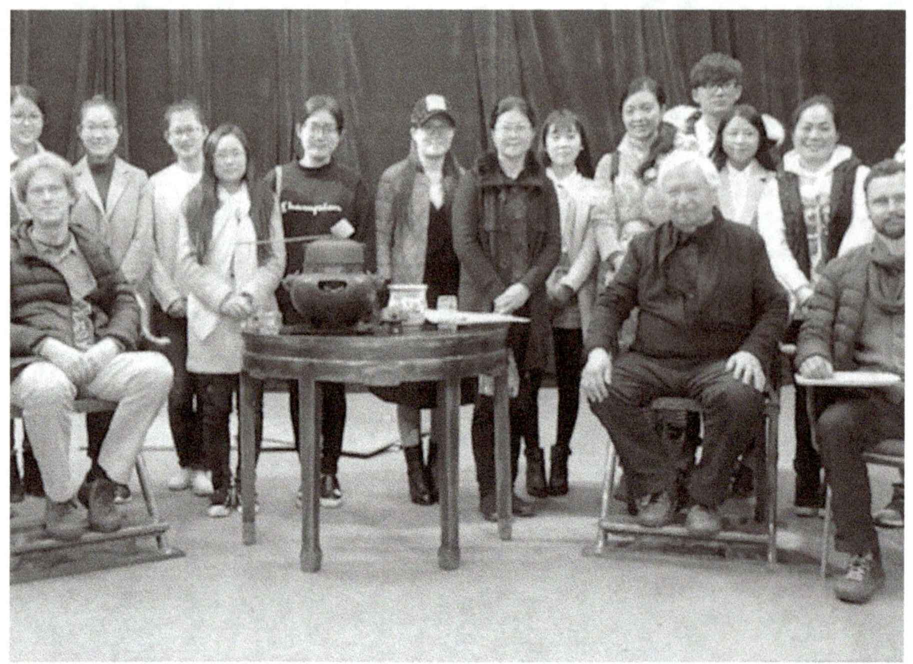

Abb. 12 Studenten in Hanzhou

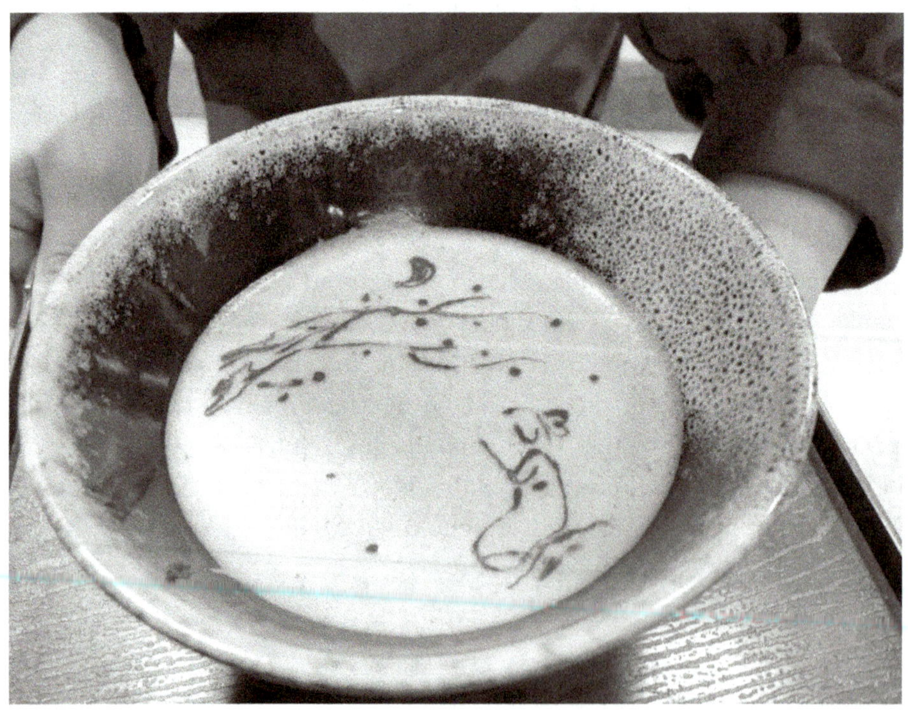

Abb. 11 Poetischer Tee

Überall auf unserer Reise war zu sehen, mit welcher Begeisterung die jungen Menschen versuchen, die verschwundene alte Kultur der Tangzeit wiederzubeleben. Nicht nur die tangzeitliche Kultur war verschwunden. Während der Kulturrevolution Maos wurden die Zen-Tempel total zerstört, die Priester und Mönche verfolgt und getötet.

Alles kam aus China, nicht nur der Zen, sondern auch die Kunst des Teeweges. Aber spätestens mit Maos Kulturrevolution war das alte Wissen untergegangen. Die Tempel wurden zerstört und die Mönche und Priester verfolgt und getötet. Vom einst so bedeutenden riesigen Yaoshan-Tempel war nur noch eine zerbrochene Steinstele erhalten.

Nun kamen Menschen aus Deutschland und erzählten in China von der alten Kultur. Aber als ich meinen Vortrag über Zen und Tee am Yoashan-Tempel hielt, begann eine junge Frau ganz spontan mit einem Tanz einer Taichi-Form. Sie hatte diese Kunst von einem alten Mann gelernt, der sich während der Kulturreform weitgehend versteckt gehalten hatte und der die uralte Kunst im verborgenen weiter gepflegt und unterrichtet hatte. Das ist die Stärke der alten Daoisten. Sie verschwanden in Krisenzeiten in den Bergen und übten im Verborgenen weiter ihre Kunst. Die Zenmönche waren in Tempel und Gemeinschaften organisiert. Sie wurden in Gefängnisse geworfen oder getötet. So muss der Chan in China wieder langsam nach seiner alten Tradition suchen.

6. Schneeflocken am Yaoshan Tempel

Wir fuhren von Jiashan weiter zum Yaoshan Tempel, der für chinesische Verhältnisse ganz in der Nähe liegt – etwa eine Stunde Autofahrt. Der Yaoshan shi 藥山, der Medizinkraut-Berg-Tempel, ist ein sehr alter und bedeutender Tempel. Der berühmteste Meister dieses Tempels wurde nach dem Berg genannt, an dem dieser Tempel liegt Yaoshan.[1] Yaoshan Weiyan ist der Medizin- oder Heilkräuterberg, Weiyan 惟儼 kann gelesen werden als ‚denken würdevoll'. Yaoshan Weiyan ist der Begründer des Sōto-Zen, den der japanische Meister Dōgen nach Japan brachte.

Er ist immer wieder bei dem japanischen Zenmeister Dogen erwähnt. In meinem Buch über Dogen und Hölderlin (Im Garten der Stille) wird das Gedicht eines `alten Buddha` zitiert:

Ein alter Buddha sagt:

Zu einer Zeit (Ū-JI 有時) auf dem hohen, hohen Berggipfel stehen, zu einer Zeit auf dem tiefen, tiefen Meeresgrund gehen. Zu einer Zeit der dreiköpfige, achtarmige Wächtergott, zu einer Zeit der bald sechzehn Fuß und bald acht Fuß große Buddha. Zu einer Zeit Stab und Wedel, zu einer Zeit Pfeiler und Gartenlaterne, zu einer Zeit Hinz und Kunz, zu einer Zeit große Erde und leerer Himmel.

Dieser `alte Buddha` ist niemand anderes als Yakusan Igen wie er auf japanisch heißt oder mit seinem chinesischen Namen Meister Yaoshan Weiyan.

Yaoshan war ein bedeutender Zenmeister der alten Zeit. Er hatte einen großen Einfluss auf den japanischen Begründer des Sōtō-Zen Dōgen Zenji, der ihn in seinem Werk Shōbōgenzō immer wieder erwähnt.

In seiner Schrift über das Zazen, dem Zazenshin, der ‚Bambusnadel des Zazen' schildert er eine Begebenheit aus dem Leben des Yaoshan, den die Japaner Yakusan nennen.

Einst saß der große Meister Yakusan unbeweglich wie ein Berg als ein Mönch ihn fragte: „Was denkt ihr, wenn ihr so

---

[1] Yaoshan Weiyan 藥山惟儼; Pīnyīn: Yàoshān Wéiyǎn; Japanisch: Yakusan Igen; 745 – 827.

unbeweglich seid?"
Yakusan antwortete: „Ich denke aus dem Grund des Nicht-Denkens!"[1]
Der Mönch fragte: „Wie denkst du aus dem Grund des Nicht-Denkens?" Yakusan antwortete: „Nicht-Denken!"[2]

Das Nicht-Denken (非思量 HI-SHIRYŌ), ist etwas anderes, als das Loslassen oder das Abschneiden von Gedanken (不思量 FU-SHIRYŌ), die gerade eben versuchen, ins Bewusstsein zu steigen. Das eigentliche Nicht-Denken unterdrückt keine Gedanken. Es ist einfach ein völlig wacher Zustand jenseits jeden Denkens. Dieser Zustand ist für Zenmeister Dōgen der Inbegriff der Meditation im Sitzen, dem Za-Zen.

Aber Yaoshan denkt nicht nur das Nicht-Denken, er tut auch das Nicht-Tun.

Eines Tages saß Yaoshan in Meditation, als ihn Shitou[3] fragte: „Was tust du da?" Yaoshan antwortete: Ich tue nicht ein Ding!" Shitou meinte: „Das sieht seht nach faul herumsitzen aus!" Yaoshan antwortete: „Wenn ich faul herumsitzen würde, dann täte ich ja etwas!"[4]

Scherzhaft sagen wir oft: Besser meditieren, als einfach nur herumsitzen! Das, was von außen gesehen wie ein müßiges Herumsitzen aussieht, ist in Wahrheit ein waches Sitzen im Nicht-Tun und im Nicht-Denken. Auch der Versuch, die Gedanken, die im Geist erscheinen anzuhalten, ist bereits ein Tun. Das Nicht-Denken und das nicht tun kann in der Zen-Meditation geübt werden, einfacher aber ist es im Teeweg.

---

[1] 思量箇不思量底 sīliàng gè bù sīliàng; Nicht-Denken japanisch: fushiryō 不思量.

[2] Nicht-Denken: 非思量. In beiden Antworten wird das NICHT des Nicht-Denkens mit anderen Schriftzeichen geschrieben. Im ersten Fall wird das Nicht als 不 geschrieben. Das Bild zeigt eine Wurzel, die abgeschnitten ist und nicht mehr austreiben kann. Im zweiten Fall steht für das Nicht das Zeichen 非 fēi bzw. hi, dessen Bild aus gebrochenen Flügeln komponiert ist, die nicht fliegen können.

[3] Shítóu Xīqiān (700-790) 石頭希遷. Shitou ist der Verfasser des Sandokai, das heute noch in den Tempeln des Sōto-Zen täglich rezitiert wird. Angeblich soll seine Mumie in einem japanischen Tempel aufbewahrt sein, wohin er durch einen Raubzug geraten sein soll.

[4] Aus dem Jingde chuandeng lu, Kapitel über Yaoshan.

Solange man noch an der Form hängt und ängstlich denkt, was denn als Nächstes zu tun ist, solange verwirklichen sich das Nicht-Tun und das Nicht-Denken noch nicht. Erst wenn man hellwach ohne jeden Gedanken und ‚ohne die Hand zu benutzen' Tee bereitet, geschieht das Nicht-Tun und das Nicht-Denken.

Dieses Nicht-Tun ist verwandt mit dem Wu-wei des Daodejing. Im Kapitel 37 heißt es:

道常　　　無為,　　而無　不為
dào cháng　wú wéi,　　ér wú　bù wéi

Dao stets ohne Tun　　dennoch nicht Nicht-Tun.
Dao ist stets ohne Tun, dennoch bleibt nichts ungetan.

Der Fluss tut nichts und nichts wird mit ihm getan. Er wird nicht gezogen und auch nicht geschoben. Er fließt ganz einfach, weil es seine Natur ist. Das Wasser fließt einfach dorthin, wo es seiner Natur nach hingehört. Erst wenn der Mensch gewaltsam eingreift, kann er das Fließen des Flusses verändern. Mit allen zunächst positiven und negativen Folgen.

Die guten Teelehrer ermahnen ihre Schüler häufig, bei den Übungen der Teezubereitung niemals die Hand zu benutzen, niemals zu ‚handeln'. Alles geschieht wie von allein. Voraussetzung ist aber das Nicht-Denken. Man kann sofort sehen, wenn der Schüler auch nur den kleinsten Gedanken denkt. Sofort erkennt man, dass er die Hand benutzt oder dass er, vielleicht auch nur einen winzigen Augenblick zögert, weil er nachdenkt.

Der Yaoshan-Tempel bestand einst aus einer ganzen Reihe von prächtigen Gebäuden, die sich über zwei Berge hinzogen. In der Kulturrevolution unter Mao wurde der Tempel vollkommen zerstört. Heute existiert nur noch eine einzige Steinstele mit einer alten Inschrift. In den achtziger Jahren hat die Gemeinde recht hilflos versucht, den Tempel wieder aufzubauen. Davon zeugt nur noch ein brüchiger Betonbau, der mühselig versucht, wie ein Tempel auszusehen. Nichteinmal ein Dach war auf der Bauruine. Hinter einem notdürftig aus alten Holzbalken und Bambus zusammengenagelten Tor liegen ein paar primitive Betonbauten.

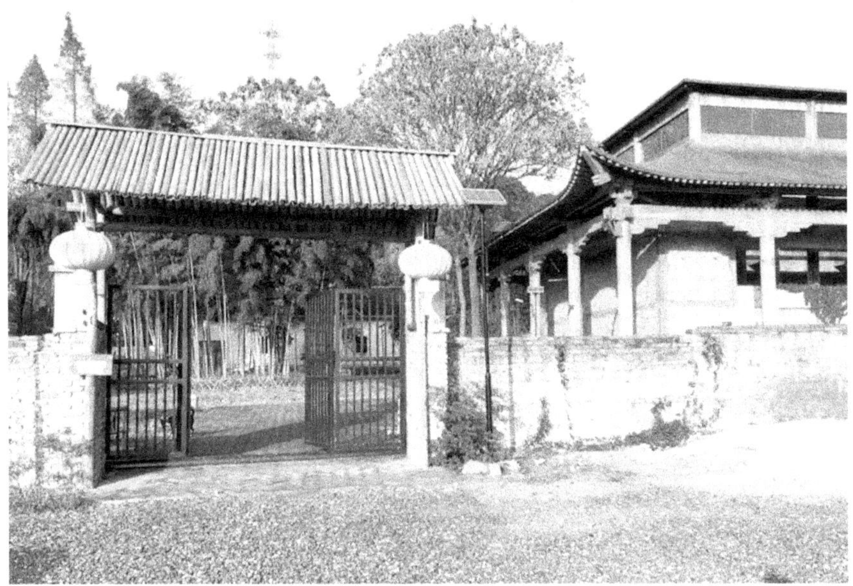

Abb. 13 Der Yaoshan heute

In unserem Schlafsaal waren immerhin Heizdecken auf den Matratzen. Wenn wir im Teeraum beim Tee saßen und mit Meister Ming Ying diskutierten, sagte er oft: „Lass uns nach draussen gehen, es ist zu kalt!" Draußen schien immerhin die Wintersonne.

7. Laienbruder Pang

An einem Tag führte uns Meister Mingying vor den Tempel auf die Reisfelder. Dort bauen er und die Mönche den eigenen Reis und das eigene Gemüse an. Alles ohne Chemie und ganz natürlich. Das Essen im Tempel war einfach, aber immer köstlich. Weit hinter dem Reisfeld ganz hinten am Horizont lagen die ersten Häuser der kleinen Stadt. Mingying erklärte uns: „Dort wo die Ortschaft beginnt, war früher das Tempeltor. Dort freute sich der ehrwürdige Laienbruder Pang an den fallenden Schneeflocken! In naher Zukunft werden wir dort wieder das neue Tempeltor bauen.“

Der Laienbruder Pang 龐居士, Pang Jūshí, war ein häufiger Gast am Yaoshan. Sein berühmtes Gedicht wird im japanischen Teeweg immer wieder zitiert, aber meistens weiß man kaum noch, woher der Spruch stammt.

神通並妙用　　　　shéntōng bìng miàoyòng
運水及搬柴　　　　yùn shuǐ jí bān chái
Göttliche Kräfte und wunderbares Tun:
Wasser holen und Brennholz sammeln.

Als ich diesen Vers das erste Mal gelesen habe, war ich verwirrt. Niemand benutzt im Chanoyu Brennholz zum Erhitzen von Wasser, sondern Holzkohle. Ich dachte immer, dass es sich da um einen Übersetzungsfehler handelt. Aber der Text ist ein Zitat aus einem berühmten Gedicht von Pang Jūshi.

Die Begegnung von Meister Yaoshan mit dem Laienbruder Pang wird im 42. Beispiel des Bi Yan Lu erzählt.

Pang war einige Tage im Tempel zu Besuch gewesen. Meister Yaoshan schickte zehn Mönche zu seiner ehrenvollen Begleitung. Als sie am Tempeltor ankamen, fielen wunderschöne Schneeflocken vom Himmel. Pang zeigte auf die Schneeflocken, die durch die Luft wirbelten und rief: „(Diese) schönen Schneeflocken! (Sie) Fallen nicht an einen anderen Ort!“

Pang war ein JŪSHI 居士. Damit wurde ein Laienanhänger der Buddhismus bezeichnet, der sich sehr engagiert den Übungen hingab, aber weder Mönch war noch irgendein offizielles Amt bekleidete. Damit ist er auch ein Vorbild für die späteren Teemeister, die bürgerlichen Berufen nachgingen. In der Blüte zeit des Chanoyu in Japan waren die meisten Teemenschen Kaufleute, die sich aber häufig intensivem Zen-Training unterzogen hatten.

Der Laienbruder Pang war hoch angesehen. In seiner Jugend hatte er im Haus seines wohlhabenden Vaters ein Studierzimmer eingerichtet. Dort studierte er die daoistischen und konfuzianischen Klassiker. Aber Pang vermied jedes öffentliche Amt, obwohl er sehr gebildet war. Purpur und rot, die Farben der kaiserlichen Beamten oder der ordinierten Mönche, lehnte er ab. Die waren zwar wohlhabend und einflussreich, aber immer auch dem Streit und Neid ausgesetzt. Pang zog ein einfaches Leben in der Natur vor. Später soll er sogar alle seine Besitztümer im Fluss versenkt haben. Er lebte nicht wie ein Zenmönch, sondern eher wie einer der alten daoistischen Weisen ein einfaches Leben ohne Amt und Ruhm.

Er war hochgelehrt, aber die Schriften befriedigten ihn nicht. Also wendete er sich den Übungen des jungen Zen Chinas zu. Aber er wollte sich nicht an einen der Meister binden und auch kein Mönch werden. Er zog ein unabhängiges Leben frei von jeder Bindung an Klöster oder bestimmte Meister vor. Darum wurde er allgemein der Laienbruder Pang genannt.

Pang verkehrte mit den berühmtesten Chan – Meistern seiner Zeit, so auch mit Shitou,[1] der auch ein Lehrer von Yaoshan gewesen war.

Shitou kam eines Tages in die Halle und sagte zu seinen Mönchen:

> Unabhängig davon, ob ihr in der Lage seid, schwierigste Meditationsübungen zu beherrschen: Wenn ihr seht, was einst Buddha sah, so versteht ihr, dass ... Geist, Buddha, Lebewesen, Erleuchtung und Verwirrung lediglich verschiedene Namen für dieselbe Sache sind.[2]

---

[1] Shítóu Xīqiān (700–790) 石頭希遷; Japanisch Sekitō Kisen. Im Sekito-Tempel in Japan wird eine Mumie aufbewahrt, die Shitou sein soll. Angeblich hatte ein Japaner bei einem Brand in cinem Tempel in Hunan die Mumie gerettet und nach Japan gebracht.

[2] Jingde Chuandeng lu, Kap. 14, 10ff.

7.1 Wasser holen – Brennholz sammeln

Nach einem Gespräch mit Shitou schrieb Pang sein berühmtes Gedicht, das auch im Teeweg oft zitiert wird. Shitou hatte Pang nach seinen Tätigkeiten gefragt, die er vor ihrer Begegnung ausübte. Pang schämte sich ein wenig und meinte, dass er nur ganz Alltägliches getan hatte. Plötzlich erwachte er und schrieb sein berühmtes Gedicht, in dem er die `alltäglichen Verrichtungen` geradezu als `göttlich` bezeichnete (神通 jap. jinzu). In den japanischen Texten, die Rikyu zugeschrieben werden, zitiert Rikyū immer wieder diese Verse im Auszug. Pang war doch ein großes Vorbild für die japanischen Teemeister.

日日事無別	rì rì shì wú bié
惟吾自偶諧	wéi wú zì ǒu xié
頭頭非取捨	tóu tóu fēi qǔ shě
處處沒張乖	chù chù mò zhāng guāi
朱紫誰爲號	zhoū zǐ shéi wèi háo
邱山絶塵埃	qiū shān jué chén āi
神通並妙用	shéntōng bìng miàoyòng
運水及搬柴	yùn shuǐ jí bān chái

Mein alltägliches Tun: Nichts Ungewöhnliches.
Aber ich bin in Harmonie damit.
Nichts begehrend nichts ablehnend.
Überall weder Hindernis noch Streit
Wozu purpur und rot.
Blaue Berge ohne den geringsten Schmutz und Staub.
Göttliche Kräfte und wunderbares Tun:
Wasser holen und Brennholz sammeln.

Pang genügten die ganz alltäglichen Verrichtungen: Wasser holen und Brennholz sammeln. Er übt keine Meditation und er erlernt keine übernatürlichen Fähigkeiten. Ihm genügt das Brennholz Sammeln und das Wasser Holen.

Die Berge sind blau und frei von jedem Staub und Schmutz. Das Gedicht nennt keine Berge, die bedrückend nahe liegen und einengen. Blau sind die Berge, wenn sie weit entfernt am Horizont liegen. Das ist die offene Weite, von der Bodhidharma spricht, als er nach dem Wesen seiner Lehre gefragt wird: Offene Weite. Nichts Heiliges!

Der Laienbruder Pang lehnte jedes öffentliche Amt ab, obwohl er sehr gebildet war. Purpur und rot sind die Farben der kaiserlichen Beamten. Sie waren zwar wohlhabend und einflussreich, aber immer auch Streit und Neid ausgesetzt. Pang zog ein einfaches Leben in der Natur vor. Ihm genügten die ganz alltäglichen Verrichtungen: Wasser holen und Brennholz sammeln. Mit dieser Auffassung wurde er zum Vorbild für die japanischen Teemeister, die den Teeweg aus dem Geist des Zen üben wollten.

Brennholz sammeln und Wasser holen bezeichnet er sogar als ‚göttliche Kräfte und wunderbares Tun 神通並妙用 shéntōng bìng miàoyòng oder japanisch JINTSŪ HEI MYŌYŌ.

Jinzu ist zusammengesetzt aus 神, shin, Gott oder göttlich und tsu 神通, Kenner, Kennerschaft. Die göttlichen Wesen, die auf japanisch Kami heißen, sind die Shin. In der Zusammensetzung bezeichnet 神通 Jinzu die übernatürlichen Fähigkeiten, die man durch fleißiges Üben und Meditieren erlangen kann. Im Buddhismus wird oft von sechs übernatürlichen Kräften gesprochen, die erleuchtete Wesen erlangen können. Die mystische Verwandlung, den Geist anderer lesen zu können, übernatürliches Sehen und Hören, das Erkennen der früheren Geburten und die eigenen Leidenschaften auslöschen. Manche denken sogar, dass man nach Erlangung dieser Kräfte an mehreren Orten zugleich sein oder dass man Geister und Drachen bannen kann.

Zenmeister Dōgen widmet in seiner Schrift Shōbōgenzō den Jinzu ein eigenes Kapitel und er zitiert in diesem Kapitel auch das Gedicht von Pang. Aber wenn man erwartet, dass Dōgen darin erklärt, wie man diese übernatürlichen Kräfte erwerben und nutzen kann, wird man ent-täuscht. Dōgen beginnt das Kapitel:

> Die übernatürlichen Kräfte sind, so wie sie sind, das Teetrinken
> und Essen im Hause der Buddhas. Bis heute sind die Buddhas
> ihrer nicht müde geworden.

Dōgen kennt die Lehre von den sechs übernatürlichen Kräften, aber sie sind für ihn ‚kleine Kräfte‘, denen nachzugehen sich nicht lohnt. Im Gegenteil. Wer nach diesen Kräften strebt, verpasst die eigentlichen übernatürlichen oder vielleicht besser die göttlichen Kräfte der Buddhas, die sich im Teetrinken und im Essen verwirklichen. Es gibt – so sagt Dōgen – die übernatürliche, göttliche Kraft des Kosmos, aber es gibt auch die höchsten übernatürlichen Kräfte, die sich offenbaren, wenn man morgens hinausgeht und dreitausend Dinge tut und wenn man abends heimkehrt und achthundert Dinge tut. Diese dreitausend Dinge am Morgen und die achthundert am Abend sind nichts anderes als die ganz alltäglichen Verrichtungen des Lebens. Morgens hinausgehen in den geschäftigen Alltag und abends heimkehren in die Stille und die Ruhe vor dem Schlaf. Und das, wie Pang sagt, in Harmonie mit sich selbst und den Dingen. Das sind die allerhöchsten ‚übernatürlichen‘ Kräfte, die in keiner Weise übernatürlich, sondern eben gerade das natürlichste auf der Welt sind. Sie sind nur deshalb so schwer zu verwirklichen, weil die Menschen das, was direkt zu ihren Füßen liegt nicht wahrnehmen und lieber nach magischen oder übernatürlichen Kräften streben. Ein einziges Mal ganz und gar im Augenblick sein und sich am Fallen der Schneeflocken genau hier und genau jetzt oder einfach nur dem Trinken einer Schale Tee in voller Achtsamkeit hingeben ist die Verwirklichung des Buddha. Wie schon Zhao Zhou sagte: „Trink Tee – dann geh!"

Im Kapitel Jinzu spricht Dōgen auch von den sechs Mu-jinzu 無 神通, den Nicht-göttlichen-Käften, die alle sechs ‚kleinen übernatürliche Kräfte‘ weit übersteigen. Wörtlich sind das die 無 Mu – nicht 神通 Jinzu. Alle Buddhas beherrschen die sechs Mu-Jinzu.

> Wenn ein Buddha die Welt der Farben betritt, wird er nicht durch die Farben gestört, wenn er die Welt der Töne betritt, wird er nicht durch die Töne gestört, wenn er die Welt der Gerüche, die Welt der Geschmäcker, des Tastbaren oder des Wahrnehmbaren betritt, wird er dadurch nicht gestört.

Das ist die höchste der ‚übernatürlichen Kräfte‘, dass die Buddhas immer in Harmonie mit sich selbst sind und nicht durch die Welt der sechs Sinne des Sehens, Hörens, Riechens, Schmeckens, Tastens und des Denkens aus ihrer Mitte gerissen werden.

Meistens wird 神通 JINZU als ‚übernatürlich‘ übersetzt. Aber am Wasser Holen und Brennholz Sammeln ist nichts, was jenseitig, also über der Natur wäre.

Das Schriftzeichen 神 bezeichnet den Geist oder Gott. Ursprünglich zeigt es das Bild eines Altars, an dem ein Mensch ein Opfer darbringt. Man erkennt einen Altartisch und einen Menschen, der sich über gefüllte Töpfe und Schalen beugt. Das Opfer-Bringen ist kein Versuch, die höheren Mächte durch Gaben gewogen zu machen. Schon in Homers Ilias bringt Agamemnon Opfer dar, um Zeus günstig zu stimmen. Aber immer wieder heißt es: „Zeus nahm das Opfer 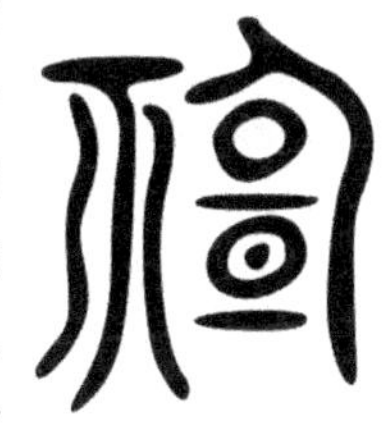 dankbar an aber den Wunsch erfüllte er nicht!" Ein Opfer ist vielleicht einfach der Ausdruck einer tiefen Dankbarkeit.

Wir können in unserer modernen Welt kaum noch verstehen, was es bedeutet, Wasser zu holen.

Ich war einmal in Griechenland mit dem Zelt unterwegs. Das Zelt stand an einem sandigen Strand an einer Meeresbucht. Am Hang neben der Bucht hatte die Brandung haufenweise Tonscherben freigespült, die ganz offenbar aus mykenischer Zeit stammten. Es war ein fast magischer Platz unweit vom vermuteten Palast des Nestor, aber leider gab es weit und breit kein Wasser. Dann kam ein Hirte vorbei und zeigte mir einen Brunnen, der unweit in Gemüsefeldern versteckt lag. Ich wanderte in der brütenden Hitze durch den Sand bis zum Brunnen. Dort hing ein Eimer an einem Seil. Tief unten im Brunnen spiegelte das Wasser den Himmel. Der Wasserspiegel zerbrach in tausend Scherben, als der Eimer auf das Wasser traf. Das Wasser glitzerte wie kostbare Diamanten in der Dunkel-heit des Brunnens. Der Gabe des Himmels, die in der Tiefe der Erde geborgen war, leuchtete und glitzerte verheißungsvoll. Als der Eimer mit dem Lebenswasser hoch ans Sonnenlicht kam, war es wie eine göttliche Gabe und mich erfüllte eine tiefe Dankbarkeit. Einfach nur Wasser holen!

„Denn nicht Mächtiges ists, zum Leben aber gehört es, was wir wollen, und scheint schicklich und freudig zugleich" wie Hölderlin sagte.[1]

Die amerikanische Anthropologin Jean Liedloff lebte einige Jahre bei den Yequana-Indianern im Dschungel Venezuelas.[2]

---

[1] Hölderlin: Gang aufs Land. Ausführlich dazu in meinem Buch über Hölderlin
[2] Jean Liedloff: Auf der Suche nach dem verlorenen Glück.

Sie beobachtete, dass die Frauen jeden Tag einen mühevollen und gefährlichen Weg zu einer Quelle mit klarem, frischen Wasser zurücklegen mussten. Dabei balancierten sie einen Wasserbehälter auf dem Kopf und stiegen den steilen und glitschigen Pfad zur Quelle herunter und wieder herauf. Oft geschah es, dass sie ausrutschen und Wasser verschütteten, das sie vorher mühevoll geholt hatten. Dieses Missgeschick wurde aber immer mit großem Gelächter quittiert.

Weit entfernt davon, dass die Frauen dieses gefährliche und mühsame Wasserholen als lästige Arbeit empfunden hätten. Ohne dieses tägliche Vergnügen wäre ihr Leben um einiges langweiliger. Wie schön war es, jeden Tag den steilen Pfad zu meistern und die eigene Geschicklichkeit immer wieder neu zu bestätigen und zu genießen. Außerdem war es so wundervoll, gemeinsam zur Quelle zu gehen, dabei zu schwatzen, die neuesten Gerüchte auszutauschen, zu singen, zu lachen und auch zu tanzen. All das würde wegfallen.

Auch bei uns war früher der Besuch am Dorfbrunnen keine Arbeit. Der Dorfbrunnen war das Zentrum und die Nachrichtenzentrale des Dorfes. Abends traf man sich oft am Brunnen – am Brunnen vor dem Tore – um zu schwatzen und zu singen und zu tanzen.

Heute ist unser Leben durch die Wasserleitung um einiges einfacher geworden. Aber wir erfahren nicht mehr, welch kostbare Gabe der Erde und des Himmels das Wasser ist. Für den Laienbruder Pang und in seinem Gefolge für Zenmeister Dōgen ist das „Wasser holen" eine „göttliche Kraft". Unser Leben ist einfacher aber doch vielleicht ärmer an Erfahrungen geworden.

Das Brennholz Sammeln ist in Ostasien ebenfalls eine göttliche Tätigkeit. Auch der sechste Patriarch Huineng, der Lehrer von Shitou verdiente seinen Lebensunterhalt mit Brennholz sammeln, als er eines Tages auf dem Markt einen Mönch hörte, der die Sutren rezitierte. Obwohl er nicht lesen und schreiben konnte, ging er sofort in den Tempel, aus dem der Mönch stammte und er wurde zum Begründer des ‚südlichen Zen' Chinas.

Im vedischen Indien wurde man nur dann von einem Meister als Schüler angenommen, wenn man zuvor regelmäßig Brennholz für ihn gesammelt hatte.

Laienbruder Pang lebte wie ein daoistischer Einsiedler. Er verschenkte seine sämtlichen Besitztümer und lebte zusammen mit seiner Tochter in einer einfachen Hütte. Seine Hütte wurde sogar das Vorbild für die schlichten Teehäuser in Japan, die wie eine Einsiedlerhütte in den Bergen wirken.

Pang lebte zurückgezogen von der Welt in Armut in seiner schlichten Hütte. Aber wie es nicht für alle Menschen ein Lebensentwurf sein kann, sich selbst zu suchen, indem man als Mönch in ein Kloster eintritt, so kann es kein Lebensentwurf für alle sein, in steter Armut zu leben. Darum wurde ein anderer Laienbruder noch eher als Pang zu einem Vorbild für die Teemenschen Japans. Dieser Laienbruder ist Vimalakirti 維摩詰 japanisch: Yuima-kitsu, der auch offenbar ein Vorbild für Pang war.

Vimalakirti war ein Zeitgenosse Buddhas, aber er war kein Schüler Buddhas und gehörte auch zu keinem Mönchsorden. Er lebte das Leben eines unabhängigen 居士 Jūshshí, eines Hausherren, der sich gelehrten Studien hingibt.

Er trug die weiße Kleidung eines Privatgelehrten und lebte mit seiner Familie, Frau und Kindern, in einem Haus und ging seinen Geschäften nach. Dabei ging es ihm niemals um den Gewinn oder um das Anhäufen von Reichtümern. Er mischte sich in das politische Tagesgeschäft ein, um die lebenden Wesen zu schützen. Er besuchte Schulen, um die Kinder zu fördern, und er suchte Wirtshäuser und Bordelle auf, um die verirrten Menschen auf den rechten Weg zu führen.[1]

Vimalakirti wurde krank, aber nicht, weil er durch eine falsche Lebensführung krank geworden wäre. Er wählt die Krankheit, um den Menschen Belehrungen über die Unzulänglichkeiten des Körpers erteilen zu können. Buddha versucht, einen seiner Jünger zum Krankenbett zu schi-

---

[1] Aus dem Vimalakirti Nirdesa, der Lehrrede des Vimalakirti. Eines der wichtigsten Sutren des Mahayana. Genau genommen ist es kein Sutra, denn hier ist es nicht Buddha, der lehrt, sondern Vimalakirti. Die Schrift hatte in Japan große Beachtung gefunden und war sehr geschätzt.

cken, aber keiner wagt es, weil Vimalakirti ihnen, die in der Hauslosigkeit als Mönche leben, weit überlegen ist. Erst Manjushri, der Boddhisattva der Weisheit besucht den Laienbruder.

Das Haus des Vimalakirti ist recht klein, aber dennoch haben zehntausende Boddhisattvas Raum genug, um dem Gespräch als Zeugen beizuwohnen. Obendrein leert Vimalakirti noch seinen Raum: Er beseitigte alles, was er besaß, entließ seine Dienerschaft und behielt nur noch sein Krankenbett, auf das er sich hinlegte.

Die Leerheit des Zimmers aber ist derart, dass die zehntausende Wesen, die Manjushri bei seinem Krankenbesuch begleiten, in dieser leeren Raum Platz haben.

Auch die winzigen Teeräume der Blütezeit des Teeweges in Japan waren winzig. Der berühmte Teeraum Rikyūs, der Taian war lediglich zwei Tatami groß, hatte also eine Grundfläche von weniger als vier Quadratmeter. Die Wände waren geschwärzt und die Ecken rund geputzt. Auf diese Weise schien der Raum unendlich groß wie der grenzenlose Nachthimmel. Ich habe selbst in einer Kopie dieses Teehauses im Daitokuji gesessen. Es gab überhaupt kein Gefühl von Enge. Im Gegenteil, der Raum wirkte wunderbar weit und strahlte eine tiefe Geborgenheit aus.

Die Teehäuser wurden errichtet wie die winzigen Einsiedlerhütten im Stile des Laienbruders Pang, aber nicht in der Verborgenheit der abgeschiedenen Berge, sondern mitten in der Stadt. Dort konnten die Kaufleute tagsüber ihren Geschäften nachgehen und sich dann in die stille Abgeschiedenheit ihres Teehauses zurückziehen und zur Ruhe finden, so wie es auch Vimalakirti getan hatte.

7.2 Ma Tsu – Plötzliches Erwachen

Nicht nur der Laienbruder Pang, sondern auch der Meister Yaoshan hatte ein Gespräch mit dem Meister Shitou. Im nördlichen Zen studierte man die Sutren und hoffte dadurch, zum Erwachen zu kommen. Yaoshan war damit nicht zufrieden, denn er hatte vom plötzlichen Erwachen in der südlichen Schule gehört. Shitou empfahl ihm, den Meister Ma-Tsu zu sprechen. Wir waren ein paar Tage vorher im Tempel des Ma-Tsu gewesen und hatten sein Grabmal zusammen mit zwei chinesischen Zen-Meistern, die uns begleiteten dreimal ehrfürchtig umschritten. Das Grabmal war während der Kulturrevolution zertrümmert und seine Teile weit in der Landschaft verstreut worden. Die Mönche hatten alle Teile wieder zusammengesucht und das Grabmal restauriert.

Dōgen berichtet von Ma-Tsu, der sich in die Berge zurückgezogen hatte, um dort den ganzen Tag mit der Zenmeditation im Sitzen zu verbringen. Sein Meister besuchte ihn und fragte, wozu er denn so angestrengt im Sitzen meditiere. „Ich will durch Sitzen ein Buddha werden!" Der Meister nahm einen Ziegelstein und begann, ihn am Felsen zu reiben. Verwundert fragte Ma-Tsu: „Was tust du da?" „Ich poliere den Stein um daraus einen Spiegel zu machen!" „Man kann doch nicht durch Polieren aus einem simplen Stein einen Spiegel machen!" „Und du kannst nicht durch Sitzen zu einem Buddha werden!" Dōgen sagt dazu, dass jeder Mensch von Geburt an die Buddhanatur besitzt. Aber man muss sie verwirklichen. So hat jeder Mensch die Fähigkeit, Wasser aus dem Brunnen zu schöpfen. Aber wenn wir nicht zum Brunnengehen und Wasser schöpfen, wird diese Fähigkeit nicht verwirklicht. Jeder Mensch hat die Buddhanatur, aber wir müssen sie durch Üben verwirklichen. Man wird nicht durch das Üben zum Buddha. Ein Stein kann kein Spiegel werden, er bleibt für immer ein Stein. Wenn wir uns im Zen oder den Zenkünsten üben, werden wir dadurch nicht Buddha, aber wir verwirklichen unsere Buddhanatur. In dem Augenblick, in dem wir beginnen zu üben, sind wir ein übender Buddha. In dem Augenblick, in dem man beginnt, den Teeweg zu üben, ist man ein übender Buddha. Es gibt Buddhas, die Anfänger auf dem Übungsweg sind und es gibt Buddhas, die bereits Meister geworden sind. Aber alle sind im Üben sich übende Buddhas.

Ma-Tsu hat offenbar einen würdigen Nachfolger bekommen. Der Zenmeister des Tempels zeigt uns hinter der Tempelmauer, direkt gegenüber vom Grabmal des Ma-Tsu eine kleine Hütte. „Dort lebt ein Mönch, der den ganzen Tag meditiert. Wir haben ihn seit einem halben Jahr nicht mehr gesehen. Wir stellen ihm Essen hin und holen das leere Geschirr wieder ab. Also muss er wohl noch dort sein!" Übt dieser Mönch, um

Buddha zu werden, oder ist er ein übender Buddha? Man müsste ihn dazu befragen, aber dazu müsste er aus seiner Hütte herauskommen.

Ma-Tsu pflegte seine Schüler mit unerwarteten Aktionen zu überraschen, um damit ein plötzliches Erwachen zu erreichen. Einmal packte er den Schüler an der Nase und drehte sie herum. Oft stieß er laute Schreie aus. Sein Aussehen muss sehr merkwürdig gewesen sein. In einer alten Chronik wird er beschrieben:

> Er schritt einher wie ein Ochse und schaute herum wie ein Tiger. Wenn er die Zunge ausstreckte, reichte sie ihm bis über die Nase hinaus. Den Fußsohlen waren zwei Kreise eingeprägt. [1]

Yaoshan fragte Ma-Tsu nach dem plötzlichen Erwachen. Der antwortete: „Manchmal bitte ich Jemanden, die Augenbrauen hochzuziehen, manchmal mit den Augenliedern zu zwinkern und manchmal tue ich das nicht. Manchmal ist das richtig und manchmal nicht." Yaoshan verstand und verließ Ma-Tsu.

Ma-Tsu setzte auf das plötzliche Erwachen in einem schreckhaften Augenblick. Aber Yaoshan und später Dōgen meinten dazu, dass dieses plötzliche Erwachen nur ein einziger Augenblick ist, der wieder vorübergeht. Ein solcher Augenblick kann helfen, den Weg des Buddha durch stetes Üben weiterzugehen. Aber das stetige Üben ist die Verwirklichung des Weges, nicht das einmalige kurze Erlebnis eines Erwachens.

Im Yaoshan Tempel baute Meister Mingying damals oben in den Bergen mitten in dichten Bambuswäldern ein neues Meditations- und Studienzentrum. Die Gebäude liegen oberhalb eines Sees mit klarem Wasser. Ein größerer Saal war schon fertig. Dort haben wir stundenlang Tee getrunken und über Zen diskutiert. Von dort aus sind wir immer wieder zu kleinen Spaziergängen durch den Bambuswald aufgebrochen, um uns nach den langen Gesprächen wieder ein wenig zu erholen. Mingying meinte, dass es für die Zenstudien absolut wichtig ist, nicht nur zu üben, sondern auch die Schriften zu studieren und zu verstehen. Er erzählte, dass er sehr gerne auf dem Feld arbeitet und Reis und Gemüse anbaut. Aber als Zenmeister hat er dazu nicht allzuviel Zeit. Er muss

---

[1] Jingde chuangdeng Lu.

Vorträge halten und auch die Menschen im Ort, die keine Mönche sind mit seinen Lehrreden erreichen. Von seinem Orden aus war er verpflichtet, mindestens einmal im Jahr das gesamte Blumengirlanden-Sutra, das Avatamsaka-Sutra zu lesen, das in Japan nur noch im Kegon-Buddhismus studiert wird. Aber auch in Korea ist dieses Sutra Pflichtlektüre der Mönche des Seon, des koreanischen Zen.

Ich hatte dann die Ehre, oben im neuen Zentrum einen Vortrag über meine Zen-Erfahrungen aus dem Geist des Teeweges zu halten und mit Michael Teezeremonie vorzuführen. Die Bürger aus dem Ort aber auch Gäste, die bis von Peking angereist kamen, waren dort um den ‚Physiker und Meister des japanischen Teeweges aus dem Heimatland von Karl Marx' über Zen sprechen zu hören. Anschließend gab es heiße Diskussionen über das Verhältnis von Wissenschaft und Chan / Zen. Man spürt den Hunger der Chinesen nach geistigen Wegen, die aus der Sackgasse des Konsums, des ungebremsten wirtschaftlichen Wachstums herausführen. „Wir bewegen uns in einem rasend schnellen Aufzug in die neue Zeit!" Auch die Bürgermeisterin war dort. Nach dem Vortrag war sie ganz begeistert und erklärte, dass sie den Chan und den Tempel für absolut wichtig für ihre Stadt hält. Sie wird die Entwicklung des Tempels in Zukunft nach Kräften fördern. Ein junger Mönch war so fasziniert von der Shakuhachi, dass er unbedingt das Spiel auf dieser Zen-Flöte lernen will. Ich werde ihm eine Shakuhachi bauen und nach China schicken.

Der Chan / Zen in China ist mitten in einem neuen Aufbruch. Wir haben so viele liebe und freundliche Menschen getroffen, fröhliche Zenmeister und liebenswerte Mönche und Laien. Wir sind nicht zum letzten Mal in China gewesen!

Und zwei von den Chinesinnen, die wir getroffen haben und die uns durch China geleitet haben, haben uns auf unserer nächsten Japanreise begleitet. Aber dieses Mal war ich der Führer. In Japan kenn ich mich halt besser aus als sie.

Formung des WEGES

8. Eisai: Die Zeit des Mappō

Allgemein wird angenommen, dass der japanische Mönch Myōan Eisai[1] im Jahr 1187 nach einem längeren Studienaufenthalt in China den Zen nach Japan. Mit im Gepäck hatte er Samen oder Pflanzen des grünen Tees, den er in dem neu gegründeten Tempel Shōfuku-ji[2] in Hakata auf der südlichen Halbinsel Kyūshū anbaute. Aber diese Annahme gilt nach der neueren Forschung als nicht korrekt. Der Tee war schon lange vor Eisai in Japan angekommen. Allerdings gelang es ihm, den Tee in der Form des Pulvertees, der mit Wasser geknetet wird, in Japan populär zu machen.

Eisais Name wurde früher vermutlich als Yōsai gesprochen. Die unterschiedlichen Lesungen des Namens kommen daher, dass die Namen in der sogenannten Go-on Lesung gesprochen wurden. Generell gibt es die japanische kun-yomi, in japanischer Lesung und die On-yomi, die chinesische Lesung.

In China werden viele verschiedene Dialekte gesprochen. Die japanische Aussprache der chinesischen Worte hängt davon ab, aus welcher Region Chinas die Texte nach Japan kamen. Die Go-on (呉音) Lesung stammt aus dem südlichen China, besonders aus dem alten Königreich Wu, und wurde hauptsächlich in der Asuka- und Nara-Zeit (ca. 6. bis 8. Jahrhundert) nach Japan gebracht. Diese Lesungen werden oft in buddhistischen Texten verwendet und sind daher eng mit religiösen Begriffen verbunden.

Die Kan-on (漢音) Lesung stammt aus der Tang-Dynastie (ca. 7. bis 10. Jahrhundert) und ist die Lesung, die während der Heian-Zeit populär wurde. Diese Lesung wird oft in offiziellen und formalen Kontexten ver-

---

[1] Myōan Eisai (sprich Eesai), vermutlich alte Aussprache Myōan Yōsai 明菴栄西, 27 May 1141 – 1 August 1215.

[2] Der Shōfukuji wurde im 2. Weltkrieg weitestgehend zerstört und wieder neu aufgebaut. Auch der Shakuhachi-Tempel Icchōken, nach dessen Tradition der Verfasser die Zen-Shakuhachi spielt, gehört zum Shōfukuji. Sein Name nach der Rinsai Tradition ist Saihō-ji

wendet. Die spätere Tō-on (唐音) Lesung stammt aus der späten Tang-Dynastie und der Song-Dynastie (ca. 10. bis 13. Jahrhundert) und wurde in späteren Perioden eingeführt.

Die Go-on Lesung wird also besonders in buddhistischen Texten und religiösen Kontexten verwendet. Hier sind einige Beispiele:

仏 (Buddha) - Go-on: ぶつ (butsu), Kun-Lesung: ほとけ (hotoke)

経 (Sutra) - Go-on: きょう (kyō), Kun-Lesung: へ (he).

Die chinesischen Schriftzeichen haben also in Japan unterschiedliche Aussprachen, je nach Kontext, in denen sie zu lesen sind.

Eisai wurde am 20. April des ersten Jahres der Eiji-Ära (1141) als Sohn eines Priesters der Familie Kaya geboren. Im Alter von 14 Jahren reiste er nach Kyōto und erhielt am Berg Hiei im Enryaku-Tempel der Tendai-Schule die Ordination. Im April des dritten Jahres der Nin'an-Ära (1168) unternahm er seine erste Reise nach Song-China, indem er ein Handelsschiff der Song-Dynastie bestieg. Er reiste nicht mit leeren Händen nach China. Während seines recht kurzen Aufenthaltes förderte er den Bau und die Rekonstruktion einer ganzen Reihe von Tempeln in China. Finanziert wurde das von seinem Gönner Taira-no-Yorimori 平頼盛 (1132 – 1181), einem der Anführer der Sippe der Taira, die am Ende des Genpei-Krieges unterging. Eisai bzw. Yosai hatte also gute Kontakte zu der herrschenden Klasse, die aber mit dem Ende der Genpei-Kriege und der Entmachtung der Taira-Sippe endeten.

Eisai reiste zum Wannian-Tempel auf dem Tiantai-Berg. Obwohl diese Reise nur etwa ein halbes Jahr dauerte, besuchte er das Zentrum der Tendai-Schule, wo einst Saichō studiert hatte.

Danach setzte Eisai seine Aktivitäten hauptsächlich in Kyūshū fort, jedoch ohne nennenswerte Spuren im Zusammenhang mit Zen zu hinterlassen. Im dritten Jahr der Bunji-Ära (1187), also neunzehn Jahre nach seiner ersten Chinareise, segelte Eisai erneut auf einem Handelsschiff der Song-Dynastie nach China. Dieses Mal finanzierten reiche chinesische Kaufleute die Reise, die auf Kyushu ansässig und durch den Handel mit China zu beträchtlichem Reichtum gekommen waren.

Ursprünglich hatte er Indien als Ziel, gab dies jedoch auf und besuchte erneut das Wannian-Kloster am Tiantai-Berg. Dort praktizierte er Zen bei Xuan Huaichang und erhielt die Bestätigung seiner Erleuchtung. Im Juli des zweiten Jahres der Kenkyū-Ära (1191) kehrte er zurück und gründete ein Zen-Kloster, Shōfuku-ji, und setzte seine Aktivitäten in der Umgebung von Hakata fort.

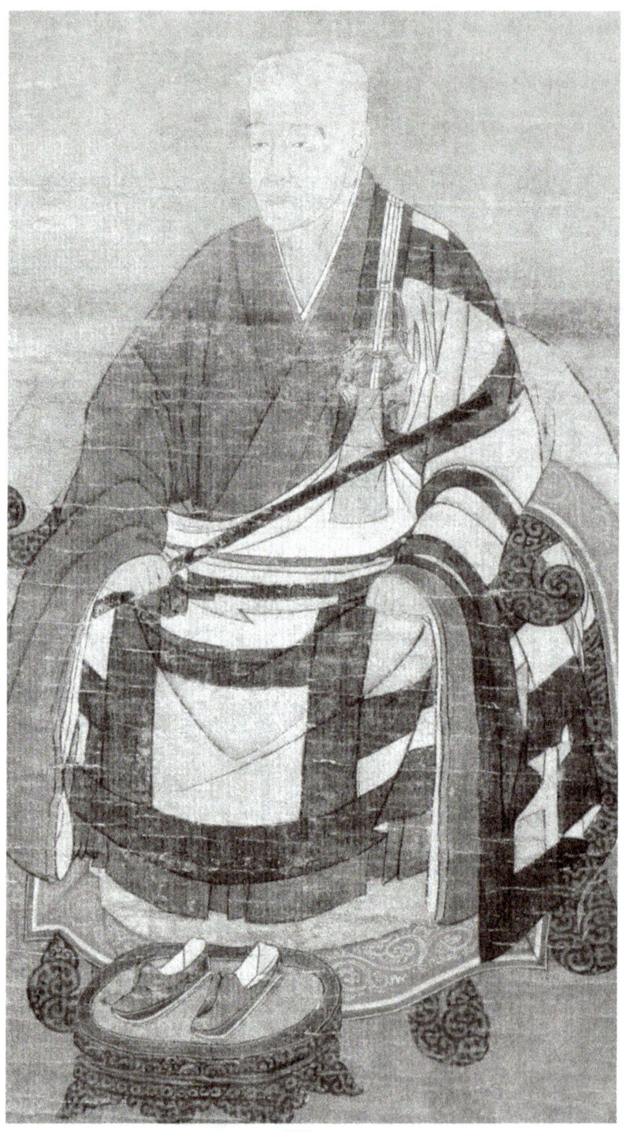

Abb. 14 Myōan Eisai

Im fünften Jahr der Kenkyū-Ära versuchte er, Zen in Kyōto zu verbreiten, doch die Tendai Mönche auf dem Berg Hiei widersetzte sich und das Kaiserliche Hof verbot ihm das Predigen, sodass er nach Hakata zurückkehren musste.

Erst im ersten Jahr der Shōji-Ära (1199), also erst achtundfünfzig Jahre nach seiner ersten Chinareise ging er nach Kamakura und gewann die Unterstützung von Hōjō Masako., der Ehefrau des eresten Kamakura Shōgun Minamoto no Yoritomu. Im folgenden Jahr gründete er Jufuku-ji, jedoch war dies kein Zen-Kloster. Der zweite Shōgun Minamoto no Yoriie spendete großes Land in Kyōto, und mit dieser Unterstützung gründete Eisai im zweiten Jahr der Kennin-Ära (1202) Kennin-ji. Auch dieses Kloster war für das Studium der drei Schulen Tendai, Shingon und Zen vorgesehen. Eisai blieb dann eine Zeit lang in Kyōto und widmete sich der Verbreitung des Zen-Buddhismus.

Eisai lebte in bewegten Zeiten in Japan. Der Genpei Krieg zwischen den beiden verfeindeten Sippen der Minamoto oder Genji und den Heike verwüstete das gesamte Land. Er dauerte von 1180 bis 1185. Nach dem Krieg änderte sich die politische und kulturelle Situation Japans dauerhaft. Die Macht ging vom Tenno auf das Bakufu und den Shōgun über, der seinen Regierungssitz nach Kamakura, weitab von der alten Hauptstadt Kyōto, verlegte.

Die gesamte religiöse Struktur war von den beiden heianzeitlichen Schulen der Tendai und des Shingon beherrscht. Vor allem die Tendai, die ihren Hauptsitz nördlich der alten Hauptstadt Kyōto auf dem Hiei-san-Berg hatten, beherrschten die Politik und die religiösen Ordnungen im Land. Mit ihren gefürchteten Kriegermönchen, den Sōhei, sorgten sie dafür, dass nichts ohne ihren Willen geschehen konnte.

Sie schreckten auch nicht davor zurück, religiöse Gegner gewaltsam zu bekämpfen, deren Priester zu töten und die Tempel niederzubrennen. Die beiden Tempel Enryakuji und der Miidera, die derselben Schule des Tendai gehörten und die in Sichtweite voneinander am Biwasee lagen, bekämpften sich gegenseitig mit ihren Sōhei, den Kriegermönchen. In den Jahren 1121 und 1141 wurde der Miidera bis auf die Grundmauern von den Kriegermönchen des Enryakuji niedergebrannt. Der Buddhismus war eben nicht immer so friedlich, wie man im Westen meint.

Bei seiner zweiten Reise nach dem Ende des Genpei-Krieges im Jahr

1185 blieb er für drei Jahre, von 1187 bis 1191 bis nach dem Ende der Kriege in China.

Nach der Rückkehr nach Japan gründete er mehrere Zen-Tempel, die aber alle weitab von der Hauptstadt lagen, weil dort der Einfluss der Tendai zu stark war.

Der Shōfuku-ji in Hakata, auf der südlichen Halbinsel Kyūshū ist der erste Tempel in Japan, der als reiner Zen-Tempel ausschließlich dem Training in der Zen-Meditation diente. Er existiert heute noch mit seinen vielen Sub-Tempeln. Der Shōfuku-ji mit seinen Untertempeln war eng mit der Entwicklung des Teeweges verknüpft. Auch die wichtige Schrift über den Tee, das Nambōroku,[1] ist eng mit Hakata und dem Shōfuku-ji verbunden.

Später ging Eisai nach Kamakura, wo er mit Erlaubnis von Hōjō Masako, der Witwe des ersten Shōguns Minamoto no Yoritomo den ersten Zentempel in Kamakura, den Jufuku-ji 寿福寺, gründete. Minamoto no Yoritomo starb nach einem Sturz von seinem Pferd. Seine Witwe hatte den Jufukuji Tempel zum Gedenken an den verstorbenen Shōgun gegründet. Sie setzte auch ihren zwanzigjährigen Sohn Minamoto no Yoriie als Nachfolger ein. Weil er aber die Politik seines Vaters nicht weiter verfolgte, wurde er bereits nach einem Jahr unter Hausarrest gestellt und wiederum ein Jahr später ermordet. Sein jüngerer Bruder Minamoto no Sanetomo wurde im Alter von elf Jahren sein Nachfolger und damit der dritte Shōgun aus der Minamoto-Sippe. Formal war er zwar der Shōgun, aber die tatsächliche Herrscherin war seine Mutter Hōjo Masako.

Sanetomo war wohl weniger ein mächtiger Herrscher als vielmehr ein recht guter Verfasser von Waka-Gedichten und er veröffentlichte eine eigene Sammlung von Gedichten. Im Alter von 26 Jahren wurde er zum Dainagon, dem obersten Staatsrat am Hof des Tennō, ernannt. Das war eine der wichtigsten Ämter neben dem Tennō selbst. Damit hatte er sowohl das Amt des Shōgun, des Militärherrschers, als auch eine wichtige Funktion in der Hierarchie des Tennō-Adels inne. Zur Feier seiner

---

[1] Das Nambōroku ist eine wichtige Quelle für den Teeweg. Die Schrift wird ausführlich im Band 2 besprochen.

Ernennung besuchte er den Hachiman-Schrein in Kamakura, dem höchsten Schrein zur Verehrung des Kriegsgottes Hachiman. Bei starkem Schneefall, der bis zu sechzig Zentimetern hoch fiel, verließ er den Schrein. Mitten auf der steilen Treppe zum Schrein griff ihn sein Neffe Kugyō mit dem Schwert an. Kugyō war der älteste Sohn seines ermordeten Bruders, den man gezwungen hatte, Mönch zu werden. Die beiden jüngeren Söhne waren bereits vorher ermordet worden. Der Jüngste kam in einem Feuer um, das an seiner Residenz gelegt worden war. Kugyō tötete mit dem Schwert zuerst den Wächter, schlug dann Sanetomo den Kopf ab und floh mit dem abgeschlagenen Kopf. Noch am selben Tag wurde er selbst von seinen Häschern enthauptet. Sanetomo wurde bestattet, aber sein Kopf war noch immer verschwunden. Erst später fand man den Kopf, der in einer eigenen Grabstätte bestattet wurde.

Kein Wunder, dass die Menschen damals davon überzeugt waren, im Zeitalter des mappō zu leben, das ein Endzeitalter ist. Allerdings endet das mappō nicht abrupt, es dauert vielmehr zehntausend Jahre. Genau besehen leben wir also noch heute im Zeitalter des Mappo. Das Gesetz Buddhas ist verschwunden. Zwar werden noch die Formalien eingehalten, aber es gibt weder ein Erwachen noch eine Erlösung vom Leiden.

Der Dichter und Abt des Tendai Jien[1] wird zu den sechzehn unsterblichen Dichtern Japans gezählt. Er schrieb viele Waka-Gedichte, die in der kaiserlichen Sammlung des Shin kokin wakashu enthalten sind. Er war der Verfasser der Schrift Gukanshō, wörtlich etwa ‚flüchtige Aufzeichnungen eines Dummkopfes‘ über das Mappō-Zeitalter. Dort klagte er:

Peinvolle Betrachtung:
Die Wasser des Gesetzes werden immer seichter
in diesen späten Tagen. – Wilder Tempel des Hiei.

Schon schwindet das Gesetz
und sein Licht schwindet.
Wahrlich fürchterlich die Dunkelheit!

Auf dem Hiei-Berg oberhalb von Kyōto bestimmen nicht mehr die

---

[1] Jien 慈円, 17 Mai 1155 in Kyoto – 28 Oktober 1225, war ein Sohn des
Fujiwara Tadamichi und gehörte damit in den innersten Kreis um den Tennō.

buddhistischen Übungen den Alltag, sondern die wilden und gefürchteten Kriegermönche, die töteten und brandschatzten.

Im Westen gilt der Buddhismus im Gegensatz zum Christentum als friedfertig. Aber innerhalb der buddhistischen Schulen wurden oft auf kriegerische Weise Glaubenskämpfen ausgefochten und die Tempel unterhielten schon im Ursprungsland des Buddhismus in Indien große Heere von Kriegermönchen. Noch im Jahr 1998 kam es nach langem Streit unter rivalisierenden Gruppen des koreanischen Seon, der koreanischen Zen-Schule, zu heftigen Kämpfen, bei denen viele Menschen verletzt und sogar getötet wurden. Die Mönche kämpften mehr als einen Monat lang untereinander und gegen die Polizei. Nur mit Gewalt konnte die Polizei schließlich die Kämpfe stoppen.

Damit in der Zeit des Mappo dennoch eine Erlösung möglich sein würde, gibt es das Reich des Amida Buddha, einer Art von Paradies. Hier herrscht Freiheit und Gleichheit der Menschen. Kein Mensch herrscht über den Anderen und es gibt nur Harmonie. Aber dieses Reich des Amida kann erst nach dem Tod erreicht werden. Eisai schreibt über diese Endzeit:

> Es wird gesagt, dass in der Endzeit, wenn die Lebensspanne der Menschen hundert Jahre erreicht hat, sowohl Mönche als auch Laienanhänger häufig gegen die Bräuche des Buddhismus verstoßen und den Lehren Buddhas nicht mehr folgen werden. Das Land wird verfallen und die Menschen werden leiden und sterben.
> Zu dieser Zeit werden Geister und Dämonen auftreten, die das Land verwüsten und die Menschen quälen, sowie verschiedene Krankheiten verursachen. Es wird keine Möglichkeit geben, sie zu behandeln, die Medizin wird machtlos sein und es wird keine Heilung für diejenigen geben, die an lang anhaltenden Krankheiten oder an extremem Erschöpfungszustand leiden.[1]

In dieser Zeit der Wirren, die von Kriegen geprägt war, ist es nicht verwunderlich, dass viele neue Religionen entstanden. Eisai brachte den Zen nach Japan. Aber es war noch kein reiner Zen. Er war noch vermischt mit esoterischen Übungen aus dem Tendai und aus den Übun-

---

[1] Eisai, Kissa Yojoku, Beginn des 2. Teils der Schrift.

gen, die Eisai aus China mitgebracht hatte.

Von Minamoto no Yoriie, dem zweiten Shōgun erhielt Eisai ein Grundstück in der alten Kaiserstadt Kyōto. Mit Erlaubnis des Tennō gründete er dort den Kenninji. Allerdings war die Bedingung, dass dort nicht nur der reine Zen, sondern auch die Übungsmethoden und Praktiken der Tendai und des Shingon gelehrt würden. Dōgen, der ebenfalls als Kind ein Mönch der Tendai auf dem Hiei-Berg geworden war, und der später bei einem Schüler Eisais im Kenninji studierte, brachte von einer Chinareise den reinen Zen der Sōto-Schule mit.

Die Mönche der Tendai gründeten in der Folgezeit eine ganze Reihe von neuen Religionen. Hōnen gründete den Buddhismus des reinen Landes, den Jōdo-Shū, Nichiren eine Art nationalen, japanischen Buddhismus, den Nichiren-Shu und Shinran den Jōdo-shinshū, die neue Schule des Amida Buddhismus.

8.1 Eisai und der Tee

Es ist überliefert, dass eines Tages im Jahr 1214 der Shōgun Minamoto no Sanetomo, der dritte Shōgun, wohl wieder einmal zu sehr dem Alkohol zugesprochen hatte und er an Kopfschmerzen und Übelkeit litt. Eisai ergriff die Gelegenheit und servierte ihm Tee, den er im Jufuku-ji vorbereitet hatte. In einer Chronik des Bakufu, dem ‚Azuma-kagami 吾妻鏡‘, dem ‚Spiegel der Ostprovinzen Azuma‘, wird der Vorfall geschildert.

> Der Shōgun fühlte sich etwas krank und die Bediensteten rannten herum. ... Es war wohl, weil Sanetomo in der Nacht zuvor zu viel getrunken hatte. Der diensthabende Hauptmönch (Eisai) bereitete die Zeremonien zum Schutz und zur Vertreibung von Übeln durch verschiedene Buddhas vor, als er vom Zustand Sanetomos hörte. Er erklärte dem Shōgun, dass er über eine hervorragende Medizin verfüge, und ließ eine Schale Tee aus dem Tempel kommen.

> Zugleich überreichte er dem kranken Shōgun eine Schrift zum Lobpreis des Tees (als Medizin), die er im letzten Monat in den Pausen zwischen seinen Meditationen verfasst hatte, wie er dem

Shōgun sagte. Der nahm die Schrift sehr erfreut an.

Dies ist das älteste Zeugnis für die Verwendung des Tees als Medizin durch Eisai. Später wurde angenommen, dass Eisai Teesamen oder Pflanzen aus China mitgebracht hatte, die er in Japan anbaute und zum grünen Pulvertee verarbeitete. Aber es ist eher unwahrscheinlich, dass er jemals Tee-Samen oder Setzlinge mit nach Japan brachte. Der Tee war vielmehr schon vorher bekannt und wurde regelmäßig angebaut.

Aber auch Eisai selbst nimmt scheinbar für sich den Ursprung des Teeanbaus in Japan in Anspruch. Seine Schrift, die er dem Shōgun überreichte, besteht aus zwei Teilen. Im ersten Teil preist er den Tee und seine gesundheitlichen Wirkungen, im zweiten Teil widmet er sich den Wirkungen eines Tees aus Maulbeerbaum-Blättern. Diesen zweiten Teil hat er vermutlich erst später hinzugefügt. Aber er schließt diese Schrift mit folgenden Worten:

Der Tee aus Uji hat seinen Ursprung bei Zen-Meister Eisai vom Kenninji-Tempel. Im Sommer des dritten Jahres der Nin'an-Ära (1187 n. Chr.) überquerte der Zen-Meister den Ozean nach Südchina und stieg auf dem Weg zum Tiantai-Gebirge vom Sumei-Berg ab. Auf diesem Weg durch die Teeberge erfuhr er, dass Tee dort hochgeschätzt wurde und große heilende Wirkung besaß. Im Herbst desselben Jahres kehrte er mit einigen Teeblättern nach Uji in der Provinz Kyōto zurück und pflanzte sie dort. Die Gegend war gesegnet mit heiliger Aura, und der Boden war fruchtbar und reichhaltig. Es war einsichtig, dass der Zen-Meister an diesem Ort Tee gepflanzt hat, da er ähnliche Eigenschaften wie die Teegebiete Jianxi und Huizhou in China besaß.

Seitdem haben sowohl die Beamten als auch die Bürger dieses Landes den Tee gleichermaßen geschätzt, und es gibt niemanden, der dieses Getränk nicht verehrt. Unter den Liebhabern von Tee in der Nähe wird der Uji-Tee als der beste betrachtet, gefolgt vom Meio-Tee..."
Ein Sprichwort sagt, dass der Tee von Uji klare Klänge, während alles andere nur trübe Töne hat.

Genau gesehen beansprucht Eisai hier nicht die Einführung des Tees nach Japan, sondern lediglich die Kultivierung in Uji, wo bis heute noch die besten Sorten des Tees, vor allem aber der beste Pulvertee, der Matcha, produziert wird. Aber es ist historisch nicht erwiesen, dass Eisai tatsächlich mit dem Teeanbau in Uji begonnen hat. Möglicherweise war es erst Myōe Shōnin aus dem Tempel Kozanji im Nordwesten der Hauptstadt Kyōto, der Tee in einer kleinen Plantage an seinem Tempel anbaute. Er hatte die Teesetzlinge von Eisai bekommen. Weil das Klima dort in den Bergen zu rau war, legte er wohl eine erste Plantage in Uji an, denn dort herrscht ein milderes und feuchtes Klima, das für den Tee sehr förderlich ist.

Eine Teepflanze benötigt von der Aussaat bis eine ausreichende Menge an Tee mit halbwegs guter Qualität geerntet werden kann, gut 15 Jahre. Das Oberhaupt der Koyamaen-Plantage hat mir einmal erklärt, dass man die Menge an produziertem Tee nicht einfach steigern kann. Ein Teestrauch braucht von der Aussaat bis zur Ernte von Teeblättern, die eine gute Qualität für den Pulvertee liefern, bis zu fünfzig Jahre. In dieser Zeit müssen die Pflanzen stets gut gepflegt werden. Die Blüten des Teestrauchs sind nicht selbstbestäubend. Sie brauchen Insekten zur Bestäubung. Viele der Pflanzen würden vermutlich auch vor der Ernte absterben, so daß nur ein kleiner Teil der Sämlinge nutzbaren Tee ergeben. Wer sollte eine Teeplantage für eine solch lange Zeit pflegen, ohne dass sicher ist, ob die nächste Generation eine ausreichende Ernte einbringen kann, wenn der Anbau nicht schon längst bekannt ist.

Wahrscheinlich ist, dass der Tee schon längst in Japan angebaut wurde. Auch die beiden Gründer des Tendai und des Shingon, Saichō und Kūkai, sollen Teesamen oder Setzlinge aus China mitgebracht haben und Tee getrunken haben. Kūkai schreibt einmal, dass er gerade das Zeichnen der indischen Schrift bei einer Schale Tee übte. Genetische Untersuchungen der japanischen Teepflanzen haben ergeben, dass alle Teesorten, die in Japan angebaut werden, ihren Ursprung in Südchina haben.

Eisai ging nach seiner Rückkehr aus China vermutlich auch deshalb nach Hakata auf Kyūshū, weil es dort eine große chinesische Gemeinde gab. Es ist auch bekannt, dass er mit einem chinesischen Kapitän befreundet war, der im Handel zwischen China und Japan tätig war. Die chinesische Gemeinde in Hakata hatte wohl schon längst den Teeanbau, so wie sie ihn aus ihrer Heimat kannten, betrieben. Eisai konnte also auf einen längst schon verbreiteten Anbau von Tee zurückgreifen. Aber es ist einfacher, sich historische Entwicklungen als exemplarische Tat eines bestimmten Menschen zu einem festen Datum vorzustellen als anzuerkennen, dass Entwicklungen meistens langsam und zunächst kaum bemerkt verlaufen. Das ist wie die Frage, woher die Italiener nach Italien kamen. Zunächst gab es nur Römer und Etrusker und scheinbar ganz plötzlich ist das Land von Italienern besiedelt. Da müssen doch wohl Romulus und Remus aus Troja nach Rom gekommen sein.

Dass es schon lange vor Eisai Teeplantagen in Japan gab, zeigt ein Gedicht aus der Mitte des 11. Jahrhunderts, also gut hundert Jahre vor Eisais erster Chinareise. Geschildert wird ein alter Tempel, der offenbar dem Medizin-Buddha geweiht ist. Die Gebäude sind bereits alt und ehrwürdig, aber die Natur um den Tempel ist frisch und wie neu. Die ‚Grashalle‘ und die ‚Schilfhütte‘ erinnern bereits an die späteren Teehäuser.

> Davor das Wasser wie Lapaslazuli
> dahinter leuchtet ein Hain in Gelb.
> Dort eine Grashalle und eine Schilfhütte
> und ein Glockenturm.
> Dort ist ein Teefeld und ein Medizingarten.[1]

Bemerkenswert ist, dass die Teeplantage durch ein Feld mit Heilkräutern ergänzt wird und dass es sich um einen Medizin-Tempel handelt.

Der Tee wurde also schon lange vor Eisai in Japan angebaut und als Medizin getrunken. Er sollte dabei nicht nur der Gesundheit des Einzelnen förderlich sein, sondern auch einen gesunden und harmonischen Staat fördern. Zu der Zeit um 900 bis 1000 wurde Japan regelmäßig von Seuchen und Hungersnöten heimgesucht. Zum Schutz des Staates und des Tennō wurden in den Klöstern und den Palästen aufwändige Zeremonien abgehalten, bei der die beteiligten Mönche Tee tranken. Zum Schutz des Staates und des Tennō rezitierten die Mönche zweimal im Jahr vier Tage lang im Thronsaal des Kaiserpalastes die Sutren. Der gesamte Hofadel war gehalten, bei den Rezitationen anwesend zu sein. Weihrauch füllte die Luft und Angehörige des mittleren Adels servierten Tee, der mit einem Konzentrat aus Persimonen gesüßt war.

---

[1] zitiert nach: A bowl for a coin. A Commodity History of Japanese Tea. William Fayne Ferris.

Welche Art von Tee damals getrunken wurde, ist nicht klar. Im Lu Yü,[1] dem chinesischen Klassiker über den Tee wird geschildert, dass der Tee in Platten gepresst und getrocknet wurde.

Lu Yü beschreibt die Teepflanze mit seinen berühmten Worten:

> Tee ist ein kostbarer Baum des Südens. Er reicht von zwei bis drei Shaku (60–90 cm) bis zu mehr als drei Metern. In den Schluchten des Ba Shan-Gebirges (in Sechuan) gibt es Bäume, die zwei Personen umarmen können, sie werden gefällt und gesammelt.

Wir kennen die Teepflanze meistens als Strauch, aber das liegt daran, dass er nach der Ente immer wieder zurückgeschnitten wird. Der Teebaum kann gewaltige Höhen erreichen und ein riesiger Baum werden. Ich habe einmal bei der Plantage Koyamaen gefragt, wie alt denn solch eine Teepflanze werden kann. Der Chef zog fragend die Luft durch die Zähne und sagte dann: „Ich weiß es nicht, wir machen es erst seit dreihundert Jahren."

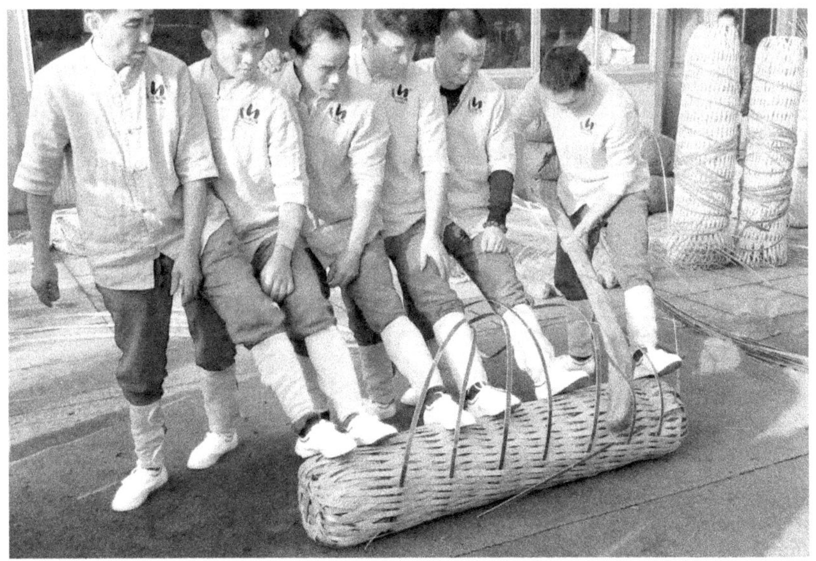

Abb. 15 Tee wird gepresst

Üblicherweise werden Teeblätter im zweiten, dritten und vierten Mond gepflückt. Die Wurzeltriebe der Teestaude sprießen wie Bambussprossen aus der fruchtbaren Erde

---

[1] Lu Yü; Cha Ching.

zwischen den Steinen. Sie sind etwa 13 bis 14 cm hoch und sehen so frisch und zart wie die Triebe des Adlerfarns oder der Rose aus. Die Spitzen sollten unbedingt noch vor dem Verdunsten des Taus gepflückt werden. Die Teesprossen entwickeln sich an den wuchernden drei, vier- oder fünffach verzweigten Ästen. Man pflückt nur die Spitzen der milderen Triebe. Regnerisches Wetter und ein bewölkter Himmel sind keine guten Voraussetzungen, um Tee zu pflücken. Tee soll nur bei heiterem, sonnigem Wetter gepflückt werden, nur so erhält man Teeziegel von guter Qualität.[1]

Die Teeblätter wurden gedämpft und gewalkt und dann zu Ziegeln gepresst. Ich habe in China noch diese traditionelle Verarbeitung beobachten können. Der gedämpfte Tee wurde in einem Sack aus Bambusstreifen mit einer Hebelpresse, die von mehreren Männern bedient wurde, fest gepresst. Aus diesem gepressten Tee werden dann runde oder eckige Tafeln geformt, die dann getrocknet werden.

Noch heute wird in China etwa der Pu Erh Tee getrunken, der aus gepressten und fermentierten Ziegeln besteht.

Der lang gelagerte und durch Mikroorganismen fermentierte Tee ergibt einen rotbraunen Aufguss mit leicht erdigem Geschmack. Dieser Tee heißt 红茶 hóng chá – ‚roter Tee‘.

In China wurde uns erklärt, dass der Tee viele Jahre reifen muss, bis er seine beste Qualität erreicht. Wir haben in verschiedenen Tempeln Tee getrunken, der über einhundert Jahre alt gewesen sein soll. Im Vertrauen sagte man uns, dass der Tee, der nach Deutschland exportiert wird, viel zu jung sei, um genießbar zu sein.

Im Lu Yü wird geschildert, dass von den Teeziegeln Stücke abgebrochen und zwischen Pergamentpapier zerkleinert wurden. Die grob zerkleinerten Stücke wurden dann in einem speziellen Gerät, dem yakken weiter zerkleinert.

Yakken ist ein Rad, das an einem Handgriff in einer Rille hin und her bewegt wird. Damit werden Kräuter oder Gewürze wie in einem Mörser zerkleinert. So entsteht ein Granulat, das weit entfernt von dem feinen Pulver ist, als das der Matcha heute in den Handel kommt. Vermutlich

---

[1] Lu Yü, Cha Ching.

war der Tee so bitter, dass man ihn mit getrockneten Kaki süßen musste, damit er genießbar war.

Erst in der Zeit von Eisai erschien allmählich die Steinmühle, mit der die Teeblätter zu feinem Staub pulverisiert werden konnten. Heute ist das Mahlen der Teeblätter mit Steinmühlen ein hoch aufwändiger Vorgang. Bei der Plantage Koyamaen laufen in einem dunklen Raum hunderte von Teemühlen mit ganz geringer Geschwindigkeit. Der Raum ist dunkel, damit das Licht das Chlorophyll in den Blättern nicht durch Photosynthese zersetzt. Die Mühlen laufen so langsam, damit die Temperatur bei dem Prozess nicht ansteigt und den Tee beeinträchtigt. Die komplizierten Rillenmuster auf den Mühlsteinen sind heute mit Computern berechnet, aber sie müssen immer noch von Hand gehauen werden. Der Raum ist ein hochreiner Raum, der von Menschen nur für eventuelle Reparaturen in hochreiner Schutzkleidung betreten werden darf. Vor dem Mahlen wurden alle Blattrippen und Stängel in einem komplizierten Prozess entfernt, weil sie zu viel Gerbstoffe enthalten und der Tee zu bitter wird. Die Stängel ergeben einen sehr feinen Aufguss-Tee. Nichts vom Teeblatt wird entsorgt.

Alle diese modernen Maßnahmen sorgen dafür, dass eine feine ausgewogene Bitterkeit erhalten bleibt, die aber durch eine Süße des hoch qualitativen Tees ausgeglichen wird.

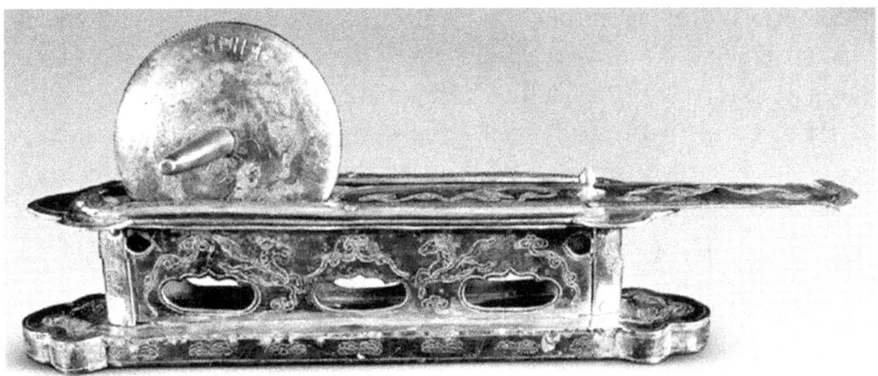

Abb. 16 Yakken – Teemörser

8.2 Kissa yōjō ki – Die Schrift vom Tee-Trinken

Eisai servierte dem Shōgun nicht nur Tee als Medizin. Als er von der ‚Krankheit‘ des Shōgun hörte, war er offenbar damit beschäftigt, religiöse Zeremonien zur Anrufung verschiedener Buddhas als Schutz und Heilung für den Staat vorzubereiten, so wie sie bereits vor seiner Zeit üblich waren. Mit dem Tee überreichte er dem Shōgun zugleich eine Schrift über das Tee-Trinken zur Pflege der Gesundheit. Um dieser Schrift ein besonderes Gewicht zu verleihen, bemerkte er, dass er sie zwischen seinen Meditationen niedergeschrieben hatte.

Die Schrift wurde bekannt unter dem Titel Kissa Yojo ki‘ 喫茶養生記, die ‚Aufzeichnung vom Tee-Trinken zur Gesundheit‘. Sie besteht aus zwei Teilen. Im ersten Teil behandelt er die gesundheitlichen Wirkungen des Tees und eine ausführliche Beschreibung verschiedener Teesorten. Der zweite Teil handelt nicht mehr vom Tee, sondern von der gesundheitlichen Wirkung eines Aufgusses oder eines dicken Breis aus gemahlenen Maulbeerbaum Blättern.

Der erste, wohl ursprüngliche Teil der Schrift, der sich nur mit dem Tee befasst, beginnt mit einer Lobpreisung der Gegenden, in denen Tee angebaut wird.

> Tee ist ein Wundermittel (仙薬 senyaku) für die Gesundheit und eine erstaunliche Kunst(妙術 myōjutsu), die das Leben verlängert. Wo auch immer Teebäume in den Bergen und Tälern wachsen, ist dieser Ort heilig (神聖 shinsei) und voller spiritueller Kraft (霊験 reiken). Wenn man diesen Tee pflückt und trinkt, erhält man ein langes Leben. Sowohl in Indien als auch in China wird dieser Tee hoch geschätzt, und auch in unserem Land wird er geliebt.

Tee ist ein Wundermittel und Lebenselixier, so schreibt Eisai. Das Wundermittel 仙薬 senyaku ist eine Droge 薬 yaku, die von den daoistischen Einsiedlern und Weisen, den 仙 sen, genutzt wurde, um Unsterblichkeit zu erlangen. Das Schriftzeichen für die Weisen und Einsiedler 仙 zeigt im vorderen Teil das Zeichen für Mensch 人 und dahinter den Berg 山. Diese Einsiedler sind Menschen, die sich in die Einsamkeit der Berge und der reinen Natur zurückzogen, um zu meditieren und durch ihre

Übungen die Unsterblichkeit zu erlangen. Sie nutzten ein Elixier aus Kräutern als Mittel für die Unsterblichkeit, das yaku 薬. Das Schriftzeichen besteht aus dem unteren Teil für raku 楽, Wohlbefinden, Zuneigung, Liebe, das auch für die Raku-Teeschalen benutzt wird. Über dem Zeichen für Raku steht das Radikal für Pflanze. Senyaku ist also das Mittel der daoistischen Weisen, das sie aus Pflanzen gewonnen haben, um Wohlbefinden zu erlangen, und das ist der grüne Tee.

Berge und Täler, in denen Tee angebaut und geerntet wird, sind ‚heilig‘ 神聖 shinsei, so schreibt Eisai. Shin 神 ist das Schriftzeichen für Geist oder Gott, 聖 ‚sei‘ ist ein heiliger Mensch, der in der Lage ist, dem Herrscher mit guten Ratschlägen zu dienen, ein ‚Heiliger‘, der aber mitten im Leben steht. So erhebt Eisai den Tee in geradezu magisch, mystische Sphären des Heiligen.

Tee ist damit nicht einfach nur ein alltägliches Getränk. Sein Genuss führt geradezu in himmlische Sphären der Unsterblichen. Der chinesische Mönch Lu Tong, der etwa zur Zeit von Lu Yü, dem Verfasser des klassischen Buches vom Tee, dem Cha-ching aus der Tang-Zeit Chinas gelebt hat, schildert diese quasi religiöse Sphäre des Teetrinkens in einem Gedicht:

> Die erste Tasse befeuchtet Lippen und Kehle,
> die zweite vertreibt Einsamkeit und Trübsal,
> die dritte durchforscht und trocknet den Darm,
> mit Worten nur auf fünftausend Schriftrollen zu beschreiben.
> Bei der vierten Tasse beginne ich zu schwitzen,
> so daß alles Schlechte ausgeschieden wird.
> Die fünfte Schale reinigt Knochen und Fleisch,
> die sechste Schale bringt mich den Unsterblichen nahe.
> Die siebte Schale kann nicht mehr genossen werden
> sie lässt mich den Hauch des Windes in den Ärmeln fühlen, der
> mich zu den Inseln der Unsterblichen trägt.[1]

Der Darm, der mit der dritten Schale ‚durchforscht und getrocknet‘ wird, ist nach der traditionellen chinesischen Medizin der Ort, in dem

---

[1] Lu Tong's Gedicht über den Tee: 一碗喉吻潤， ／ 二碗破孤悶， ／
三碗搜枯腸， ／ 惟有文字五千卷， ／ 四碗發輕汗， ／ 平生不平事盡向毛孔散， ／
五碗肌骨清／， 六碗通仙靈， ／ 七碗吃不得也， ／ 唯覺兩腋習習清風生。／
蓬萊山，在何處， 玉川子乘此清風欲歸去。

das harmonische Gleichgewicht von Körper und Geist entsteht. Auch in der modernen Medizin geht man neuerdings davon aus, dass die Darmgesundheit ein wichtiger Faktor für unsere positiven Gedanken und Empfindungen ist. Der Darm ist wie das Gehirn des Körpers und der Emotionen. Die siebte Schale, so schreibt Lu Tong, kann nicht mehr getrunken werden. Offenbar hat bereits die sechste Schale den Trinker in die Sphäre der Unsterblichen getragen. Nun spürt er nur noch den fast himmlischen Wind unter den Achseln in seinen Ärmeln, der ihn empor trägt zur Insel Penglai mit dem Berg, auf dem die unsterblichen Götter wohnen. In Japan heißt dieser Berg der Hōrai-san, der Götterberg.

Es ist nicht ganz klar, welche Art von Tee Lu Tong genossen hat. Vermutlich war es der fermentierte und zerkleinerte Ziegeltee, der zusammen mit Ingwer, Salz und anderen Gewürzen gekocht wurde. Der Sud dieses Gebräus wurde abgeschöpft und getrunken. Er hat wenig gemein mit dem Aufguss-Tee oder dem Pulvertee, wie er heute in der Teezeremonie verwendet wird.

Frisch geernteter Tee enthält sehr viel Teein oder Koffein. In Japan wird der Tee zur Herstellung des Matcha, des Pulvertees für die Teezeremonie nach der Ernte im Mai/Juni bis Oktober/November gelagert. Dabei baut sich das Teein so weit ab, dass der Tee gut trinkbar wird. Vom frischen Tee kann man sich durchaus einen Rausch antrinken, bei dem man sich fühlt, als würde man vom Hauch des Windes zu den Inseln der Seligen getragen. Ich habe selbst einmal in der Plantage Koyamaen in Uji frischen, gerade eben geernteten und pulverisierten Tee getrunken. Der Geschmack ist voll und süß mit einer Fülle von unterschiedlichen edlen Geschmäckern. Aber nach drei oder vier schalen Tee hatte ich das Gefühl, als würde ich einen halben Meter über dem Boden schweben. Das Schweben hielt mehrere Stunden lang an. Es ist ein regelrechter Koffein-Rausch.

Aber für Lu Yü und später für Eisai und die japanischen Zenmönche steht nicht die berauschende Wirkung des Tees im Blick. Diese Wirkung tritt ohnehin nur bei dem Genuss von sehr viel Tee, nach Lu Tongs Beschreibung frühestens nach der sechsten oder siebten Schale auf. Lu Yü klassifiziert den Tee als eher kalt und verhalten:

Das Wesen des Tees ist generell kalt, somit kommt ihm gewiss als Getränk die beste Form der Verwendung zu. Für achtbare und genügsame Leute können einige Schlucke Tee so wunderbar wie süßer Rahm und erquickender Tau sein. Vor allem dann, wenn sie Durst haben, unter allzu großer Hitze leiden oder über Kopfschmerzen, Augentrockenheit, Glieder- und Gelenkschmerzen klagen.

Für Lu Yü steht also die heilende Wirkung des Tees im Vordergrund. Er ist eher geeignet für Menschen mit einem verhalteneren Charakter. Vermutlich war Lu Yü ein Findling, der von einem Zen-Mönch aufgezogen wurde. Daher lebte er wohl schon von Kindheit an in einem Zen-Tempel. Tee dient ihm als Kultivierung des Charakters und der Teegenuss ist in ein ästhetisches System als Übung eingebunden.

Der Tee ist auch nach der Legende eng mit dem Zen-Buddhismus verbunden. So gibt es die Geschichte von Bodhidharma, der den Zen aus Indien nach China brachte. Er saß mit dem Gesicht zur Wand in seiner Höhle oberhalb des heutigen Shaolin-Tempels. Aber durch die langen Meditationen wurde er müde. Aus Ärger riss er sich die Augenlider ab und warf sie zu Boden. Nach der Legende entstand daraus der Teestrauch. Nun können die Mönche bei ihren langen Meditationen den Tee trinken und dadurch die Schläfrigkeit vertreiben. So schreibt auch Lu Yü über den Tee:

Auf dieser Erde leben dreierlei Arten von Kreaturen. Die einen besitzen Flügel und fliegen. Andere haben ein Fell und laufen. Dann gibt es welche, die ihren Mund bewegen und sprechen. Alle diese Kreaturen müssen essen und trinken, um zu überleben. Der Anlass des Trinkens bestimmt oft die Art des Getränks.

Um den Durst zu stillen, nimmt man allerlei Getränke, wie zum Beispiel Wasser, zu sich. Um Melancholie, Traurigkeit und Zorn zu verjagen, wendet man sich dem Wein zu. Aber wenn jemand die Müdigkeit vertreiben oder der Mattigkeit am Abend entfliehen möchte, dann trinkt er Tee.

Tee dient dazu, die Müdigkeit zu vertreiben. Sucht man die Traurigkeit oder die Melancholie zu vertreiben, so greift man zum Wein. Die rauschähnlichen Zustände, die durch exzessiven Teegenuss hervorgerufen werden können, sind nicht gewollt. Sie werden durch den enthaltenen

Gehalt an Koffein bzw. Teein hervorgerufen. Noch bis vor einigen Jahren galt Koffein als eher gesundheitsschädigend. Aber in neuerer Zeit erkennt man immer mehr die positive Wirkung auf die Gesundheit. Lediglich in zu hohen Dosen genossen entfaltet Koffein seine negative Wirkung bis hin zum Koffein-Rausch.

Der Tee für den Pulvertee, der in den Zentempeln und in der Teezeremonie getrunken wird, enthält nicht nur Teein, sondern auch Theanin. Theanin ist eine freie Aminosäure, die beinahe ausschließlich in grünem Tee zu finden ist und rund ein bis zwei Prozent des Trockengewichts der Teeblätter ausmacht. Theanin werden sowohl antioxidative als auch krebsbekämpfende Eigenschaften nachgesagt. Studien zufolge wirkt es u.a. beruhigend, ohne dabei müde zu machen; hilft bei der Konzentration, kann Angstzustände lindern und das Ansteigen des Blutdrucks regulieren.

Theanin wird oft als Gegenspieler zu Koffein bzw. Teein bezeichnet. Während Koffein nicht nur wachmacht, sondern (vor allem bei höheren Dosen) auch zu unangenehmen Nebenwirkungen wie innerer Unruhe, Herzrasen, Schlaflosigkeit und erhöhtem Blutdruck führen kann, neutralisiert Theanin diese negativen Effekte.

In Japan wurden die Teepflanzen durch Selektion im Laufe der Zeit so verändert, dass sie einen wesentlich höheren Gehalt an Theanin enthalten als ihre chinesischen Ahnen. Außerdem führen die Anbau- und Verarbeitungsmethoden zu einem hohen Gehalt an Theanin, der sich durch einen süßeren Geschmack des Tees bemerkbar macht. So wird der Tee, der bereits zu Beginn seiner Geschichte sehr eng mit dem Zen verknüpft ist zu einem idealen Begleiter der Meditation.

Theanin hat einen süßen Geschmack. Der Tee, der viel Theanin enthält, wird im Geschmack milder und ‚süßer‘. Im Kenninji-Tempel, der von Eisai gegründet worden war, existiert noch ein kleiner Teegarten mit Teepflanzen, die erst in neuer Zeit aus China aus den Gegenden, in denen Eisai den Tee kennengelernt hatte, importiert wurde. Aus der Ernte dieser Blätter wird Pulvertee zubereitet, der in einer besonderen Zeremonie zu Ehren von Eisai geopfert wird. Dieser Tee ist im Geschmack erheblich bitterer, als der moderne japanische Tee. Die Teebauern in Japan haben also systematisch die Teepflanzen selektiert und weiter angebaut, die besonders viel Theanin enthalten.

Eisai fährt in seiner Schrift fort:

> In der Vergangenheit heißt es, war der Mensch zeitgleich mit dem Himmel, aber in jüngster Zeit ist der Mensch allmählich verfallen und schwächer geworden, sodass seine vier körperlichen Bestandteile und fünf Organe degeneriert sind. Aus diesem Grund sind selbst bei der Anwendung von Akupunktur und Moxibustion die Ergebnisse oft tödlich, und eine Behandlung in heißen Quellen bleibt ohne Wirkung. Daher werden diejenigen, die sich diesen Behandlungsmethoden hingeben, kontinuierlich schwächer, bis der Tod sie ereilt, eine Aussicht, die nur gefürchtet werden kann. Wenn diese traditionellen Heilmethoden ohne jede Modifikation bei Patienten angewendet werden, ist kaum eine Erleichterung zu erwarten.[1]

Die ‚heutigen‘ Menschen sind schwach geworden und ihr Leben ist unnötig verkürzt. Diese Klage Eisais, der meint, dass es ein früheres, besseres Zeitalter gegeben haben muss, entspringt der allgemeinen Klage und dem Empfinden, in einer Endzeit zu leben. Das Buddhagesetz existiert zwar noch, zeigt aber kaum noch Wirkung. Das erkennt man an den Kriegen, die das Land verwüsten und an der schwachen Gesundheit der Menschen. Diese schwache Gesundheit ist auch ein Ergebnis davon, dass altes Wissen der weisen Heiler verlorengegangen ist.

> Von allem, was der Himmel geschaffen hat, ist der Mensch das edelste. Das Leben zu bewahren, um das Beste aus seiner zugewiesenen Lebensspanne zu machen, ist klug und angemessen angesichts des hohen Wertes des menschlichen Lebens. Die Grundlage des Lebenserhalts ist die Pflege der Gesundheit, und das Geheimnis der Gesundheit liegt im Wohlbefinden der fünf Organe.
>
> Unter diesen fünf ist das Herz souverän, und um das Herz aufzubauen, ist das Trinken von Tee die feinste Methode. Wenn das Herz schwach ist, leiden alle anderen Organe darunter.
>
> Es ist mehr als zweitausend Jahren her, seit der berühmte Heiler Jiva in Indien verstorben ist, und in diesen späteren degenerierten Tagen gibt es niemanden, der den Blutkreislauf

---

[1] Eisai, Kissa yojo ki.

genau diagnostizieren kann. Es ist mehr als dreitausend Jahren her, seit der chinesische Heiler Shennong von der Erde verschwunden ist, und heute gibt es niemanden, der Medikamente ordnungsgemäß verschreiben kann.

Ohne jemanden in solchen Angelegenheiten zu konsultieren, folgen Krankheit auf Krankheit, Schwierigkeiten und Gefahr endlos aufeinander. Wenn ein Fehler bei der Heilmethode gemacht wird, wie bei der Moxibustion, kann großer Schaden angerichtet werden. Mir wurde gesagt, dass bei der heutigen Medizin oft Schäden am Herzen entstehen, weil die verwendeten Medikamente nicht der Krankheit angemessen sind. Moxibustion bringt oft einen vorzeitigen Tod, weil der Puls im Konflikt mit der Moxa steht. Ich halte es daher für ratsam, die neuesten Heilmethoden offen zu legen, wie ich sie in China kennengelernt habe. Daher präsentiere ich zwei allgemeine Ansätze zum Verständnis der in diesen degenerierten Zeiten verbreiteten Krankheiten, in der Hoffnung, dass sie anderen in Zukunft von Nutzen sein mögen.[1]

Eisai konzentriert sich ein seiner Schrift vom Tee vor allem auf die gesundheitliche Wirkung. Er erklärt diese Wirkung mit der alten buddhistischen Theorie der Gesundheit, die auf der Fünf-Elemente-Lehre beruht. Er steht damit in der esoterischen Tradition, des buddhistischen Sonshō Darani, das auf indischem Denken beruht und das mit dem alten Chinesisch daoistischen Denken in Verbindung steht. Das sonshō darani ist das Mantra, das ‚geheime Mantra-Tantra, das die Hölle besiegt und Hindernisse beseitigt und die drei Welten verlässt'. Ein Darani ist ein Rezitationstext, das immer wieder rezitiert wird. Die reine Rezitation ist eine wichtige Übung des esoterischen Buddhismus. Das Darani kann auch nach seinem Sinngehalt befragt werden, aber im Vordergrund steht die Übung der Rezitation.

Sonshō darani hajigoku hō hishō 尊勝陀羅尼破地獄法秘鈔.

In diesem Sonshō Darani mit indischem Ursprung wird der Körper des Menschen mit seinen fünf Hohlorganen mit den Himmelsrichtungen, den Geschmäckern den fünf ‚Elementen' und den fünf Hauptbuddhas verknüpft. In der Visualisation werden diese Zusammenhänge im Kom-

---

[1] Eisai, Kissa yojo ki.

mentar zum Gozo Mandala, dem Mandala der fünf inneren Organe, den go-zo 五臓 dargestellt.

> Entsprechend der Lehre des geheimen Sonshō Darani bevorzugt die Leber den sauren Geschmack. Die Lunge bevorzugt den scharfen Geschmack, das Herz den bitteren Geschmack, die Milz den süßen Geschmack und die Niere den salzigen Geschmack.

> Diese fünf Organe entsprechen den fünf Elementen Holz, Feuer, Erde, Metall und Wasser sowie den fünf Richtungen, Ost, Süd, West, Nord und Zentrum.

Die fünf ‚Elemente‘ sind keine Elemente, wie sie in der westlichen Chemie gedacht sind. Ein Element im westlichen Denken ist unveränderlich. Wasserstoff ist Wasserstoff und Sauerstoff ist Sauerstoff. Die Elemente können Verbindungen eingehen und ergeben in diesen Verbindungen neue Stoffe wie etwa das Wasser aus zwei Wasserstoffatomen und einem Sauerstoffatom. Die Elemente in der indisch-chinesischen Lehre sind Wandelzustände. Sie heißen die Fünf-Wandelnden go-gyo. Gyo ist das Gehen, sich Verändern. Die go-gyo gehen ineinander über.

In der erzeugenden Phase wandeln sich die Zustände auf dem Kreis im Uhrzeigersinn. Wasser nährt Holz, Holz nährt Feuer, Feuer erzeugt Erde in Form von Asche, Erde erzeugt Metall. Wenn Feuer auf in der Erde enthaltenen Erzen einwirkt, entsteht Metall und das kalte Metall erzeugt Wasser, das auf der Oberfläche von Metall kondensiert.

In der Schädigungsphase zerstören die Wandlungszustände den übernächsten Zustand: Wasser löscht Feuer, Feuer schmilzt Metall, Metall spaltet Holz und Holz spaltet Erde in Form von wachsenden Pflanzen oder Bäumen.

Auch die fünf Organe (Go-zō 五臓) sind nicht im Sinne der westlichen Medizin gedacht. So wie sich die fünf Wandlungszustände positiv oder negativ beeinflussen, so wirken auch die Organe

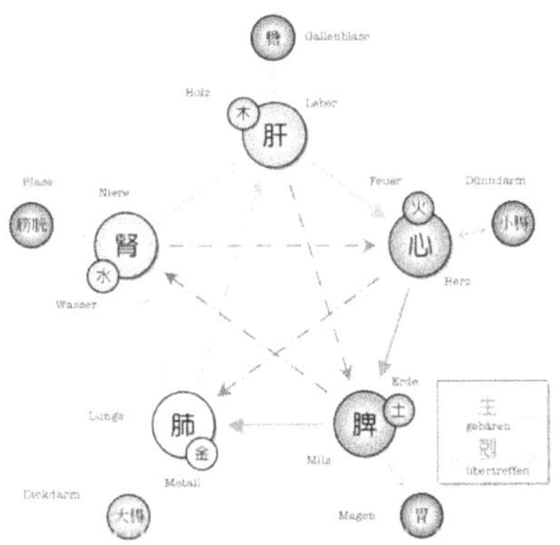

Abb. 17 Fünf Elemente

in ähnlicher Weise aufeinander ein. Eisai ordnet die Organe in folgender

Weise:

Die Leber kanzō 肝臓
ist Osten, Frühling, Holz, Blau, Seele (Hun 魂) und Auge.

Die Lunge haizō 肺臓
ist Westen, Herbst, Metall, Weiß, Geist (Po 魄) und Nase.

Das Herz shinzō 心臓
ist Süden, Sommer, Feuer, Rot, Geist (Shin 神) und Zunge.

Die Milz hizō 脾臓
ist Mitte, das Ende der vier Jahreszeiten, Erde, Gelb, Absicht 意
‚i‘ und Mund.

Die Niere jinzō 腎臓
ist Norden, Winter, Wasser, Schwarz, Gedanke und Ohr.

Hun 魂 und Po 魄 sind zwei Arten der ‚Seele‘. Po 魄 ist fest mit dem Leib verbunden. Es ist der ‚Geist‘, der dem Körper Lebendigkeit verleiht. Auch wenn wir schlafen oder die Besinnung verlieren, hält der Po-Anteil der Seele den Leib am Leben. Nietzsche würde sagen, es ist die große Vernunft des Leibes. Die Lunge ‚weiß‘, dass sie atmen muss, der Magen, dass er verdaut, und das Herz, dass es schlägt. Dieses ‚Wissen‘ des Leibes besteht auch dann, wenn das Bewusstsein schwindet, denn nur so lebt der Leib. In der chinesischen Medizin unterscheidet man sieben verschiedene Po-Seelen, die mit den sieben Öffnungen der Sinnesorgane verbunden sind. Wenn der Mensch gestorben ist, besteht die Po-Seele so lange, wie der Körper noch vorhanden ist.

Die Hun-Seele kann den Leib verlassen und in der Meditation frei im Raum schweben.[1] Sie ähnelt am ehesten der westlichen Vorstellung der Seele. Im Zusammenwirken von Po und Hun entsteht Shin 神. Das Schriftzeichen für Geist/Shin 神 wird auch für die Götter, in der japanischen Aussprache die Kami gebraucht.

Das ‚I‘, 意, das mit der Milz verbunden ist, hat eine vielfältige Bedeutung, etwa: Gemütsbewegung, Herz, Gefühl, inneres Gefühl, Gedanke, Wille, Vorstellung, Verständnis, Meinung, Auffassung. Das zeigt deutlich, dass die ‚Organe‘ im chinesischen Denken nur eine entfernte Verwandt-

---

[1] Nähere Ausführungen dazu in meinem Buch ‚heilige Drachen Bd. 1, S. 259 ff.

schaft mit den Organen der westlichen Medizin haben. Sie sind nicht nur reine körperliche Organe, sondern mit dem Denken, den Empfindungen und Gefühlen und den geistigen Vorgängen verbunden. Die Organe sind, wie oben bereits erwähnt, mit den fünf Geschmäckern verbunden, wobei das Herz den bitteren Geschmack bevorzugt.

> Diese fünf Organe nehmen die Geschmäcker nicht gleichmäßig an. Sie bevorzugen die mit ihnen verbundenen Geschmäcker. Wenn ein Organ zu viel von seinem Lieblingsgeschmack bekommt, wird dieses Organ zu stark und übertrifft die anderen Organe, was zu Krankheiten führen kann. Die vier Geschmacksrichtungen von scharf, sauer, süß und salzig werden immer in der Ernährung vorhanden sein, aber Bitterkeit ist nicht immer vorhanden und wird daher nicht immer konsumiert. Daher sind die vier Organe außer dem Herzen immer stark, während das Herz immer schwach ist und ständig krank wird.
>
> Wenn das Herz krank wird, ändert sich der Geschmack vollständig, und man erbricht alles, was man isst, und man kann möglicherweise auch kein Essen mehr annehmen. Wenn man jetzt Tee trinkt, kann das Herz gestärkt und die Krankheit beseitigt werden. Man muss wissen, dass bei einem kranken Herzen die Haut- und Fleischfarbe einer Person schlecht ist und das Leben verkürzt wird.
>
> In Japan wird normalerweise kein bitterer Geschmack in der Nahrung zu sich genommen. Anders als in Japan trinken die Menschen auf dem chinesischen Festland jedoch Tee als Bitterkeit. Dadurch haben die Menschen in diesem Land keine Herzkrankheiten und sind auch langlebig. Viele Menschen in unserem Land leiden unter Krankheiten, die mit Auszehrung und Schwäche verbunden sind, weil sie keinen Tee trinken. Wenn Sie sich unwohl fühlen, ist es ratsam, immer Tee zu trinken. Wenn das Herz in gutem Zustand ist, werden alle Krankheiten geheilt, und selbst wenn andere Organe krank sind, verursacht dies keine starken Schmerzen.[1]

Das Herz ist wie der Herrscher über die anderen Organe. Wenn es stark ist, sind auch alle anderen stark. Ist dagegen eines der anderen Organe zu stark im Vergleich zu den anderen, entsteht Krankheit. Die

---

[1] Eisai, Kissa yojo ki.

Organe werden durch die ihnen entsprechenden Geschmäcker genährt. Es ist also wichtig, dass die Ernährung ausgewogen nach den Geschmäckern ist.

In der westlichen Ernährungslehre wird im Wesentlichen nach den Inhaltsstoffen geschaut und danach entschieden, ob die jeweiligen Nahrungsmittel gesundheitsfördernd oder schwächend sind. In der Medizin, wie sie Eisai vertritt, sind die Geschmäcker entscheidend. Darum muss in einer gesunden Mahlzeit von jedem Geschmack etwas enthalten sein. Aber nicht nur das. Auch die Farben sind mit den Organen und ihrem Gleichgewicht verbunden. Darum muss eine gute Mahlzeit auch die verschiedenen Farben enthalten. Auch das Auge isst mit!

Um ein ausgewogenes Gleichgewicht der Organe zu erlangen, ist es wichtig, dass alles Geschmäcker in der Nahrung vorhanden sind. Aber nicht nur im alten Japan, sondern auch bei uns ist der bittere Geschmack eher unbeliebt und daher zu selten in der Nahrung enthalten. Der bittere Geschmack des grünen Tees sorgt hier für einen Ausgleich. Der grüne Tee, der zur Zeit von Eisai in China und in Japan getrunken wurde, war weitaus bitterer als der heutige Grüntee in Japan. Durch Selektion ist der Tee im Laufe der Zeit immer süßer im Geschmack geworden, bietet aber immer noch eine ausreichende Bitterkeit, um das Herz zu ernähren. So soll der tägliche Genuss von grünem Tee durch seinen bitteren Geschmack das Herz nähren und stärken und damit zugleich für eine allgemeine Gesundheit der Organe sorgen.

Aber für Eisai sind nach der esoterischen Lehre des Sonshō darani nicht nur die Geschmäcker förderlich, sondern auch die Laute und Vokale die durch Rezitation die Organe stärken und die Mudren, also geheime Gesten, die mit den Händen ausgeführt werden.

Laut dem ‚Handbuch des Mandala der fünf Organe' werden die Krankheiten der Organe durch geheime Mantra geheilt.

Der wichtigste Laut nach dieser Lehre ist der Sanskrit-Laut des ‚A' oder ‚Am', der den Anfang aller Dinge repräsentiert und der das Herz stärkt. Zur Visualisierung wird der Laut ‚A' in der alten indischen Siddham-Schrift geschrieben, die nur noch in Japan im esoterischen Buddhismus verwendet wird. Die Rezitation der geheimen Laute ist auch eine esoterische Praxis sowohl der Tendai, zu denen Eisai in seinen jungen Jahren gehörte, wie auch des esoterischen Buddhismus des Shingon. Shin-Go 真言, das wahre Wort, ist die japanische Übersetzung des Sanskritwortes Mantram.

> Mit dem geheimen Mantra kann man die Krankheiten der verschiedenen Organe heilen, heißt es.

> Die Leber entspricht dem östlichen Acala-Buddha (Fudō Myōō und dem Medizin-Buddha Yakushi Nyorai. Es ist der Diamant-Bereich. Wenn man also das Einzelnamen-Siegel bildet und das Mantra trāh spricht, wird die Leberkrankheit dauerhaft verschwinden.

> Das Herz entspricht dem südlichen Amitābha-Buddha und dem Bodhisattva Kannon. Es ist der Juwelen-Bereich. Wenn man also das Juwel-Siegel formt und das Mantra hūm spricht und betet, verschwindet die Herzkrankheit.[1]

Weitere Mantra und Mudra gelten für die anderen Organe. Die Rezitation der indischen Laute und die Formung der Mudra, ergänzen, richtig ausgeführt also den Genuss des bitteren Tees, um eine vollkommene Harmonie der Organe und damit eine unzerstörbare Gesundheit zu erreichen.

Das Herz nimmt unter den Organen eine besondere Stellung ein, denn wenn das Herz gestärkt wird, werden zugleich alle anderen Organe stark. Eigentlich genügt es also, das Herz durch den Genuss des bitteren Tees zu stärken, um die allgemeine Gesundheit zu fördern. Aber Eisai führt auch esoterische Übungen der Mantras und der Mudras an, die neben dem Herzen auch die anderen Organe fördern.

Die besondere Stellung des Herzens ist eine Folge der esoterischen Übungen der Visualisation und der Vokalisation, bei denen das Herz im Mittelpunkt steht. Diese Übungen können hier nicht ausführlich diskutiert werden. Aber eine der Übungen soll in ihren Grundzügen darge-

---

[1] Der Text im Sonshō Darani: Der Buddha sagte: „Der A-Laut repräsentiert die Hauptleber des Vajra-Bereichs. Der B-Laut repräsentiert die Hauptlunge des Lotus-Bereichs. Der V-Laut repräsentiert das Herz des Juwel-Bereichs. Der H-Laut repräsentiert den Magen des Jaya-Bereichs. Der K-Laut repräsentiert die Milz des Leerheits-Bereichs."

stellt werden.

Im Zentrum steht die Visualisation des vollen Mondes, der das eigene Herz mit seinem Licht erfüllt. Diese Übung heißt 月輪観 Ga-rin-kan, Meditation auf die Mondscheibe. Weil bei dieser Übung der Laut ‚A' rezitiert wird, heißt sie auch ‚A-ji-kan' Meditation auf den Laut ‚A'.

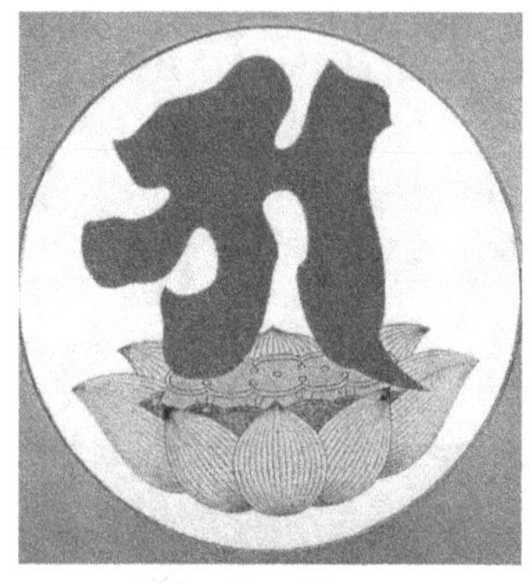

Abb. 18 Aji-Kan

Am besten zieht man sich zurück an einen ungestörten Ort in einer Vollmondnacht und betrachtet die Mondscheibe. Dann versucht man, sich diese Mondscheibe so vorzustellen, dass sie das eigene Herz aus Fleisch und Blut völlig ausfüllt. Herz und Mond werden nun eins.

Das klare und reine Mondlicht ist eine Erscheinung des Tathagata Maha-Vairocana 大日如来 Buddha, der in Japan Dai-nichi Nyorai, der große Sonnenbuddha heißt. In seiner Weisheit erleuchtet er die gesamte Welt. Sein Weisheitslicht entströmt dem Punkt zwischen den beiden Augen und es ist so stark, dass es alle acht Welten erhellt. Wenn sein Licht im Herzen des Übenden leuchtet, wird der Übende selbst zu diesem Buddha. In einem esoterischen Text Eisais beschreibt er diese Meditation weiter:

> Visualisiere weiter die acht Blütenblätter eines weißen Lotos von der Größe eines Unterarms, über denen der Sanskrit-Buchstabe A leuchtet.

Wenn der Übende dann die Silbe ‚A' rezitiert, spürt er in seinem Herzen, wie sich das Herz immer mehr weitet und den gesamten Raum ausfüllt.

Eisais Verdienst ist es, dass er mit dem Teetrinken eine Methode bringt, in der die Gesundheit ohne all diese komplexen und schwierigen esoterischen Übungen durch den einfachen Teegenuss für das Volk zu verwirklichen ist. Das Teetrinken konnte so zu einer ganz gewöhnlichen Sitte in Japan werden.

Aber nur in den Übungen des Teeweges wird bis heute der pulverisierte Tee verwendet. Im allgemeinen Gebrauch ist heute der Aufguss-

Tee, der erst im achtzehnten Jahrhundert wieder von Zenmönchen aus China nach Japan gebracht wurde.

Eisai brachte zwar nach seiner zweiten Chinareise den Zen als neue Übungsmethode nach Japan, aber er ist immer noch dem esoterischen Buddhismus verbunden. Er hält sogar die esoterischen Übungen für weitaus wirkungsvoller als die reinen Übungen des Zen. Seine Lehre wurde auch schon als Zen-soteric bezeichnet.[1]

Als er in der Kaiserstadt Kyōto den Ken-nin-ji Tempel gründet, errichtet er drei Teile des Tempels. In einem Teil werden die Übungen des reinen Zen praktiziert, im zweiten die esoterischen Übungen und im dritten die Meditationen der Tendai-Schule, aus der Eisai abstammte.

Noch heute wird im Ken-nin-ji eine Art der Teezeremonie praktiziert, die noch keinerlei Ähnlichkeit mit der späteren Teezeremonie hat. Vier Mönche bringen heißes Wasser in einer Kanne im chinesisch-persischen Stil. Auf dem Ausguss steckt der Teebesen aus Bambus. Der pulverisierte Tee ist bereits in einer Tenmoku-Schale eingefüllt. Jedem der hochrangigen Gäste wird eine Teeschale gereicht. Der Mönch gießt nun heißes Wasser aus der Kanne auf und schlägt mit der anderen Hand den Tee.

Das ‚Ken-nin-ji Yotsu gashira charei‘ ist ein Teezeremonie-Ritus, der in großen Tempeln durchgeführt wurde und seinen Ursprung in der südlichen Song- und Yuan-Dynastie Chinas hat. Er wurde zusammen mit dem Zen im 13. Jahrhundert während der Kamakura-Zeit von Zen-Meister Eisai nach Japan übertragen. Ab der Muromachi- und Momoyama-Zeit wurde er weit verbreitet und häufig verwendet.

Zu dieser Zeit galt der Tee, der speziell für geladene Gäste serviert wurde, als ‚Tokui-cha‘ (Sonder-Tee) und unterschied sich in seiner Pracht von dem für die breite Öffentlichkeit bestimmten ‚Fucha‘ (Alltags-Tee). Die Verwendung von Tenmoku-Dai und Tenmoku-Chawan (Tenmoku-Teeständer und -Schale) sowie die achtsame Behandlung der Gäste als Edelleute tragen dazu bei. Dieser Ritus folgt den Regeln des ‚Seikai‘, das die Zeremonien, Rituale und Etikette innerhalb der Zen-Tempel festlegt. Diese Seikai-Mönchsregeln oder Verhaltenskodizes für

---

[1] ausführlich über Eisais esoterische Schriften: Yōsai and the Transformation of Buddhist Precepts in Pre-modern Japan. Shinya Mano.

buddhistische Mönche im Tempel umfassen Verhaltensrichtlinien bezüglich Ethik, Meditation, Zeremonien und Gemeinschaftsleben. Sie dienen dazu, den Mönchen zu helfen, ein spirituelles Leben zu führen und sich auf dem Pfad zur Erleuchtung zu entwickeln.

Während der Edo-Zeit wurde der Ritus als Teil des Mahlrituals zum Ken-nin-ji-Gründungstag (6. Juni) durchgeführt, entwickelte sich aber später zu einem Yotsu-gashira-chakai (vierköpfige Teezeremonie) anlässlich des Geburtstags von Zen-Meister Eisai am 20. April und wurde so weit bekannter. Heutzutage ist er so beliebt geworden, dass die Zeremonie im März 2012 als immaterielles Kulturgut von Kyōto registriert wurde.

Das Verdienst von Eisai für den Tee besteht darin, dass er ihn aus den geschlossenen Zirkeln der Tempel und der kaiserlichen Paläste in die Klasse der Samurai brachte. Dort wurde er als Gesundheitsmittel getrunken und fand allmählich seinen Weg als alltägliches Getränk bis in die untersten Schichten Japans.

Aber für Eisai war der Teegenuss - anders als für das Volk - nicht isoliert von der religiösen Praxis. Er wurde ergänzt durch die esoterischen Übungen. Dabei waren diese Übungen und der Teegenuss zur Förderung der Gesundheit keine lediglich individuelle Angelegenheit. Vielmehr wurde damit das Wohlergehen des gesamten Staates gefördert.

Das sonshō darani, auf das sich Eisai bezieht, beginnt mit der Preisung der Wirkungen des Daranis:

> Der „Goldene Vajra", in dem der Mund geöffnet und die Zunge erhoben wird, erschüttert den Palast des Dharmareichs. Alle Buddhas des Lotus-Verstecks kommen aus der Versenkung heraus. Sofort zerstören sie die siebenfache Plage der Hölle. Der Bodhisattva der Aufklärung (der auch der edle Hüter des Himmelskönigs ist) spricht das geheime fünf-silbige Mantra aus. Er hält das Original fest und überträgt es gemäß den Regeln. Die Herrscher tragen es auf ihren Köpfen inmitten ihrer Kronen. Alle Länder sind friedlich und wohlhabend. Die Verwaltung wird beobachtet und kontrolliert. Auf den Fahnen und Flaggen werden wahre Worte geschrieben. Überall herrscht Ruhe und Frieden. Die Stadtführer halten die Wacht und

beherrschen die Soldaten. Die Inschriften auf den Trommeln und Hörnern sind streng und warnend. Das Gerücht von bösen Geistern ist weit verbreitet, aber ihre Macht ist im Verborgenen. Die Ernten sind reichlich und die Menschen frei von Krankheiten. Die Naturgeister sind zufrieden, der Wind ist mild und der Regen ist günstig.
Die buddhistischen Rituale haben ungefähr tausend Regeln. Hier werden nur wenige davon erwähnt. Durch das Rezitieren und die Segnung der Kriegstrommel werden Inschriften gemacht. Die feindlichen Armeen geben sich selbst ergeben, ohne dass auch nur einer von ihnen verletzt wird.

In einer zweiten Schriftrolle, die Eisai vermutlich später geschrieben hat, befasst er sich mit der Wirkung von Maulbeerblätter–Tee. Dieser Tee vertreibt die Teufel und bösen Dämonen, die Krankheiten bringen. Aber der Maulbeerblätter-Tee hat sich im Gegensatz zum Tee aus der Camellia sinensis, dem eigentlichen Teegewächs, nicht allgemein durchgesetzt. Eisai schließt seine Schrift mit folgenden Worten:

Die Aufzeichnung von Meian Eisai Zenji über das Teetrinken erklärt deutlich die Symptome der Krankheiten, die die Menschen in der Endzeit der Welt plagen, und will den Nachkommen dieser späteren Generationen dies als Geschenk hinterlassen. Er wollte sie darüber informieren, dass Tee ein Lebenselixier ist, das die Gesundheit fördert und eine erstaunliche Kunst ist, die das Leben verlängert. Hiermit schließt dieser Bericht.

Noch heute bietet man in Japan eine Schale Tee an mit den Worten: „O-Cha o i-puku ikaga desu ka? Möchten sie noch eine Schale vom ehrwürdigen Tee?"

I-puku ist die Zahl eins (ichi) und puku 服 ist das Zählwort für Medikamente. Ein anderes Getränk als Tee bietet man an mit dem Zählwort i-pai, ein-Getränk.

Lasst uns gemeinsam noch eine Schale Medizin genießen!

9. Myōe Shōnin[1]

Eisai war befreundet mit Myōe Shōnin,[2] einem bedeutenden Vertreter der alten Nara-Schule des Kegon-Buddhismus. Er überreichte ihm einen chinesischen Krug mit Teesamen, die Myōe an seinem Tempel in den Bergen nordwestlich der Hauptstadt Kyōto in der Region um Toganoo anbaute. Damit legte er nach der Tradition den ersten Teegarten auf der japanischen Hauptinsel an. Eisai schreibt zwar, dass der Teeanbau in Uji auf ihn zurückgeht, aber vermutlich war es Myōe Shōnin, der die erste Plantage in Uji angelegt hatte.

Mitten in gewaltigen Zedernwäldern liegt der Kosan-ji 高山寺, der Tempel Myōes, in tiefem Schatten. Neben einem kleinen Bach oberhalb einer uralten handgesetzten Mauer aus Bruchsteinen liegt der Teegarten. Jedes Jahr wird der Tee geerntet und Anfang November als Opfer für Myōe im Tempel dargebracht.

Die Teekultivierung, die von Myōe Shōnin in Toganoo begonnen wurde, blühte in den folgenden etwa zwei Jahrhunderten auf. Toganoo war ein Land, das sich für den Teeanbau eignete, wodurch hochwertiger Tee produziert werden konnte. Zu jener Zeit war der Tee aus Toganoo aufgrund seiner Qualität so beliebt, dass er als „echter Tee" bezeichnet wurde, während Tee aus anderen Regionen als „unechter Tee" galt.

Weil aber in den Bergen in der Region Toganoo das Klima recht rau und die Winter sehr kalt waren, regte wohl Eisai an, dass Myōe einen Teegarten in Uji südlich von Koto anlegen sollte. Sowohl das Klima als auch der Boden schien Eisai ähnlich zu sein wie in den Gegenden in China, wo er den Teeanbau kennengelernt hatte. Außerdem hatten damals viele Adlige ihre Villen und Landsitze in Uji.

Der berühmte Tempel Byōdō-In 平等院 war ursprünglich ein solcher Landsitz. Er wurde im Jahr 998 als Landsitz errichtet und 1052 von Fujiwara no Yorimichi zu einem Tempel umgewidmet.

Die Landschaft um Uji ist geprägt von bewaldeten Bergen. Der Ujiga-

---

[1] Ausführlicher über Myōe Shōnin in meinem Buch: Heilige Drachen Bd. 2, Kapitel über Myōe Shōnin.

[2] Myōe (明恵) (1173 – 1232), Shōnin 上人 ist der Titel als Priester oder heiliger Mönch. Wörtlich etwa ‚hoher Mensch'.

wa, der große Fluss von Uji durchzieht mit seinen Nebenbächen das gesamte Tal. Dadurch herrscht in Uji eine recht hohe Luftfeuchtigkeit, was den Teepflanzen sehr zuträglich ist. Ein altes Waka-Gedicht aus den Hyakunin isshu von Fujiwara no Sadayori beschreibt die Gegend von Uji.

Nebel am Ujigawa:

朝ぼらけ	Asaborake
宇治の川 霧	Uji no Kawagiri
たえだえに	tae-dae ni
あらわれ渡る	araware wataru
瀬々の網代木	Sese no ajirogi

Morgennebel am Uji-Fluss – langsam erscheint in den Strom-schnellen das Bambus-Geflecht der Fischreusen.

Im morgendlichen Dunst, der sich allmählich hebt, erscheinen langsam und geheimnisvoll die Holzpflöcke im flachen Flussbett, die Ajiro-ki, zwischen denen Bambuskörbe befestigt waren, mit denen man die kleinen Winterfische fing.

Nach einer Legende brachte Myōe Tee-Setzlinge nach Uji, aber die Bauern wussten nicht, wie man den Tee anbaut. Da ritt Myōe mit seinem Pferd vorweg. Überall dort, wo die Pferdehufe Spuren hinterließen, pflanzten die Bauern einen Teestrauch. Seit der Zeit wird in Uji der beste Tee Japans angebaut.

Myōes Tempel, der Kōzan-ji 高山寺, ist heute weitgehend zerstört. Nur noch spärliche Reste erinnern an seine einstige Bedeutung. Aber in einem Betongebäude lagern klimageschützt noch heute über zehntausend Kunstschätze, die als nationale Schätze gewertet werden. Einige Schrift-rollen mit den ältesten Comic-Zeichnungen der Welt lagern klimage-schützt im Nationalmuseum in Kyōto.

Ich habe einmal eine Ausstellung der Kunstschätze aus dem Kōzan-Ji im Nationalmuseum auf Kyūshū gesehen. Riesige Menschenschlangen drängten sich an der Kasse des Museums und vor den kostbaren Ausstellungsstücken von einfachen Zeichnungen, Papierdokumenten und Malereien bis hin zu kostbaren Statuen und Figuren. Das zeigt, wie sehr

Myōe die Künste gefördert hat und wie wichtig er in seiner Zeit war. Auf einem Töpfermarkt am Tō-fuku-ji in Kyōto habe ich einmal eine Teeschale mit Tierzeichnungen aus einer der Schriftrollen aus dem Kōzan-ji erstanden, die ich immer gerne für den Tee verwende.

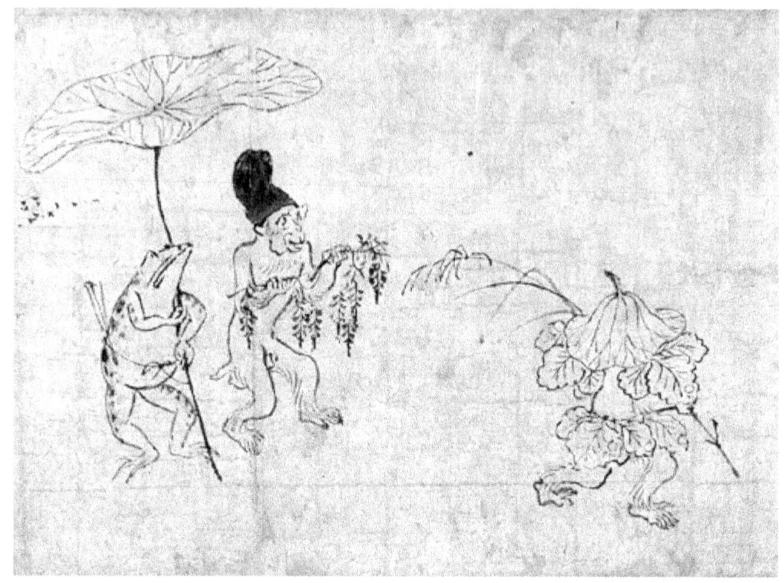

Abb. 19 Bilderrolle aus dem Kozanji

Chōjū-jinbutsu-giga ist eine berühmte Serie von vier Bildrollen aus dem 12. bis 13. Jahrhundert in Japan, die oft als die ältesten bekannten Manga gelten und die zum Weltkulturerbe gehören. Sie sind auch unter dem Namen „Chōjū-giga" oder „Scrolls of Frolicking Animals and Humans" bekannt. Die Rollen sind für ihre humorvollen Darstellungen von Tieren und Menschen bekannt, die alltägliche Aktivitäten ausführen oder menschliches Verhalten imitieren. Die Kunstwerke sind bemerkenswert für ihre dynamischen Linien und lebendigen Charaktere und haben einen bedeutenden Einfluss auf die japanische Kunst- und Manga-Kultur gehabt.

Der Ausschnitt oben zeigt einen Affen in Priesterkleidung. Ein Frosch beschirmt den Priester mit einem riesigen Blatt einer Lotosblume als Sonnenschirm. Mit den großen bunten Sonnenschirmen wurden und werden heute noch hohe Geistliche vor den starken Sonnenstrahlen geschützt. Ich habe selbst noch solche Prozessionen auf dem Hiei-Berg gesehen.

Ein weiterer Affe trägt ein umgestülptes Lotusblatt auf dem Kopf, so dass er blind durch die Gegend tappt. Der Lotos ist das Sinnbild für die Reinheit des Buddha. Wenn der Affe seinen Blick durch ein Lotusblatt verdeckt, so ist das eine Kritik an denjenigen, die durch die pervertierte Lehre des Buddha den Blick für die Realität des Alltags verloren haben. Der Affenpriester mit der Kopfbedeckung eines Adligen hält in seinen Händen eine Rispe mit Blüten der Wisteria sinensis, des Blauregens, der auf Japanisch Fuji heißt. Das Adelsgeschlecht der Fujiwara hat ihren Namen nach 藤原, ,Wisteria Ebene' oder ,Wisteria Feld'. Sie sind nicht nur immer mit der Macht des Tennō verknüpft, sie stellten oft auch den Abt des einflussreichen Enryakuji Tempels auf dem Hie-Berg oberhalb von Kyōto. Auch der Abt Jien, der das Gedicht über das Zeitalter des mappō verfasst hatte, war ein Fujiwara. Vermutlich kritisiert Myōe mit dieser Rolle das unsinnige Treiben des Adels und der hohen Priesterschaft seiner Zeit.

Myōe war zu seiner Zeit einer der bedeutendsten buddhistischen Meister. Er war ein sehr konservativer Vertreter des alten Nara-Buddhismus in der Form der Kegon-Schule, die heute noch am Tōdaiji, dem Tempel mit dem Großen Buddha von Nara vertreten ist. Dort wurde er im Alter von fünfzehn Jahren als Mönch ordiniert. Später wurde er auch im esoterischen Buddhismus des Shingon ausgebildet und bei Eisai lernte er die Zen-Meditation kennen.

Im Kegon-Buddhismus, der von Korea aus nach Japan kam, wird heute noch das ,Blumengirlanden-Sutra' gelesen. Auch im koreanischen Zen spielt dieses Sutra eine große Rolle.[1] Dort heißt es, dass alle Dinge weder Sein noch Nicht-Sein sind.

> Sie sind gleichsam so wie Luftgarn, oder wie Illusionen, oder wie ein Traum, oder wie der Mond im Wasser, oder wie das Bild im Spiegel.
> Wer so die stille Leerheit und die Substanzlosigkeit aller Dinge begreift, der kann dadurch die Strahlung ,Leuchter der Weisheit' vollenden.

---

[1] Mehr über das Kegon- oder Blumengirlanden-Sutra und den koreanischen Zen in meinem Buch ,heilige Drachen Bd. 2'

Abb. 20 Der Mond hinter Wolken

Für Myōe war deshalb der Traum so wichtig. Alle Dinge sind so wie ein Traum oder wie der Mond im Wasser. Deshalb notierte er über vierzig Jahre lang seine Träume, die heute wieder von Psychologen studiert werden. Auch der Mond war ihm sehr wichtig. Im Kegon-Sutra heißt es vom ‚erhellten Buddha‘, dass er bei der Geburt glänzt wie ein goldener Berg und das sein letzter, vollendeter Leib leuchtet wie der klare, volle Mond ohne Wolken. Natürlich kannte er auch die esoterische Meditation auf den vollen Mond, das 月輪観 Ga-rin-kan, Meditation auf die Mondscheibe. Weil bei dieser Übung der Laut ‚A‘ rezitiert wird, heißt sie auch ‚A-ji-kan‘.[1]

Die Abbildung oben ist in der alten chinesischen Technik der verschütteten Tusche, des hatsuboku, von Thorsten Schirmer mit den Fingern gemalt.[2]

Der Mond spielt auch später in der Ästhetik des Teeweges eine große

---

[1] Vergl. Seite 104

[2] Der Mond hinter Wolken. Thorsten Schirmer, Fingermalerei, 29,7 x 42 cm, Tusche auf Papier, Privatbesitz.

Rolle. Murata Jūko, einer der Väter des Teeweges schrieb: ‚Den Mond ohne Wolken mag ich nicht!' Damit beschreibt er das Prinzip von wabi und sabi in der japanischen Ästhetik und besonders auch im Teeweg. Myōe schrieb einen berührenden Text über seine Erfahrungen mit dem Mond bei seiner intensiven Meditation:

> In der Nacht des zwölften Tages des zwölften Monats des Jahres 1224 war der Mond hinter Wolken verborgen.
> Ich saß in Zen-Meditation in der Kakyu-Halle.
> Als die Stunde der Nachtwache um Mitternacht kam, beendete ich die Meditation, verließ die obere Halle und ging in die unteren Quartiere.
> Als ich so ging, kam der Mond hinter den Wolken hervor.
> Der Schnee leuchtete auf und der Mond war mein Wegbegleiter und nicht einmal das Heulen des Wolfes im Tal ließ Furcht aufkommen.
> Später, als ich noch einmal aus dem unteren Quartier kam, war der Mond wieder hinter den Wolken verborgen.
> Ich ging hinauf zum Hügel und der Mond sah mich auf meinem Weg.
> Ich trat ein in die Meditationshalle, und der Mond, die Wolken vertreibend, versank hinter den Gipfeln.
> Und es schien mir, er bewahre das Geheimnis unserer Gemeinschaft.

9.1 Die Tugenden des Tees

Myōe verfasst die zehn ‚Tugenden' des Tees, die cha no ju-toku 茶十徳. Das Schriftzeichen toku 徳 - Tugend, hat eine breite Bedeutung und kann je nach Kontext sowohl moralische Aspekte als auch Tauglichkeit oder Fähigkeiten umfassen. In traditionellen ostasiatischen Philosophien wie dem Konfuzianismus und Daoismus kann es sowohl moralische Tugend als auch moralische Integrität bezeichnen. Es kann auch auf persönliche Stärke, Tauglichkeit oder die Fähigkeit, moralisch richtig zu handeln, hinweisen. Letztendlich hängt die genaue Bedeutung von toku 徳 stark vom spezifischen Kontext ab, in dem es verwendet wird. Im Alt-griechischen bedeutet Arete ἀρετή Tugend oder auch Tauglichkeit. Die

Tugend eines Schwertes ist es, dass man damit töten kann. Die Tugend eines Feldherrn ist, dass er Schlachten gewinnen kann. Die Tugenden des Tees ergeben sich nicht nur direkt aus dem Tee als Getränk, sondern auch aus dem rechten Gebrauch.

Myōe entwarf einen Teekessel, auf dem die zehn Tugenden geschrieben sind. In strenger Form wird jede der zehn ‚Tugenden‘ mit genau vier Schriftzeichen geschrieben. Teilweise sind es bekannte Sprüche sowohl aus dem Buddhismus als auch von Konfuzius und seinen Schülern. Zum Teil sind es Sprüche, die von Myōe selbst stammen.

1.	諸天加護"	shoten kago	Schutz und Segen der Götter
2.	無病息災	mubyo sokusai	vollkommene Gesundheit
3.	父母孝養	fubo kōyō	Fürsorge für die Eltern
4.	朋友和合	hōyū wagō	Freundschaft und Harmonie
5.	悪魔降伏‘	akuma kōfuku	den Teufel besiegen
6.	正心修身	seishin shūshin	Geist und Körper ausrichten
7.	睡眠自除	suimin jijo	vertreibt den Schlaf
8.	煩悩消滅"	bonnō shōmetsu	Auslöschen der Begierden
9.	五臓調和"	gozō chōwa	Harmonie der fünf Organe
10,	臨終不乱"	rinju furan	Am Sterbebett keine Unruhe

Die erste Tugend Schoten Kago 諸天加護 ist ein Begriff aus dem Buddhismus, insbesondere aus dem japanischen Buddhismus. Er bedeutet wörtlich „Schutz oder Segen der Götter" und bezieht sich auf die Idee oder den Glauben an die Unterstützung oder den Segen der himmlischen Wesen oder Gottheiten. Es ist ein Ausdruck des Vertrauens darauf, dass himmlische Kräfte oder Wesen den Gläubigen schützen, unterstützen oder segnen. Der Tee ‚segnet‘ das gesamte Leben bis hin zu einem guten Sterben.

Im letzten Spruch rinju furan 臨終不乱 wird das ‚furchtlose und gute Sterben‘ genannt. Es ist ebenfalls ein Spruch aus dem Buddhismus, der wörtlich übersetzt „keine Unruhe am Sterbebett" bedeutet. Es bezieht sich auf die Fähigkeit, ruhig und gelassen zu bleiben, wenn man dem Tod nahe ist, und auf die Hoffnung, dass man ohne Angst oder Verwirrung gehen kann. Wer sein Leben ohne Angst und in Achtsamkeit gelebt hat, erlangt die innere Reife, mit der er gelassen in die große Verwandlung eingehen kann.

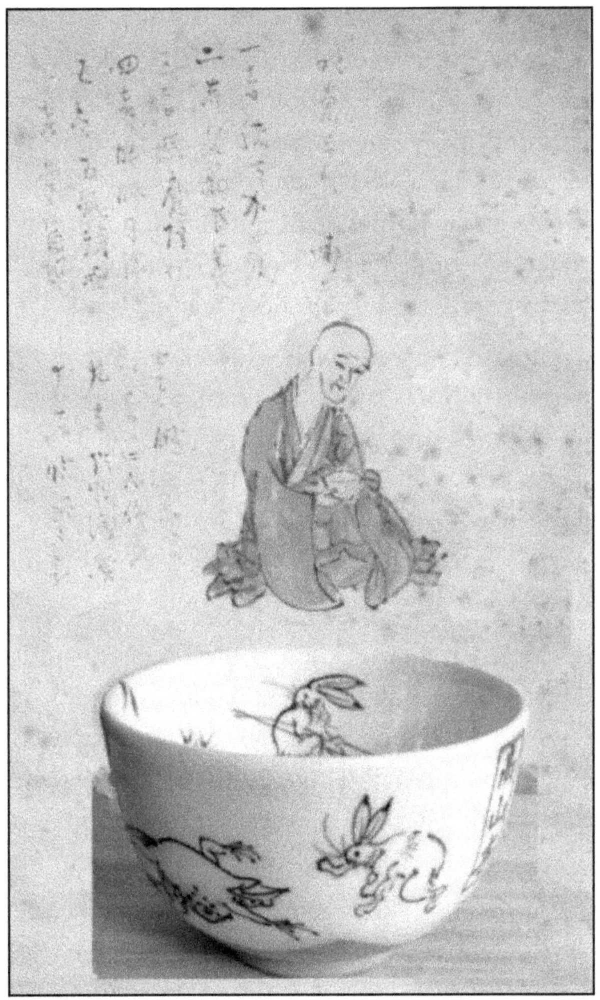

Abb. 21 Myōe – Tugenden

Dazu passt die zweite Tugend, die einem alten chinesischen Sprichwort entstammt. Mubyo sokusai 無病息災" ist ein altes chinesisches Sprichwort. Wörtlich übersetzt heißt es „frei von Krankheit und Unfällen sein" oder „Gesundheit und Sicherheit genießen". Dieser Ausdruck betont das Streben nach einem gesunden und sicheren Leben, frei von Krankheiten und Unfällen. Es wird oft als Segenswunsch verwendet, um Gesundheit und Wohlbefinden für sich selbst oder andere zu wünschen. Dieses

Sprichwort hat eine lange Tradition in der chinesischen Kultur und wird oft in verschiedenen Kontexten wie Neujahrsgrüßen, Glückwünschen oder Segenswünschen verwendet.

Dies ist eine Tugend des Tees, der unmittelbar dem Genuss von Tee entspringen kann. Der Tee vereinigt in sich die Kraft der Erde, die er durch seine tiefen und mächtigen Wurzeln erlangt. Diese Wurzeln entwickeln ihre Stärke erst nach vielen langen Jahren. Dennoch entspringt eine der positiven Wirkungen des Tees aus den jungen und zarten neuen Wurzeln, denn nur die bilden die essentielle Aminosäure des Theanin. Theanin ist ein Gegenpart zum Teein oder Koffein.

Teein hält wach und vertreibt die Müdigkeit wie es in der siebten Tugend heißt: suimin jijo 睡眠自除 . Shuìmián zì chú 睡眠自除 ist eine chinesische Phrase, die sinngemäß ‚Schlaf löst sich selbst auf‘ oder ‚Schlaf entfernt sich von selbst‘ bedeutet. Diese Phrase wird oft in poetischen oder literarischen Kontexten verwendet, um die Vorstellung auszudrücken, dass Schlaf natürlicherweise kommt und geht, ohne dass man aktiv etwas dazu tun muss.

In einem übertragenen Sinne könnte dies bedeuten, dass man dem natürlichen Rhythmus des Schlafes folgen sollte, ohne ihn aktiv zu stören oder zu beeinflussen. Es könnte auch darauf hinweisen, dass der Schlaf eine natürliche Funktion ist, die nicht durch äußere Einflüsse gestört werden sollte. Dennoch ist es der Tee, der den Schlaf auf natürliche Weise fernhält, der aber einen guten Schlaf zur Erholung und zur Gesundung schenkt.

Aber durch den Genuss von Tee verschwindet der Schlaf oder die Müdigkeit und der Geist bleibt wach. Das Theanin, das in den zarten jungen Wurzeln gebildet wird, verhindert die negative Wirkung des Teein, die leicht das Herz rasen lässt. Theanin macht ruhig und schenkt einen klaren Geist und Tein hält wach. Durch diese Kombination der Wirkstoffe war der Tee für die Mönche bei ihren langen Meditationen sehr hilfreich. Japaner schlafen überall und bei allen Gelegenheiten. Wenn sie eben in die Bahn eingestiegen sind, fallen sie sofort in Schlaf. Mit absoluter Sicherheit wachen sie wieder auf, wenn sie an ihrer Station angekommen sind. Auch die Zenmönche schlafen gern bei der Meditation ein. Dann muss ein Helfermönch mit einem Schlagstock herumgehen und die Schlafenden wieder aufwecken. Aber der Genuss von Matcha bewahrt die Mönche davor, bei der Meditation einzuschlafen oder vor sich hin zu dösen.

Vielleicht ist das auch die Wirkung, dass Tee die Teufel vertreibt, die den Geist verwirren und mit Angst peinigen, wie die fünfte Tugend sagt akuma kōfuku 悪魔降伏'. In einem klaren Geist ist kein Raum für negative Gefühle und Gedanken, die im alten Japan als Wirkung von Dämonen und Teufeln verstanden wurde.

Außerdem hat die immergrüne Teepflanze eine stärkende Wirkung auf den Organismus. Die starke Wurzel und die Fähigkeit des Tees, das ganze Jahr über grün zu bleiben, schützen denjenigen, der ihn trinkt.

Der grüne Farbstoff im Tee ist das Chlorophyll. Ein guter Matcha hat eine sehr leuchtend grüne Farbe. Billige Qualität zeigt eher ein mattes Grau-Grün. Es hat dieselbe chemische Struktur wie das Hämoglobin in den roten Blutkörperchen. Hämoglobin und Chlorophyll sind strukturell verwandt, obwohl sie unterschiedliche Funktionen in Organismen erfüllen.

Hämoglobin ist ein eisenhaltiges Protein, das in den roten Blutkörperchen von Wirbeltieren vorkommt und für den Transport von Sauerstoff vom Atmungssystem zu den Geweben des Körpers verantwortlich ist. Es hat eine eisenhaltige Häm-Gruppe, die für die Bindung und den Transport von Sauerstoff unerlässlich ist.

Chlorophyll ist das grüne Pigment, das in den Chloroplasten von Pflanzen und anderen fotosynthetischen Organismen vorkommt. Es spielt eine entscheidende Rolle im Prozess der Photosynthese, indem es Lichtenergie einfängt und diese Energie verwendet, um Kohlendioxid und Wasser in Glukose und Sauerstoff umzuwandeln. Chlorophyll ähnelt Hämoglobin strukturell, aber anstelle von Eisen enthält es ein Magnesiumatom in seinem Zentrum. Das Chlorophyll im Tee wird durch die Anbau- und Verarbeitungsmethoden so geschützt, dass ein guter Grüntee, besonders in der pulverisierten Form des Matcha, sehr viel Chlorophyll enthält. Das beeinflusst nicht nur den Geschmack positiv, sondern erleichtert auch die Aufnahme von Eisen im Körper. Das Magnesiumatom im Chlorophyll wird im Körper durch Eisen ersetzt.

Alle diese Wirkungen des Tees sind aus der Zusammensetzung der Droge Tee zu erklären. Sie gehören zu der Wirkung, dass alle fünf Organe in Harmonie kommen. Das ist die Tugend gozō chōwa 五臟調和 ‚Harmonie der fünf inneren Organe‘. Es bezieht sich auf das Gleichgewicht und die Gesundheit der fünf Hauptorgane Leber, Herz, Milz, Lunge und Niere, das als wesentlich für das Wohlbefinden des Körpers angesehen wird. Hier folgt Myōe der Theorie von Eisai über die gesundheitliche Wirkung des Tees.

Dazu gehört auch die Wirkung, dass der Tee, der die Teufel vertreibt, wie auch Eisai besonders vom Maulbeertee denkt.

Eine weitere Gruppe der Tugenden ist nicht aus der Zusammensetzung der Teepflanze zu erklären. Diese Tugenden ergeben sich eher aus der zeremoniellen Zubereitung und Darbietung des Tees in besonderen Ritualen der Achtsamkeit. Stellvertretend für diese Tugenden kann das konfuzianische Prinzip des seishin shūshin 正心修身 stehen.

Dies ist ein chinesisches Sprichwort, das oft im Zusammenhang mit Konfuzianismus und daoistischer Philosophie verwendet wird. In den konfuzianischen Schriften wird dieses Prinzip immer wieder erwähnt. Es bedeutet wörtlich ‚den Geist richtig ausrichten und den Körper kultivieren‘. Es betont die Bedeutung des geistigen Wohlbefindens und der moralischen Integrität für ein ausgewogenes und erfülltes Leben. Gesundheit besteht nicht nur in einer körperlichen Unversehrtheit. Sie beinhaltet auch eine geistige Klarheit. Es genügt nicht, nur eines von beiden zu üben und zu reinigen. Es ist nicht automatisch gegeben, dass in einem gesunden Körper auch ein gesunder Geist wohnt. Der Zenmeister Dōgen prägt später das Wort Shinjin gakudō 身心學道, ‚mit Körper und Geist den Weg erlernen und verwirklichen‘. Im Westen neigen wir dazu, das Schwergewicht auf das Wissen oder den Geist zu legen. Die Praxis der Verwirklichung wird so häufig vernachlässigt. Der Schriftsteller Jean Paul hat das unnachahmlich gesagt: ‚Hast du je einen Wegweiser gesehen, der den Weg geht, den er zeigt?‘

Im Osten dagegen liegt heute der Schwerpunkt auf der Praxis. Niemand fragt mehr nach dem ‚Warum‘, es genügt das ‚Wie‘. Vielleicht wird es Zeit, dass beide voneinander lernen!

Durch den achtsamen und respektvollen Umgang miteinander beim Teilen einer Schale Tee entsteht Freundschaft und Harmonie hōyū wagō 朋友和合. Das ist keine Wirkung der Droge Tee, sondern die Wirkung der achtsamen Zeremonie im Teilen einer Schale Tee. So ist von Anfang an der Tee in Japan mit der zeremoniellen Zubereitung und dem achtsamen servieren verknüpft, so wie auch in Eisais Zeremonie der ‚Vier Köpfe‘, der Ken-nin-ji Yotsu gashira charei [1] Aus dieser zeremoniellen Behandlung des Tees ergibt sich auch der Respekt gegenüber allen Menschen und insbesondere gegenüber den Eltern.

Fubo kōyō 父母孝養“ oder auf Chinesisch fùmǔ xiàoyǎng, ist ein konfuzianisches Konzept, das die Pflicht der Kinder betont, ihre Eltern zu ehren und für sie zu sorgen. Es bedeutet wörtlich ‚Vater Mutter ehren und versorgen‘ und ist ein grundlegendes Prinzip des Konfuzianismus, das den Respekt und die Fürsorge gegenüber den Eltern als eine der grundlegenden Tugenden des menschlichen Lebens betrachtet. Diese Fürsorge betrifft nicht nur das Leben, sondern besonders auch die Pflicht, die verstorbenen Eltern zu ehren. Im Jahr 954, also noch lange bevor Eisai den Tee nach Japan gebracht haben soll, opferte der Tendai Priester Zenki Tee und Süßigkeiten für seine verstorbene Mutter. Er fertigte eine Statue seiner Mutter an und platzierte sie auf dem Altar. Zuerst opferte er den Tee auf dem Altar für Buddha und für seine Mutter und trank ihn dann auch selbst.

Damit wird deutlich, dass der Tee in Japan eine ähnliche religiöse Bedeutung hatte, wie im Westen der Wein. Der Wein, der ursprünglich aus dem griechischen Dionysoskult stammt, steht für das Blut Christi, das geopfert und während der Heiligen Messe dann selbst getrunken wird. So nimmt man den Geist des Gottes in sich auf. Das ist der Enthusiasmus, der Gott/Theos in mir. ἐνθουσιασμός enthousiasmós – ursprünglich mit der Bedeutung ‚Besessenheit durch Gott, göttliche Begeisterung‘ –, eines Abstraktums von ἔνθεος éntheos (wörtlich „gottbegeistert“), das aus ἐν en (in) und θεός theós (Gott) gebildet ist.

Bonnō shōmetsu 煩悩消滅“ ist ein Begriff aus dem Buddhismus, der wörtlich übersetzt ‚die Auslöschung der weltlichen Begierden‘ bedeutet.

---

[1] vergl. S. 105

Es bezieht sich auf den Zustand der Befreiung von den Verlangen und Begierden, der im Streben nach Erleuchtung angestrebt wird. Im Antiken Griechenland wurde die Befreiung vom Leiden für eine Weile erreicht im Rausch durch den Genuss von Wein, dem Blut des Gottes Dionysos. In Japan erlangt man die Befreiung vom Leid durch Klarheit des Geistes mit dem Genuss von Tee.

Die letzte Tugend des Tees ist die angstfreie Gelassenheit des Herzens im Angesicht des Todes. rinju furan 臨終不乱 ist eine Phrase aus dem Buddhismus, die wörtlich übersetzt ‚keine Unruhe am Sterbebett‘ bedeutet. Es bezieht sich auf die Fähigkeit, ruhig und gelassen zu bleiben, wenn man dem Tod nahe ist, und auf die Hoffnung, dass man ohne Angst oder Verwirrung gehen kann. Dies wird als ein Zeichen der spirituellen Reife und des inneren Friedens betrachtet.
Diejenigen, die Tee trinken, sind sowohl geistig als auch körperlich ausgeglichen, daher neigen sie dazu, auch beim Sterben nicht aufgeregt zu werden.

Die zehn Tugenden des Tees nach Myōe sind eine Mischung aus chinesischen und japanischen Sprüchen und Prinzipien. Sie stammen zum Teil aus dem chinesischen Konfuzianismus und zum Teil aus dem Buddhismus. Man kann durchaus sagen, dass Eisai den Tee aus seinen chinesischen Ursprüngen erfolgreich in der japanischen Kultur verwurzelt hat. Der Tee ist japanisch geworden, aber er hat seine chinesischen Ursprünge nie vergessen.

Vielleicht muss der Tee auch irgendwann deutsch oder europäisch werden. Immerhin gibt es in der Schweiz schon eine erste Teeplantage. Auf dem Monte Verità oberhalb von Ascona, dem Hügel, wo einst Revolutionäre, Künstler und Philosophen neue Lebensformen erprobten, befindet sich die einzige Teeplantage Europas. Möglich machen das botanische Wunder zum einen das einzigartige Mikroklima, zum anderen der Pioniergeist von Peter Oppliger. Der 1940 geborene Experte für Heilpflanzen bezeichnet sich als ‚Teephilosoph‘.

Das Tee-Experiment begann der ehemalige Drogist aus der Stadt Luzern auf einer Miniplantage auf den milden Brissago-Inseln im Lago Maggiore. Nebst den rund hundert Teepflanzen auf der Isola Grande gibt es mittlerweile noch eine zehnmal größere Plantage auf dem nahe

gelegenen Monte Verità. Eine erste Ernte wurde im Herbst 2005 erfolgreich zu einer kleinen Menge Grüntee verarbeitet.
Ich habe Peter Opplinger einmal getroffen, man könnte fast sagen ‚natürlich' in Japan. Er war dort zu Besuch bei der Urasenke, wo ich gerade während eines längeren Aufenthaltes den Teeweg studierte.

Als wir vor nun fünfzig Jahren im Teehaus im Münchner Englischen Garten bei unseren Teevorführungen den Tee servierten, kamen die meisten Teeschalen fast vollständig gefüllt zurück. Der ungewohnte Geschmack stieß die Menschen ab. Später dann wandelte sich der Geschmack. Inzwischen war die gesundheitliche Wirkung von Grüntee und besonders vom Matcha bekannt. Immer wieder wurden wir gefragt, wo man denn diesen köstliche Tee kaufen könne.

Heute kann man in vielen Geschäften Matcha kaufen. Aber immer noch ist häufig die Qualität sehr gering. Man will ‚Biotee' kaufen. Aber die alteingesessenen Plantagen in Japan lassen ihren Tee nicht nach dem europäischen Standard zertifizieren. Das ist zu teuer und man verkauft ohnehin kaum Tee nach Übersee. Der gute Matcha wird halt immer noch in Japan selbst konsumiert. Nur die Newcomer auf dem Teemarkt haben zertifizierten Tee. Sie brauchen diese Zertifizierung, damit der Tee in Europa abgesetzt werden kann, denn in Japan trinkt kaum jemand diesen Tee. Außerdem ist den meisten Menschen ein guter Matcha zu teuer. Fünfzig Euro oder mehr für einhundert Gramm Tee scheinen sehr viel zu sein. Aber man benötigt für eine Schale Tee Nichteinmal ein Gramm. Das sind kaum fünfzig Cent für eine Schale köstlichem und gesundem Tee.

Inzwischen hat Matcha Latte die Popkultur erobert. Der minderwertige Tee wird mit viel Zucker gesüßt, so daß die Bitterkeit übertönt wird. Und dieses süße Getränk, das nur noch dem Namen nach als Tee bezeichnet werden kann, wird dann auch noch mit Milch aufgeschäumt. Ich muss mich schon bei dem Gedanken daran schütteln. Wo ist der milde und ausgewogen bittere Geschmack von gutem Matcha hin? Nur noch eine ekelhafte Süße, die in keiner Weise an den Geschmack von gutem Matcha erinnert. Ich gebe zu, dass dies mein persönlicher Geschmack ist. Aber ich ziehe eben das gute Original einer süßen teeähnlichen Mixtur vor. Aber immerhin verkauft selbst Koyamaen bereits

Matcha mit gesüßten Milchpulver. Dann stimmt wenigstens die Qualität des Tees.

Aber die gesamte Philosophie und Ethik, die mit dem Tee verbunden war, ist auf dem Weg nach Europa ohnehin verschwunden. Hier ist Matcha nur noch ein trendiges Getränk. Hin und wieder liest man dann gutgemeinte Abhandlungen über den japanischen Teeweg, aber jede Zeile verrät, dass der Verfasser keinerlei persönliche Erfahrungen mit dem Teeweg gemacht hat. Sogar der Artikel über den japanischen Teeweg auf Wikipedia ist voller Fehler und falsche Annahmen.

Noch ist es ein weiter Weg, bis der Tee in Europa angekommen ist.

9.2 Myōe und die Drachen

Myōe war nicht nur zu seiner Zeit sehr bedeutsam. Er hat auch die künftige japanische Kultur bis heute mitgeprägt. Er war so bedeutsam, dass ihm später sogar ein eigenes Noh-Theaterstück gewidmet wurde.

Thema des Stückes ist der Wunsch Myōes, nach Indien zu reisen und den Buddhismus dort an der Quelle zu studieren. Zweimal schon hatte er eine Reise geplant, aber die Umstände hatten die Reise verhindert. Vor seinem zweiten Versuch der Reise besuchte er den Kasuga-Schrein in Nara, um dort zu dem Gott des Schreins um Beistand zu beten. Als er sich dem Schrein näherte, knieten alle Rehe, die den Wald und das gesamte Gebiet um den Schrein bevölkern, vor Myōe nieder und neigten ihre Häupter vor Ehrfurcht zu Boden.

Dort traf er einen alten Priester des Schreines, der meinte, dass die Reise nach Indien gegen den Willen der Götter sei. Dieser alte Priester war niemand anderes, als der Gott des Schreines selbst. Er sprach zu Myōe und pries die gegenwärtige Natur:

> Aufschauend zum reinen Blau des Himmels scheint das ahnungsvolle Licht der Götter gnädig auf uns herab. Nicht nur der Himmel, sondern auch die Gestalt der umgebenden Berge zeigt, dass die Wege der Götter, seit Urzeiten bis heute gleich geblieben sind. Die Welt ist voller Frieden und in den Dörfern ist das Leben der Menschen glücklich und lang. Der Name des Gottes von Kasuga ist lange schon überliefert bis heute. Schau auf die beiden Säulen des Torii im stillen Mondlicht und du verstehst, dass sich die Dinge niemals ändern. Die Welt ist friedlich. Nichteinmal die Zweige der Kiefern oder die Gräser auf diesem Berg rascheln im Wind. Sie sind still und ruhig an diesem kaiserlichen Ort.

Obwohl alle wesentlichen Dinge immer gleich bleiben, sind inzwischen seit Buddhas Leben in Indien schon viele Zeiten vergangen und alle heiligen Stätten sind nun nicht mehr nur in Indien, sondern auch in Japan. Der alte Priester erklärt:

> Die Menschen überqueren das gefährliche Meer, um die bedeutsamen alten Stätten des Buddhismus aufzusuchen. Aber

wenn du am Tientai beten willst, dann besuch den Hiesan in Kyōto. Wenn du die Wutei-Berge sehen willst, dann geh zum Kimpu-Berg in Yoshino.[1] Der Gipfel des Geierberges aber, auf dem Buddha viele seiner Lehrreden gehalten hat, ist nun dieser Kasuga-Berg.[2] Buddha erscheint nun als Kasuga-Myōjin, der Gott dieses Schreines. Der Gott sagt: „Ich bin die Inkarnation des Shakyamuni Buddha und bin in der Welt erschienen, um alle Wesen zu retten."

Das klare Mondlicht über dem Berg Mikasa und die Frühlingssonne, die hinter dem Berg erscheint, erleuchten zusammen mit dem Gott dieses Schreines jeden Winkel dieser Welt.

Myōe wird langsam von dem alten Mann überzeugt und beschließt, nicht nach China und Indien zu reisen. Als er nach dem Namen des alten Priesters fragt, sagt der, ohne sich erkennen zu geben, dass er nun Indien an den Berg Kasuga holen wird und vor den Augen Myoes werden das Leben und die Taten Buddhas erscheinen. Er zeigt, wie Buddha von seiner Mutter Maya geboren wird. Er zeigt die Erleuchtung Buddhas in Bodghaya, seine Lehrreden auf dem Geierberg und seinen Hinübergang im Hain unter den Sala-Bäumen.

Das Licht strahlt und verwandelt die Berge und Felder von Kasuga in ein goldenes Land. Bäume und Gräser werden zu Buddhas, die sich vor Myōe verneigen. Die Hirsche von Kasuga, die eine Erscheinung des Gottes selbst sind, kommen herbei und verneigen sich vor Myōe.

Als Myoe in einer Vision sieht, wie Buddha auf dem Geierberg lehrt, bebt die Erde und die Drachenkönige kommen in derselben Ordnung, wie es im Lotossutra beschrieben ist. Da kommen der Drachenkönig

---

[1] Der Berg Kimpu in Yoshino ist einer der Hauptberge der Shugendo mit vielen Tempeln.
Der Wutai-Shan im Norden Chinas mit über 50 buddhistischen Tempeln, in denen die ältesten buddhistischen Statuen Chinas erhalten sind, gehört inzwischen zum Weltkulturerbe.

[2] Am Kasuga-yama in Nara liegt der Kasuga Schrein, der Schrein des Frühlingslichtes. Zunächst lag er an den Hängen des benachbarten Mikasa Berges, der heute Wakakusa – Yama (Berg des frischen Grases) genannt wird. Jedes Jahr im Januar wird in einem Ritual das gesamte Gras am Berg abgebrannt. Es feiert die Erneuerung des Lebens aus dem reinigenden Feuer.

Nanda, der König Upananda, der Drachenkönig Sagara und die Drachenkönige Vasuki, Taksaka und Anavatapa mitsamt ihrer Familien und Anhänger. Dann beginnen weibliche Drachen zu tanzen.

> Die Ärmel der tanzenden Drachen schwingen wie die Wellen des Meeres, wie der Schaum, der sich in Perlen verwandelt und davonfliegt. Der blaue Ozean reflektiert das Blau des Himmels und der Mond spiegelt sich auf den Wellen des Flusses.
> Soweit du auch suchst, du wirst niemals einen Ort finden wie diesen.

Nachdem die weiblichen Drachen dies offenbart haben, heben sie sich empor zu den Wolken und steigen nieder zum Sarusawa-See[1] am Fuße des Kasuga Berges. Sie verwandeln sich und werden so weit wie der Himmel selbst. Tausende Meilen lang, füllen sie die unendlichen Weiten des Himmels und der Erde und verschwinden schließlich im See unten in Nara.

Aber Drachen tanzen nicht nur am Kasuga-Schrein oder in Japan. Überall, wo sich Gräser im Wind verneigen, wo das Wasser den Himmel spiegelt und wo der Wind in den Kiefern sein Lied singt, da tanzen die Drachen, da ist Buddha anwesend.

Wäre Myōe tatsächlich nach Indien gereist, so hätte er dort den Buddhismus nicht mehr erleben können. Räuberische muslimische Horden hatten kurz zuvor den letzten buddhistischen Tempel in Indien zerstört. Es ist besser, dort zu suchen, wo man zu Hause ist. Aber dennoch immer das Fremde im Blick zu behalten, das vielleicht das Eigene aus der Enge der beschränkten Sicht befreien kann. Vielleicht wird eines Tages das Fremde zum Eigenen. Es geht nicht darum, zum teetrinkenden Japaner zu werden und dabei das Eigene zu verleugnen. Aber das Teetrinken kann vielleicht unsere eigene Kultur eines Tages ganz neu beleben.

---

[1] Der Surawasa-See liegt heute am Ortsausgang von Nara, am Beginn des Nara-Parks mit den Gebäuden der alten Tempel des Kofukuji und der fünfstöckigen Pagode.

10. Entwicklung des Tees in Japan

10.1 Tocha und Teespiele

Der Tee war als Getränk in Japan angekommen und er wurde allmählich immer japanischer. Noch gab es allerdings keine eigentliche Teezeremonie als Übungsweg, wie es der spätere Cha-no-Yu oder Chadō, der Teeweg, wurden. Man traf sich zu geselligen Anlässen, etwa um gemeinsam Renga-Gedichte zu verfassen. Zu diesen Gelegenheiten konnte auch Tee gereicht werden. Aber der Tee stand nicht im Mittelpunkt der Treffen. Außerdem wurde der Tee nicht im selben Raum und nicht vor den Gästen zubereitet.

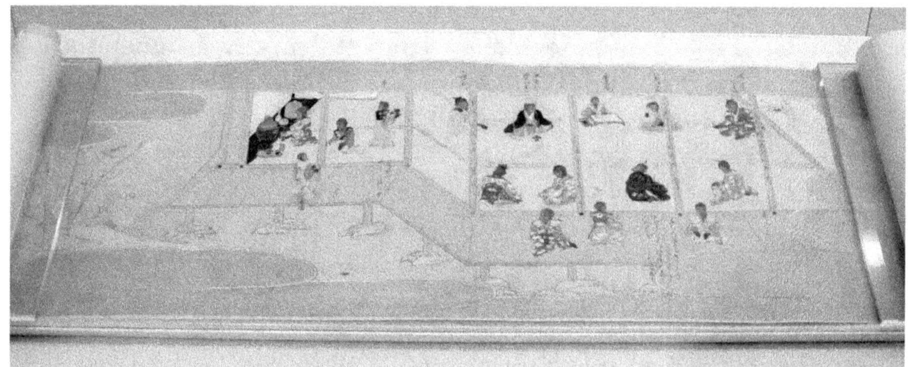

Abb. 22 Affen bereiten Tee

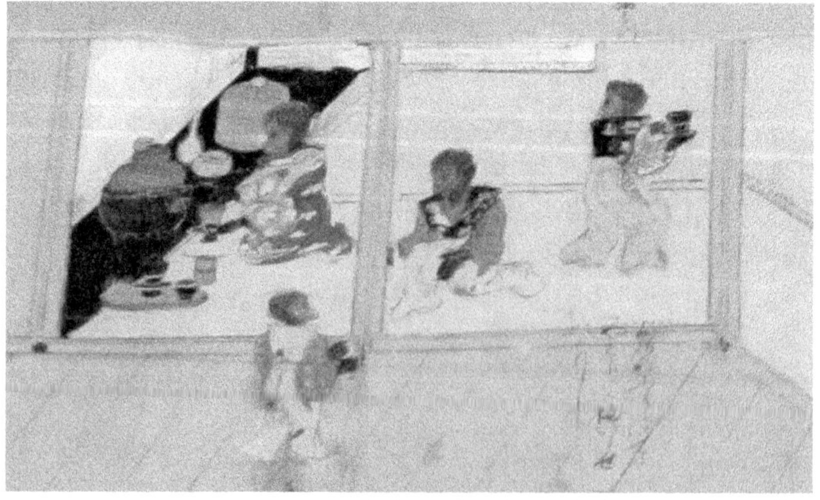

Abb. 23 Affen bereiten Tee

Auf einer Bilderrolle aus dem Besitz des Britischen Museums wird eine Versammlung von adligen und hochrangigen Mönchen ironisch persifliert, indem Affen in formaler Kleidung des Adels die Feierlichkeiten zur Geburt des Enkels des Haupt-Priesters des Enraykuji Tempels oberhalb von Kyōto nachäffen. Sie haben sich zu einem Dichterwettstreit versammelt, in dem die ganze Nacht über Renga-Gedichte verfasst wurden. Die Renga-Dichtung wurde immer in großen Gruppen geübt. Ein Teilnehmer verfasste den Oberstollen mit 5-7-5 Silben und ein anderer antwortete mit dem Unterstollen in der Form von 7-7 Silben. Oft konnte einfach ein Schlüsselwort gerufen werden und alle schrieben so schnell wie möglich den Oberstollen auf. Wer zuerst fertig war, las seine Verse vor, worauf wiederum sofort die Antwortverse verfasst werden mussten.

Noch heute finden solche Wettbewerbe in Kyōto statt. Die Teilnehmer tragen historische Gewänder und sitzen am Ufer eines kleinen gewundenen Baches. Das Schlüsselwort wird gerufen und alle beginnen sofort, die ersten drei Zeilen des Gedichtes zu schreiben. Wer fertig ist, setzt das geschriebene Gedicht auf eine flache Schale und lässt es auf dem Bach schwimmen. Ein Schiedsrichter nimmt die schwimmende Schale am Unterlauf des Baches aus dem Wasser und sofort darf keine Silbe mehr geschrieben werden. Der Schiedsrichter liest nun die Verse vor und jeder Teilnehmer schreibt die Antwortverse und setzt sie auf den Bach. Die erste Schale, die den Schiedsrichter erreicht, wird als Antwort verlesen.

Die Affen auf der Affenrolle sitzen nicht an einem Bach, sondern in einem großen herrschaftlichen Raum, der mit Tatami ausgelegt ist. Später werden die eigentlichen Räume für die Teezeremonie eher klein und dunkel und nicht herrschaftlich groß sein.

In einer Ecke des großen Raumes bereitet ein Affe den Tee mit einem formalen Set an Teegeräten zu. Ein anderer Affe serviert den Tee in einer kostbaren chinesischen Teeschale, die auf einem geschnitzten Ständer steht.[1]

Es ist klar, dass hier der Tee nur eine Nebenrolle spielt. Das Hauptaugenmerk liegt auf dem Verfassen von Renga. Aber die Renga-Wettbe-

---

[1] Die Rolle stammt aus der Zeit zwischen 1550 und 1570.
https://commons.wikimedia.org/wiki/File:The_monkey_scroll.jpg

werbe hatte durchaus einen großen Einfluss auf die Entwicklung des Teeweges. Wie später zu sehen sein wird, stammen die ersten theoretischen Grundbegriffe aus der Zeit der Formung des Teeweges keineswegs aus dem Zen, wie oft angenommen wird, sondern eben aus der Theorie der Renga-Dichtung.

Auch die Treffen des späteren Cha-no-Yu waren gesellige Treffen einer mehr oder weniger großen Gruppe von Menschen. Aber im Mittelpunkt dieser Treffen stehen die Zubereitung und der Genuss von Tee. Dabei ist die Form der Zubereitung selbst eine meditative Kunstform. Die meditative Stille der Teezeremonie wird noch dadurch unterstrichen, dass die Anzahl der Teilnehmer sehr begrenzt ist. In einem Raum von der Standardgröße von viereinhalb Tatami können maximal fünf Gäste Platz finden. Aber drei Gäste sind eher als ideal anzusehen.

Neben den großen Renga-Treffen gab es auch Veranstaltungen, in denen der Tee im Mittelpunkt stand. Hier ging es nicht um die meditative Stille, sondern darum, aus verschiedenen Teesorten den ‚wahren Tee‘, den Honcha 本茶 herauszufinden, der entweder in Uji oder in der Region Toganoo um Myoes Kozanji angebaut worden war. Tees, die aus anderen Regionen kamen, waren, wie bereits beschrieben, Hi-cha 非茶, falscher Tee.

Der einfachste Tee-Wettbewerb bestand darin, fünf Sorten echten Tees und fünf Sorten unechten Tees zu verwenden, die aus verschiedenen Anbaugebieten stammten und daher unterschiedliche Qualitäten hatten, und zu erraten, welcher davon getrunken wurde. Es gab also insgesamt zehn Sorten Tee, die in einem Wettbewerb mit dem Namen ‚Honhi-Jusshu, 本非十種‘ - ‚Zehn Arten von richtig und falsch‘ gegeneinander antraten. Dabei wurden fünfmal fünf unterschiedliche Tees serviert. Die Teilnehmer mussten erraten, welcher der fünf probierten Tees Honcha und welcher Hicha war. Es wurden genaue Listen geführt und jeweils der richtig erratene Honcha mit einem Haken markiert. Wer die meisten Treffer erzielte, erhielt wertvolle Preise.

Diese Wettbewerbe wurden in der älteren Literatur als Tocha 闘茶, Tee-Kampf bezeichnet, allerdings gibt es nur eine einzige alte Schrift über den Tee, die diese Bezeichnung gibt. Das Issai teikun Ōrai 異制庭訓往来 ist ein Werk, das in klassischem Chinesisch verfasst wurde.

128

Es handelt sich um eine Sammlung von Schriften über die Teezeremonie, die in Japan während der Muromachi-Zeit (1336–1573) populär war. Das Werk wurde vermutlich von Murata Jūko, einem bekannten Tee-Meister dieser Zeit, zusammengestellt. Außerhalb dieser Schrift wurden die Tee-Wettbewerbe als Chakōbu" 茶勝負, Tee-Spiel oder Tee-Wettkampf bezeichnet.

Die Sitte der Tee-Wettbewerbe stammte wie der Tee selbst aus China. Dort gab es die chá xiāng shí zhù 茶香十炷, wörtlich Tee-Duft zehn Räucherstäbchen. Das waren Wettbewerbe in der Kunst der Teezubereitung und des Servierens. Ich habe eine solche Veranstaltung in China erlebt. Am Jiashan-Tempel versuchten die Mönche, die alten Bräuche aus der Tang-Zeit wiederzubeleben. Nicht nur die Mönche, sondern auch viele Einzelpersonen und Gruppen führten ihre Kunst des Tees vor.[1] Dabei kommt es nicht wie bei den Spielen in Japan darauf an, die Teesorten zu erkennen. Der Schwerpunkt liegt auf der Kunst der Zusammenstellung der Geräte, des Blumenschmuckes und der Verwendung von Düften während der Teebereitung. Der Duft tritt nicht in Konkurrenz zum Duft des Tees. Vielmehr öffnen die natürlichen Düfte aus edlen Hölzern und Kräutern die Sinne und bereiten auf den Duft und Geschmack des Tees vor.

Die Veranstaltungen der Teewettspiele verschwanden in Japan bald wieder. Aber eine ähnliche Form eines Wettbewerbes gibt es bis heute im Duft-Weg, dem Ko-Dō. Es gilt, zehn unterschiedliche Proben von Dufthölzern zu erkennen, meistens Adlerholz, das in Japan Jinko 沈香, sinkender Duft, genannt wird. Der Adlerholzbaum kommt in Nordost-Indien, Bhutan, Bangladesch, Indonesien, Kambodscha, Laos, Malaysia, Myanmar, Philippinen, Thailand, Vietnam vor. Er ist ein großer, immergrüner, eher langsam wachsender Laubbaum, der Wuchshöhen von bis zu 40 m und Stammdurchmesser von 1,5 bis 2,5 m erreicht. Wird das Holz verletzt oder mit einem Pilz infiziert, so sondert der Baum ein duftendes Harz aus, mit dem er die Verletzung einschließt. Manchmal fällt der Baum dann in den Mangrovenwäldern ins Wasser und liegt dort für lange Jahre. Das Baumharz fermentiert, und ein intensiver Duft bildet sich. Je länger die Fermentation dauert, desto kostbarer und seltener wird

---

[1] siehe Abb. 8 Teegruppe am Jiashan auf Seite 58.

der Duft. Das Holz wird so schwer, dass es nicht mehr auf dem Wasser schwimmt, sondern zu Boden sinkt. Daher kommt der Name Jin-ko, 沈香 sinkender Duft. Adlerholz von guter Qualität kann leicht mehr als zweihundert Euro für ein Gramm des Holzes kosten. Damit ist das Adlerholz wenigsten dreimal teurer als Gold.

Der Duft hat eine starke psychische Wirkung. Er klärt und beruhigt den Geist und man wird empfänglich für die meditative Stille.

Der Duft des Aloe-Baumes war auch schon im vorderen Orient beliebt. Die Braut im hohen Lied der Heiligen Schrift duftet nach Aloe und ihr Duft erweckt die Sehnsucht nach der Vereinigung. Im Buddhismus wird der Duft mit Buddha verbunden. Bei der Geburt Buddhas erfüllte ein wunderbarer Duft die gesamte Welt.

Auch im Teeweg spielt der Duft eine wichtige Rolle. Im ersten Kapitel der Aufzeichnungen des Mönches Nambō über seine Gespräche mit dem Teemeister Rikyū heißt es:

> Man bringt Wasser herbei, sammelt Brennholz, erhitzt das Wasser und bereitet Tee. Dann bringt man ihn dem Buddha dar, reicht ihn den anderen und trinkt ihn auch selbst. Man arrangiert Blumen und entzündet Weihrauch. Durch all dies formen wir uns selbst um nach den Taten Buddhas und der vergangenen Meister zu wandeln.

Im Duftweg werden zehn unterschiedliche Düfte von Jinko unterschiedlicher Herkunft verwendet. Jeweils fünf davon sind getrennt voneinander in Papier gewickelt. In einer verborgenen Ecke steht die Sorte von eins bis zehn, aber so, dass der Spielleiter die Zahlen nicht sehen kann. Die Holzstückchen werden in einem Ko-Ro, einem kleinen handgehaltenen Räuchergefäß über glühende Holzkohle gelegt, die in einem Bett von feiner Asche brennt. Über der Kohle liegt ein kleines Blättchen aus Glimmer, das vor der direkten Glut schützt. Das Räuchergefäß wird nun weitergereicht und jeder Teilnehmer riecht intensiv den Duft. Dabei hält man das Gefäß zunächst direkt unter die Nase und atmet ein. Beim Ausatmen dreht man die Nase weg vom Gefäß, so daß sich die Ohren dem Gefäß nähern, als wollte man den Duft hören. Darum nennt man diesen Vorgang auch monkō 聞香, den Duft ‚hören‘. Es könnte sein, dass Partikel des Duftes durch das Trommelfell in die Ohren dringen und das

Gehirn an regen. Aber vermutlich muss man den Duft mit dem inneren Sinn ‚hören'. Dadurch richtet sich die gesamte Aufmerksamkeit nach innen und man lauscht seiner eignen Stille.

Insgesamt gibt es fünf Durchgänge mit jeweils einem anderen Stück eines Duftholzes. Die Teilnehmer versuchen nun, sich an den Duft der vorherigen Hölzer zu erinnern. Sind die Hölzer unterschiedlich, so markiert man das mit einem senkrechten Strich. Sind zwei Hölzer identisch, so verbindet man die senkrechten Striche oben mit einem waagerechten Strich.

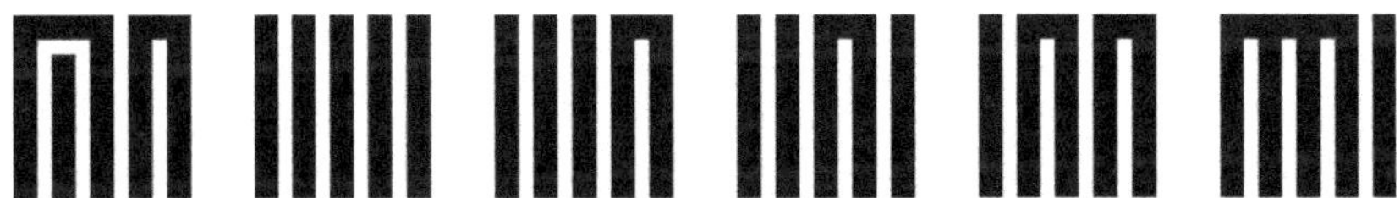
Abb. 24 Genji-Mon Beispiele

So entstehen 52 mögliche Strichkombinationen. Im obigen Beispiel sind beim ersten Zeichen das erste und dritte und das vierte und fünfte Holz identisch. Im zweiten Zeichen sind alle unterschiedlich und im dritten sind nur das vierte und fünfte gleich.

In der Edo-Zeit wurden diese Strichkombinationen mit den 52 Kapitel des Genji monogatari, den Erzählungen vom Prinzen Genji verknüpft. Im zweiunddreißigsten Kapitel des Genj Monogatari wird ausführlich ein Wettbewerb mit Duftstoffen geschildert, der selbstverständlich vom Prinzen Genji gewonnen wird. Darum heißen nun die Zeichen Genji-ko-mon oder einfach Genji mon. Manchmal findet man ein Genji-Mon auch als Dekoration auf Teegeräten, z.B. auf den lackierten Teedosen, den Natsume.

10.2 Ippuku-Issen – Ein Tee – ein Sen

Der Tee wurde sehr schnell populär in Japan. Es entstanden entlang der Pilgerwege und in der Nähe von Tempeln kostenlose Unterkünfte und Orte, an denen für die Pilger Tee ausgeschenkt wurde. Im Nippo Jisho, dem japanisch-portugiesisches Wörterbuch aus dem Jahr 1603 ist vermerkt, dass in Teehäusern nicht nur Tee verkauft wurde, sondern auch für die Pilger kostenlos ausgeschenkt wurde. Vermutlich hatten Mönche mobile Verkaufsstände auf den Pilgerwegen aufgebaut und dort Tee serviert.

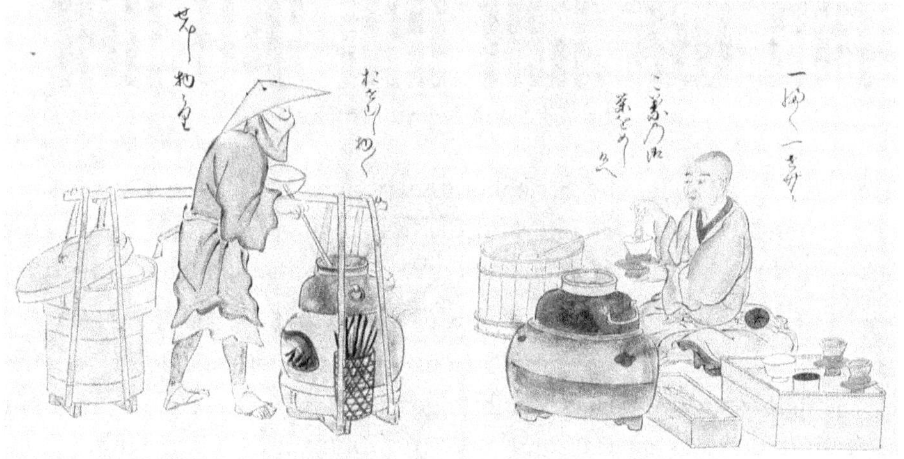

Abb. 25 Ippuku issen

Es gibt eine Bilderrolle des Malers Kanō Osanobu (1796-1846), dem letzten großen Maler aus der Dynastie der Kano-Schule, in der er ältere Bilder von Berufen kopierte. Das ‚Shichijūichiban Shokunin Utaawase‘ 七十一番職人歌合 ist ein Werk, das in drei Rollen die Berufe und Tätigkeiten von Handwerkern und Kaufleuten zeigt. Auf der mittleren Rolle sind zwei Verkäufer dargestellt, die vermutlich beide auf der Straße in mobilen Verkaufsständen Tee verkaufen. Neben der rechten Gestalt, die eindeutig einen Mönch darstellt, steht ippuku issen 一服一銭, etwa ‚ein Tee - ein Sen‘.

Der Sen war damals die normale Münzeinheit. Der Yen wurde erst nach der Meji-Reform eingeführt. Ein Sen war in mehrere Mon 文,

132

gewöhnlich in 10 文 Mon, unterteilt. Nach einigen historischen Quellen kostete damals eine Schale Tee zwischen drei und sechs Sen. Issen, ein Sen (ichi Sen) dürfte demnach keine Preisangabe sein, sondern muss eine andere Bedeutung haben.

Der Mönch auf dem Bild bereitet den pulverisierten Matcha in einer chinesischen Tenmokku-Schale zu, indem er ihn mit einem Bambusbesen schlägt. Manche Forscher bezweifeln, dass es sich bei der Angabe ein Sen um den Geldbetrag handelt, den der Mönch für seinen Tee verlangt. Es könnte sein, dass er die Menge des Pulvertees nach dem Gewicht der ein Sen-Münze ausrichtet. Das waren etwa drei Gramm. Heute wird für den Usucha, den ‚dünnen Tee‘, knapp ein Gramm Teepulver verwendet und für den Koicha, den ‚dicken Tee‘, zehn bis 15 Gramm. Aber man unterschied damals nicht sehr streng zwischen dem ‚dünnen‘ Usucha und dem dicken Koicha. Wie der Tee zubereitet wurde, richtete sich ganz nach dem persönlichen Geschmack und nach der augenblicklichen Stimmung. ‚Ein Tee ein Sen‘ könnte bedeuten, dass der Tee dicker war als heute der Usucha aber dünner als der heutige Koicha.

Der zweite Verkäufer ihm Bild ihm gegenüber schöpft mit einer Bambuskelle aus einem großen Kessel sein Getränk. Es handelt sich dabei laut Inschrift auf dem Bild um senji-mono 煎じ物売 - せんじもの, abgekochte Dinge. Senji-mono sind nicht irgendwelche gekochten Dinge wie etwa Gemüse oder Fleisch, sondern Kräuter oder andere Zutaten, denen eine Heilwirkung zugesprochen wurde. Darum trägt der Verkäufer auch eine Maske, um die ‚Medizin‘ nicht zu verunreinigen.

Die senji-mono bestanden aus getrockneten Teeblättern, vermischt mit den Stängeln des Teestrauches. Dieser geringerwertige Tee wurde mit Ingwer und/oder getrockneten Persimonen und anderen Zutaten gemischt und aufgekocht. Dieser Aufguss wurde ebenso wie der wertvollere pulverisierte Tee als Heilmittel getrunken. Sen-cha 煎茶, der im Namen das Kochen sen 煎 wie die senji-mono trägt, gab es damals noch nicht. Er wurde erst im 17. Jahrhundert vermutlich vom chinesischen Mönch Yǐnyuán Lóngqí 隱元隆琦, der in Japan Ingen Ryūki genannt wird eingeführt. Ingen begründete die dritte und letze in Japan heimisch gewordene Schulrichtung des Zen, den Obaku Zen neben dem Sōto Rinzai Zen und dem Sōto Zen Dōgens. Ingen brachte nicht nur den Sencha, sondern auch die grünen Stangenbohnen nach Japan, die darum in Japan auch heute noch Ingen heißen.

Die Methode, die getrockneten Teeblätter durch Dämpfen und Rollen zu feinem Sencha zu verarbeiten, wurde erst im 18. Jahrhundert in Uji entwickelt und verfeinert.

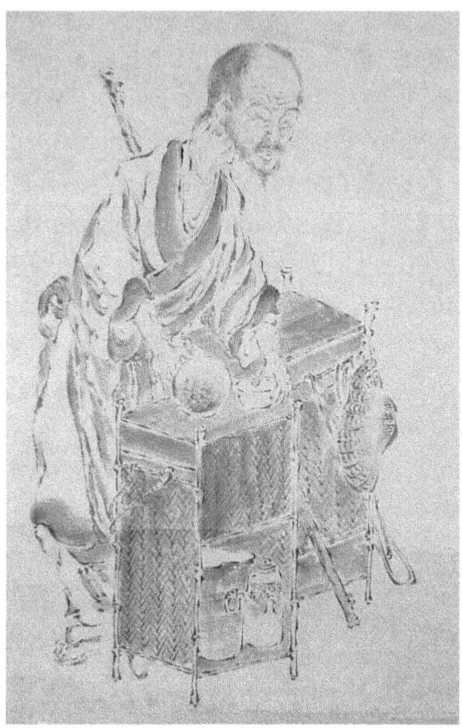

Abb. 26 Baisaō

Das Wort ippuku issen 一服一銭 bezieht sich ebenfalls auf eine Medizin, nämlich den Pulvertee als Medizin. Ippuku bezeichnet eine Dosis einer Medizin. Noch heute fragt der Gastgeber seine Gäste, nachdem sie Tee getrunken haben, ob sie noch eine weitere Medizin mögen: Mo ippukku ikaga desuka?

Möglicherweise hat der Mönch nicht nur Tee als Medizin serviert. Sehr wahrscheinlich hat er auch seine Gäste in Gespräche über Buddha und seine Lehre verwickelt. Bei beiden Teeverkäufern ist der Zusammenhang mit religiösen Begebenheiten recht eindeutig.[1] Der Verkäufer des pulverisierten Matcha-Tees ist ohnehin erkennbar ein Mönch. Er steht offenbar für eine ganze Reihe anderer Mönche, die an den Pilgerwegen ihren Tee bereiteten und gegen eine kleine Gabe verkauften.

Noch im 18. Jahrhundert gab es einen Mönch, der als Teeverkäufer in der Kaiserstadt Kyōto berühmt wurde. Es war Baisaō 売茶翁, der ‚Alte Teeverkäufer‘. In einem alten Text wird Baisaō beschrieben:

Ein Mann, bekannt als Baisaō, der alte Teeverkäufer, lebt an den Hängen der Narabigaoka-Hügel.

---

[1] A bowl for a coin: a commodity history of Japanese tea / William Wayne Farris.

Er ist über achtzig Jahre alt, mit weißem Haar und einem Bart, der so lang ist, dass er fast seine Knie erreicht. Er packt sein Kohlenbecken, seinen Teekessel und andere Teeutensilien in große Bambus-Körbe und trägt sie auf einer Schulterstange.

Er wandert durch die Wälder und Hügel, wählt Orte von großer natürlicher Schönheit. Dort, wo die kieseligen Bäche rein und klar fließen, kocht er seinen Tee und bietet ihn den Menschen an, die diese malerischen Orte besuchen.

Rangordnung, ob hoch oder niedrig, bedeutet ihm nichts. Es ist ihm egal, ob die Leute für seinen Tee bezahlen oder nicht. Sein Name ist inzwischen im ganzen Land bekannt.

Niemand hat je gesehen, dass ein Ausdruck des Missfallens über sein Gesicht zieht, egal aus welchem Grund. Er wird von allen als ein wahrhaft großer und wunderbarer Mann betrachtet.[1]

Baisao hatte dreißig Jahre lang in einem Tempel des Obaku-Zen auf der südlichen Halbinsel Kyushū unter dem Priesternamen Gekkai Gensho gelebt. Um 1735 begann er, in Kyōto an einem fliegenden Stand Sencha zu verkaufen. Sein Lehrer war ein Schüler von Ingen gewesen, der als letzter in einer neuen Welle den Zen von China nach Japan brachte. Ingen hatte auch die neue chinesische Sitte mitgebracht, die Teeblätter mit heißem Wasser zu brühen und den Sud als Tee zu trinken. Mit ihm verbreitete sich die späte Form der Sencha-Zeremonie in Japan. Aber immer noch nutzte er wie in den alten Zeiten den Tee, um mit den Menschen ins Gespräch zu kommen.

Baisaō verkaufte nicht nur Tee. Er war auch ein angesehener Verfasser von Gedichten, von denen über einhundert bis heute erhalten sind.

Tee brauen am Straßenrand:
Duft steigt auf aus dem Kessel
wunderbar erlesene Freude.
Wohlgeruch wie nirgendwo sonst
Das sanfte Singen des Kiefernwindes.
Wogender Dampf steigt aus dem Teckessel

---

[1] Texte übersetzt aus dem Englischen nach: Baisao. The Old Tea Seller. Norman Waddell.

Verflüchtigt sich in den Wolken des Westens

Baisaō

Baisao war zwar ein Straßenverkäufer, aber er pflegte freundschaft-
lichen Kontakt mir vielen angesehenen Literaten und Künstlern seiner
Zeit. Bis heute ist die Sencha-Zeremonie unter Literaten und Künstlern
weitaus beliebter als die klassische Form des Cha-no-Yu, des Teeweges
mit den strengen Formen und Regeln. Aber die Sencha-Zeremonie ist
nicht Gegenstand dieses Buches.

Die geschäftigen Straßen sind mein Zuhause,
Mitten im Herzen der Dinge,
Nur ein Freund teilt meine Armut,
Dieser einzelne dürre hölzerne Stab.
Die Wege der Stille im Herzen.
Inmitten des Lärms des städtischen Lebens,
Nehme ich das Leben, wie es kommt,
Und überall, wo ich bin, bin ich wahr.

Baisaō

11. Tee in der Einsiedlerhütte

Neben den aufwändig gestalteten Tee-Events des Adels entwickelte sich zur gleichen Zeit ein einfacher Tee, der besonders von Mönchen und Einsiedlern geübt wurde. Eine Bilderrolle aus der Zeit um 1450, die heute dem Suntory-Museum in Tokio gehört, zeigt einen Mönch in seiner Einsiedelei.[1] Im Raum, der mit Tatami ausgelegt ist, stehen offenbar auf einem Bodenbrett an der hinteren Wand die üblichen Teegeräte wie der Furo, der ‚Windofen‘, ein Kaltwassergefäß und Teeschalen, die noch heute verwendet werden. Dies ist eine der ältesten bildlichen Darstellungen der verwendeten Teegeräte.

Das Alter der Rolle ergibt sich aus der Tatsache, dass der Staatsmann 近衛房嗣 (Konoe Fusatsugu) erwähnt wird. Er war ein Mitglied der Konoe-Familie, einer der fünf Sekke-Familien des japanischen Hofadels (kuge). Die Konoe-Familie gehört zu den einflussreichen Fujiwara-Clans, die seit der Heian-Zeit bedeutenden politischen Einfluss hatten. Konoe Fusatsugu (1402–1488) war ein bedeutender Staatsmann und Regent (Kanpaku) während der Muromachi-Zeit. Er diente unter mehreren Shōgunen und spielte eine wichtige Rolle in der Politik dieser Ära. Fusatsugu war bekannt für seine administrativen Fähigkeiten und seinen Einfluss am kaiserlichen Hof.[2]

Die Bilderrolle erzählt ironisierend die Geschichte eines Einsiedlermönches und einer alten Nonne, der Oyō-no-Ama. Als die „Oyō-no-Ama" zum ersten Mal den Eremiten besucht, setzt sie sich mit einem großen Beutel neben ihn und sagt: „Es ist beschwerlich." Der alte Eremit erwidert daraufhin: „Trinkt Tee und ruht euch in Frieden aus." Der Tee ist wie ein Rückzug aus der Last des Alltags, die täglich zu tragen ist.

Die Utensilien, die verwendet werden, sind ein zerbrochener Keramik-Teekessel, eine zusammengesetzte Teeschale, ein Bambus-Teegeschirr und ein Bambus-Schöpflöffel.

Der Mönch sehnt sich nach einer jungen Gefährtin und die alte

---

[1] https://www.suntory.com/sma/collection/data/detail?lang=en&id=648. Dort sind alle Bilder der Rolle abgebildet.

[2] In der Datierung der Rolle folge ich Kozu Asao, 茶の湯の 歴史 History of Chanoyu.

Nonne verspricht, ihm zu helfen. Später kommt sie mit einer verhüllten angeblich jungen Frau zu ihm. Aber er darf sie nicht unverhüllt sehen. Er verbringt die Nacht mit ihr in vollkommener Finsternis. Erst im Licht des neuen Tages erkennt er, dass er die Nacht nicht wie erhofft mit einer schönen jungen Frau, sondern mit der hässlichen alten Nonne verbracht hat.

In der Form eines Schwankes werden in der Geschichte buddhistische Lehren verbreitet. Es kommt darauf an, immer einen klaren Geist zu bewahren und sich nicht blind von seinen Wünschen und Begehrlichkeiten leiten zu lassen. In einem der Bilder der Rolle stehen vor einem halb zerstörten Zaun eine Trauerweide und ein Kirschbaum. Der Zaun trennt die Welten der Illusion und des Alltages von der klaren Welt des reinen Geistes ab. Die Trauerweide kann eine vielfältige Bedeutung haben. Häufig stand eine Trauerweide an einer Brücke über den Fluss, die in die ‚fließende Welt' der Vergänglichkeit und des Vergnügens, der Ukiyo 浮世, führte. Sie ist das Zeichen des Überganges in eine Welt der vergänglichen Freuden, aber auch der Trauer über das Alter. Die Kirschblüte zeigt ebenfalls die Schönheit des Vergänglichen, die zugleich aber auch traurig macht.

Ähnlich wie der Teeraum des Mönches entstanden öffentliche Teestuben entlang der Straßen und Pilgerwege zu den Tempeln. Das älteste Teehaus und Teegeschäft Japans lag direkt an der Brücke über den Uji-Fluß gegenüber vom Byōdō-In. Der Byōdō-In war im Jahr 998 von einem hochrangigen Minamoto Höfling aus der Sippe der Fujiwara als Landsitz gegründet worden. Nach seinem Tod wurde er 1052 zu einem Tempel umgeweiht. Der Samurai Furukawa Unai im Dienste von Fujiwara Yorimasa quittierte den Dienst und gründete ein Teehaus direkt an der Brücke über den Uji-Fluss 1160. Dieses Teehaus mit dem Namen Tsu-en 通圓, etwa ‚vollkommen rund, harmonisch' besteht noch heute und ist das älteste Teehaus Japans, vermutlich der ganzen Welt.

Obwohl die Brücke hinüberführt zum Byodo-In, einem Tempel, der den himmlischen Frieden des reinen Landes Buddhas im Westen repräsentiert, fand hier eine der grausamsten Schlachten der japanischen Geschichte statt. Die Schlacht an der Uji-Brücke war der Auftakt eines langen Krieges zwischen den Sippen der Minamoto, auch Genji genannt und den Heike. Nach der chinesischen Lesung der Namen heißt dieser Konflikt Gen-Hei oder ausgesprochen als Gen-Pei- Krieg 源平合戦. In den fünf Jahren des Krieges von 1180 bis 1185 und wurde das Land in weiten Teilen zerstört und die politische Ordnung Japans sollte sich für immer ändern.

Der Anführer der Heike hatte ein Kind auf den Tennō-Thron gesetzt um als dessen Vormund die Herrschaft auszuüben. Die Minamoto setzten dagegen ihrerseits einen jungen Knaben als Tennō ein. Um ihn vor der militärischen Macht der Heike zu schützen, versuchten sie, ihn nach Nara in den Schutz der großen Tempel dort zu bringen. Aber der junge Tennō fiel immer wieder vom Pferd. Dadurch kam es zu großen Verzögerungen auf er Flucht. Am Byōdō-In sollte er sich ein wenig ausruhen und Minamoto Yorimasa organisierte die Verteidigung der Brücke. Seine Krieger rissen etliche Planken aus der Brücke, sodass der Übergang durch den Fluss gesperrt war. Beide Seiten standen sich in einer langen Schlacht gegenüber. Yorimasa schwang sein Schwert und fing damit die Pfeile der Feinde ab. Schließlich wurde er von einem Pfeil getroffen. Als die Heike begannen, mit ihren Pferden den Fluss zu überqueren, zog sich Yorimasa zum Tempel zurück. Dort setzte er sich im Gras auf seinen geöffneten Fächer, verfasste sein letztes Gedicht und tötete sich selbst mit dem Schwert. Die Stelle an der Yoshimasa starb, ist heute noch sichtbar und in der Form eines geöffneten Fächers abgeteilt. Sie liegt direkt gegenüber der sogenannten Phönixhalle mit dem Bildnis Amida Buddhas, der seinen Blick nach Westen in Richtung des Reinen Landes richtet. Ein Begleiter schlug Yoshimasa den Kopf ab, beschwerte ihn mit einem Stein und warf ihn in den tiefen Fluss, damit er nicht in die Hände der Feinde fiel. So starb Yorimasa im Alter von siebzig Jahren mit einem letzten Gedicht, nachdem er sein Leben als anerkannter und friedlicher Dichter geführt hatte.

Über Furukawa Unia, den Gründer des Teehauses Tsu-En gibt es sogar ein Kyōgen-Theaterstück. Es ist die Persiflage des Noh-Theaterstückes über Yorimasa. Im Noh-Stück schwingt Yorimasa sein Schwert und den Bogen, im Kyōgen Stück schwingt Furukawa Unai die Bambus-Schöpfkelle und den Teebesen, den Chasen.

Der Kontrast zwischen dem Byōdō-In, der das Reine Land repräsentiert und den schrecklichen Kriegsereignissen könnte nicht größer sein. Die Phönix-Halle Hōō-dō 鳳凰道 ist bis heute erhalten, obwohl der Tempel später noch in kriegerischen Auseinandersetzungen fast völlig niederbrannte. Sie war in Vergessenheit geraten und die Bauern nutzen die Halle als

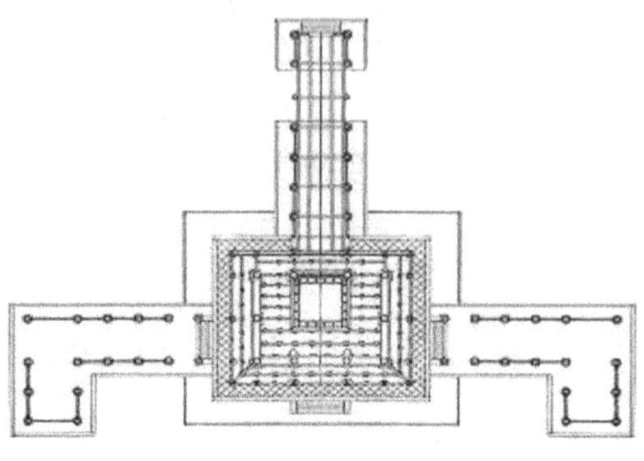
Abb. 27 Byōdō-In Hōō-Dō

Lagerraum für Heu und Brennholz. Sie hat von oben gesehen die Form eines riesigen Vogels, der sich mit seinen ausgebreiteten Flügeln gerade niederlässt.[1] Der Name des Vogels Hōō 鳳凰 lautet in seiner männlichen Form 鳳 Hō und in der weiblichen 凰 Ō. Als Hōō vereinigt er in sich das männliche Yang und das weibliche Yin.

Gewöhnlich wird der Name als Phönix übersetzt, aber das ist nicht ganz richtig. Der Phönix ist in der ägyptischen und griechischen Mythologie der Sonnenvogel, der sich selbst verbrennt und aus seiner Asche wieder neu geboren wird. Der Hōō ist zwar auch ein Sonnenvogel, aber er steigt nicht wiedergeboren aus seiner eigenen Asche auf. Aber wenn er am Himmel erscheint, kündigt sich eine neue, goldene Zeit an. Wenn er ganz auf der Erde gelandet ist, wird sich alles in das goldene Reine Land Buddhas verwandeln. Dann herrschen Frieden und Wohlstand und jede Form von Krieg und Streit verschwindet.

Das Hauptgebäude der Phönix-Halle ist im alten Shinden-Stil auf einer Insel erbaut, die das Reine Land des Amida Buddha darstellt. Der Shinden-Bau ist ein Bauwerk mit drei Flügeln in der Form eines nach Süden offenen ⊓. Aber anders als der klassische Shinden-Bau, der mit seinem Innenhof nach Süden, zum Licht und der Sonne hin offen ist, wurde der Bau nach Westen hin ausgerichtet. Er ist zum Sonnenuntergang und dem Land Amidas ausgerichtet. Seine Form gleicht einem Phönix, der mit ausgebreiteten Flügeln dabei ist, sich auf der Erde

---

1   Abbildung nach: Tets Takemoto, University of Idaho.

niederzulassen. Wenn er ganz angekommen sein wird, dann verwandelt sich nicht nur die Phönix-Halle, sondern die Welt zum reinen, westlichen Paradies des Amida. Die Phönixhalle gleicht in ihrer Architektur ohnehin bereits jetzt einem Abbild des Reinen Landes. Die große Gestalt des Amida sitzt mit dem Blick zur untergehenden Sonne, der Richtung hin zum westlichen Paradies auf einem riesigen Lotosthron in der Halle. Die Halle war vollkommen mit weißer Farbe aus Muschelschalen ausgemalt und himmlische Wesen waren als Figuren auf Wolken schwebend an den Wänden angebracht. Die Vorderseite der Halle ist mit einem Gittertor verschlossen, das in der Höhe des Kopfes der Figur ausgespart ist. Wenn dann die goldene Abendsonne durch diese Öffnung auf den Kopf des Buddha fiel, erstrahlte der in hellem Licht. Auf seiner Stirn war ein großer Bergkristall eingelassen, der mit Silberfolie hinterlegt war. Die abendlichen Sonnenstrahlen erleuchteten dann von diesem Kristall aus den Betenden, der vor dem Buddha kniete. Zugleich erstrahlte der gesamte Raum im warmen rotgoldenen abendlichen Licht. So konnte der fromme Beter im Abendlicht wenigsten für die Zeit des Gebetes in das westliche Paradies gelangen.

Vielleicht sind die Teeräume auch ein Abbild des westlichen Paradieses. Beim Teetrinken kann man wenigstens zeitweilig im Paradies weilen und muss nicht bis zu seinem Tod warten, wenn dann Amida kommt und uns ins Paradies abholt.

Betrachtet man die Abbildungen der Rolle der Oyo-no-Ama genauer, so erkennt man, dass in der Residenz des Mönches nicht nur die Teegeräte bereitstehen. Der Mönch sitzt in einem Raum, der mit Tatami ausgelegt ist. Links hinter ihm in einer Art Nische, ähnlich der späteren Tokonoma, stehen die Teegeräte. Im Nebenraum rechts hinter ihm ist eindeutig ein Altar zu erkennen. An der Wand eine Hängerolle, vermutlich mit einem buddhistischen Inhalt, eventuell mit dem Schriftzug ‚Namu Amida Butsu' – ‚Vertrauen auf Amida Buddha'. Davor stehen auf einem niedrigen Tisch ein Weihrauchbehälter, Kerze, Blume und ein Zweig einer immergrünen Kiefer. Hinter dem Mönch könnte sich eine Schiebetür befinden, mit lichtdurchlässigem Papier bespannt ist. Das könnte eine der neu eingeführten Shoji sein, mit denen man den Raum unterteilen konnte. Dann könnte wohl die Nische mit den Teegeräten bei

Bedarf geöffnet oder geschlossen sein.

Eine andere Abbildung aus der Zeit zeigt einen Mönch in einem palastartigen Gebäude bei der Zubereitung von Tee.

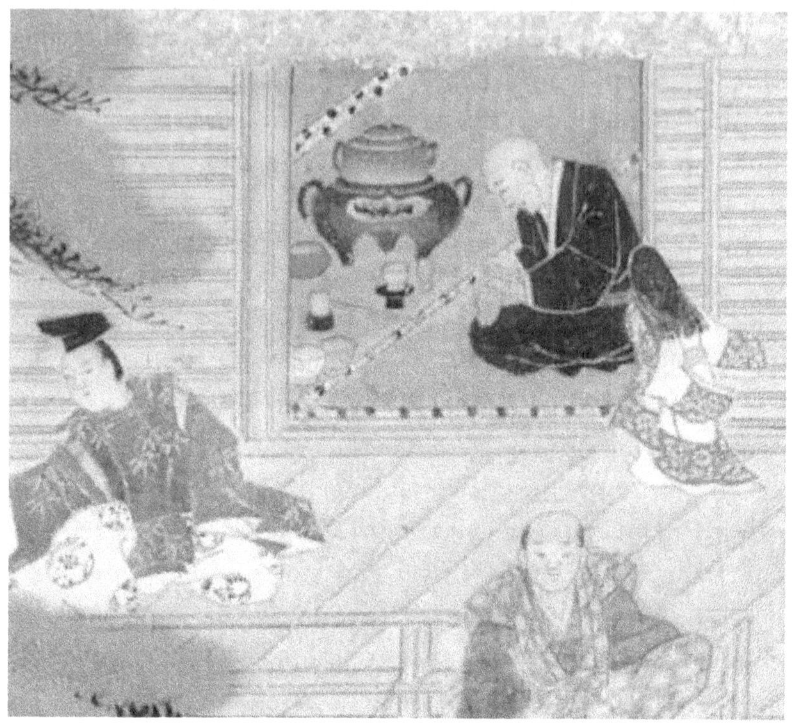

Abb. 28 Mönch bei der Teebereitung

Auf der Veranda sitzen Höflinge mit unterschiedlichem Hofrang in höfischer Kleidung, die ihrem Rang entspricht. Der Mönch sitzt auf frischen, noch grün leuchtenden Tatami und bereitet den Tee unter den neugierigen Blicken eines Mädchens.

Viele der Mönche und auch der Laien waren in dieser Zeit Anhänger des Jōdo-shū, des Buddhismus des reinen Landes. Der Gründer des Jōdo-shū war Hōnen (1133–1212), der meinte, dass in der Zeit des mappo, des Niederganges der reinen Lehre Buddhas eine Erlösung nicht mehr durch strenge eigene Übungen und aus eigner Kraft möglich sein würden. Es ist die Zeit des mappo shiso 末法思想, des Unterganges der Ideen der Erlösung im Buddhismus.

Eine Erlösung aus eigener Kraft durch intensive Übungen, wie sie die Tendai-Mönche praktizierten, sei nicht mehr möglich. Es genügt, im Vertrauen auf Amida-Buddha den Namen Amidas immer wieder anzurufen. Das Nembutsu, das wiederholte Aussprechen der Anrufung Amida Buddhas: „Namu Amida Butsu" (南無阿弥陀仏) ist die eigentliche Übung des Jōdo-shū. Namu 南無 ist eine Transliteration des Sanskrit-Wortes „Namah" und bedeutet „Ehrerbietung" oder „Verehrung". Geschrieben wird das Wort mit den chinesischen Schriftzeichen für Süden 南 mit der Aussprache Na oder Nam und dem Zeichen für Nicht 無 – Mu, Na-Mu. Das Wort wird also mit Schriftzeichen geschrieben, die nicht nach ihrer Bedeutung, sondern lediglich nach ihrer Aussprache gewählt sind, um die Aussprache des Sanskritwortes Namah wiederzugeben. Amida 阿弥陀 ist die japanische Form des Sanskrit-Namens ‚Amitabha' oder ‚Amitayus', was „Unendliches Licht" bzw. „Unendliches Leben" bedeutet. Die Schriftzeichen sind ebenfalls nur nach ihrer Lautung ausgewählt. Butsu (仏) ist die japanische Form des Wortes „Buddha" und bedeutet „Erleuchteter" oder „Erwachter".

Die Anrufung Amidas muss nur ein einziges Mal mit absolut reinem Herzen gerufen werden. Dann kommt Amida, der im Reinen Land ganz weit im Westen herrscht, und holt den Gläubigen zur Hinübergeburt in das Reine Land spätestens in der Stunde seines Todes.
Einzig das Vertrauen auf die Gnade Amidas ist nötig, um letztlich die Erlösung zu erlangen. Selbst der dümmste und verderbteste Mensch kann durch die Gnade Amidas erlöst werden. Um aber sicherzustellen, dass man wirklich ein einziges Mal die Anrufung mit absolut reinem Herzen ausspricht, gibt es die Übung, die Anrufung tausend Mal zu wiederholen. Wer diese Übung vollzogen hatte, konnte sich dann Sen-Ami, also ‚tausend Ami(da)' nennen. In ähnlicher Weise können die Moslems an ihren Namen Hadschi anhängen, wenn sie eine Wallfahrt nach Mekka, eine Haddsch, arabisch: al-*Ḥ*ajj unternommen hatten.

Die berühmten Kunstberater des achten Ashikaga Shōgun Yoshimasa (1436–1490), der den Silbernen Pavillon errichtete, trugen alle das ‚-ami' in ihrem Namen.

Auf einer Rolle mit der Darstellung einer Reise des Shōgun sind eine ganze Reihe von Personen zu sehen, die der Kleidung nach dem unteren Hofrang angehören. Sie tragen Schwerter, aber anders als die Samurai lediglich Kurzschwerter und sie haben einen kahl rasierten Schädel.

Dadurch sind sie als Mönche gekennzeichnet. Das sind ganz offenbar die Dōbōshū, die als Kunstberater am Hof des Shōgun tätig waren. Ihre Aufgaben sind möglicherweise mit einem Museumsangestellten und Eventmanager von heutzutage zu vergleichen. Aber alle waren Mönche.

Ein möglicher Vorfahre der Sen-Familie, der drei Sen-Häuser der Teezeremonie, hieß Sen-Ami 千阿弥, also ‚tausend Ami‘, vermutlich weil er die Übung der tausendmaligen Anrufung Amidas geübt hatte. Daher kommt der Familienname der Sen-Familie 千家, der Sen-Ke.

Traditionell wird angenommen, dass Sen-Ami einer der Kunstberater, ein Dōbōshū des Ashikaga Shōguns war. Es könnte aber auch sein, dass es sich um eine Person handelt, die tausendmal Namu Amida butsu rezitiert hat. Diese Übung war unter den überwiegend koreanisch stämmigen Kaufleuten in der Stadt Sakai, der Heimatstadt Sen Rikyūs weit verbreitet. Und Sakai war die Heimatstadt von Sen no Rikyū.

11.1 Kamo no Chōmeis Hütte

Es gab zwei unterschiedliche Entwicklungen im Teeweg in Japan. Die eine Linie führt über den prächtigen und formalen Tee des Shōgun in den formalen Empfangsräumen und die andere über den Tee in der schlichten Hütte im Gras-Stil. Die einfache strohgedeckte Hütte hat bereits eine lange Tradition, die bis nach Indien zurückreicht.

Vimalakirti, ein Kaufmann, der zur Zeit des Buddha lebte, hatte sich aus dem geschäftigen Leben in eine Hütte von zehn Fuß im Quadrat zurückgezogen, um dort zu meditieren. Nachdem er seine Praxis in der Hütte beendet hatte, kehrte er zurück in sein Leben als geachteter Kaufmann.

Als er krank wird, versucht Buddha seine Anhänger zu ihm zu schicken, um ihn am Krankenbett zu besuchen. Aber einer nach dem Anderen lehnt ab. Sie erachten sich nicht als würdig, Vimalakirti zu besuchen, denn der ist weitaus größer als sie selbst. Anders als die anderen Schüler Buddhas kann er sich im ganz gewöhnlichen und tätigen Alltag verwirklichen, während die Schüler Buddhas dazu den Rückzug in die Hauslosigkeit brauchen.

144

Das Vimalakirti-Sutra wurde in Japan schon sehr früh hoch geschätzt. Sogar Prinz Shōtoku Taishi soll bereits einen Kommentar dazu verfasst haben.

Die kleine Hütte Vimalakirtis wird auch zum Ideal eines Teeraumes. Sen no Rikyū sagt im Namboroku, den Aufzeichnungen des Mönches Nambo:

> Cha-no-yu im kleinen Raum ist vor allem eine Verwirklichung des Dō im Geist des Buddha-Gesetzes Buppō 仏法. Sich an der großartigen Konstruktion eines Hauses und an dem Geschmack erlesener Speisen zu freuen, ist eine sehr weltliche Angelegenheit. Uns genügt ein Haus, durch dessen Dach es nicht regnet, und ein Mahl, bei dem gerade der Hunger gestillt ist. Das entspricht der Lehre Buddhas und dem wahren Geist der Teekunst.

Der _kleine Raum ist ein kusa no kozashiki 草の小座敷, wörtlich ein ‚Gras kleiner (mit Tatami) ausgelegter Sitz', ein mit Tatami ausgelegter Raum im Grasstil.

Der Priester und Dichter Kamo no Chōmei[1] hatte sich in den Wirren der Genpei-Kriege nach dem Vorbild Vimalakirtis in eine winzige Hütte zurückgezogen, um sich dort seinen religiösen Übungen und der Kunst der Musik und der Literatur zu widmen. In seiner Schrift Hōjōki – etwa: ‚Aufzeichnungen aus den zehn Fuß im Quadrat (meiner Hütte)' schildert er diesen Rückzug.

Das kleine Buch ist vollkommen im damals neuen rein japanischen Stil geschrieben. Es hat nicht nur die japanische Literatur tiefgreifend geprägt, sondern hat auch als Vorbild für die Teehütten im Grasstil gedient.

Chōmei stammt aus der alten und einflussreichen Sippe der Kamo, die in der Religion und Kultur der alten Kaiserstadt eine herausragende Rolle gespielt hat. Es gibt zwei Shinto Kamo-Schreine: den weit nördlich am Stadtrand liegenden oberen Kamo-Schrein, den Kamigamo Jinja und den weiter südlich liegenden, unteren Schrein, dem Shimogamo Jinja. Beide liegen am Kamo-Fluss, der aus den Bergen kommend die Stadt durch-

---

[1] Kamo no Chōmei (鴨 長明, 1153 or 1155-1216).

zieht und der nach der Kamo Sippe genannt ist. Sie gehören zu den wichtigsten Schreinen in der alten Kaiserstadt und gehören zum Weltkulturerbe. Die beiden Schreine liegen mitten in Wäldern und einer wunderbaren Natur. Zu diesen beiden Hauptschreinen gibt es noch ein paar kleinere Schreine, die von den Priestern der beiden Hauptschreine betreut werden. Die beiden Kamo-Schreine haben schon existiert, lange bevor die Kaiserstadt Kyōto gegründet wurde.

An einem Frühsommerabend habe ich einmal ein unvergessliches Erlebnis einer Shintozeremonie an einem der Nebenschreine des Shimogamo Jinja gehabt. Nach dem Unterricht der Teezeremonie in der Urasenke besuchten wir den Ota-Schrein ganz im Norden Kyōtos. Der winzige Ota-Jinja, wörtlich der Schrein des großen Feldes, liegt am Rand der nördlichen Hügel, direkt an einem kleinen See. Im Wasser des Sees blühten Iris so dicht aneinander, dass kein Wasser mehr zu sehen war. Aber die gesamte Fläche des Sees war blau von Iris. Es war, als würden die Iris ein Bild des kleinen Sees in einem leuchtenden Blau malen. Wir hatten eine kleine Geldspende in einem Umschlag abgegeben und mit unseren Namen versehen. Die Miko-Sama, die ‚Schamanin' war eine einfache Bäurin. Ich habe sie bei einer anderen Gelegenheit getroffen. Sie war eine freundliche, ganz schlichte Person.

An diesem Sommerabend aber kam sie würdevoll in dem Ritualgewand gekleidet zum Schrein. Die Dämmerung brach herein und es war still bis auf das laute Quaken der Frösche. Die Priester schlugen die Trommel und nach dem schrillen Klang der Flöten meldeten sie den Kami, den Göttern des Schreines, unsere Namen mit einem kehligen Gesang, der aus den Tiefen

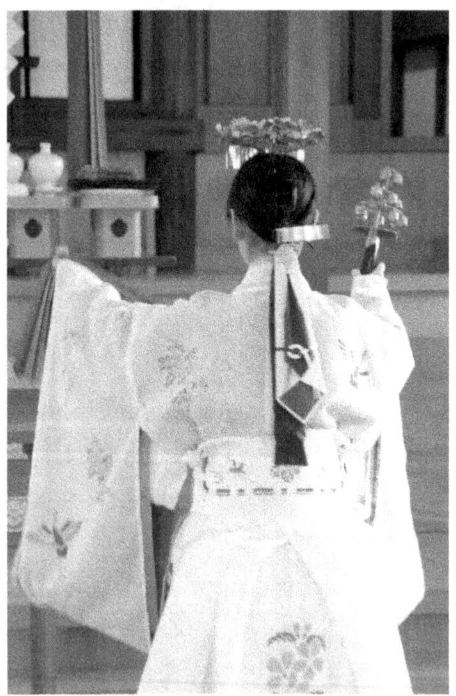

Abb. 29 Miko-Sama mit Suzu

des Bauches heraus klang. Die Schamanin, die Miko-Sama" 巫女様, die ‚ehrwürdige weibliche Schamanin, stand auf einem runden Bambuskissen, drehte sich ganz langsam im Kreis, indem sie die Füße auf der Stelle stehend je um neunzig Grad drehte. Sie durfte bei ihrem Tanz das Kissen nicht verlassen, weil sie in diesem Augenblick als ein Kami galt, die mit den Füßen den blanken Boden nicht berühren darf. Mit jedem Schritt ließ sie die Suzu (鈴), die Glöckchen, die an einem runden Stab befestigt sind, klingen.

Eine Suzu besteht aus mehreren kleinen Metallglocken, die an einem Holzgriff oder an einer Stange befestigt sind. Die Glocken selbst können unterschiedlich groß sein und sind oft kunstvoll verziert.

Die Miko schüttelt die Suzu während religiöser Rituale und Tänze, um den Klang der Glocken zu erzeugen. Der Klang der Suzu wird als heilig betrachtet und soll die Anwesenheit von Kami (Göttern oder Geistern) anziehen und die Umgebung reinigen.

Der Klang der Suzu soll böse Geister vertreiben und positive Energie sowie die Anwesenheit der Götter fördern. Der Göttertanz der Miko, der Kagura 神楽, die göttliche Musik, war ganz schlicht. Die Miko drehte sich auf der Stelle im Kreis und ließ die Suzu in jeder Himmelsrichtung einmal klingen. Dann tönten wieder die Trommeln und Flöten der Priester und die Miko tanzte ein weiteres Mal. Zum Abschluss segnete sie uns, indem sie über unseren Köpfen die Suzu schüttelte. Es war einer der ergreifendsten und unvergesslichsten Augenblicke in meinem Leben.

Kamo no Chōmei war der Sohn eines Shintō-Priesters des unteren Kamo-Schreines. Der siebenjährige Chōmei erhielt den vierten Hofrang und war damit eine wichtige Person in der Hirarchie des Schreines. Er studierte die Musik und die Dichtung, bis er in den Wirren der Genpei-Kriege sein Amt verlor. Wie viele seiner Zeitgenossen, die in den Wirren ihre Hofämter verloren, zog er sich in die ländliche Gegend des Dorfes Ohara nördlich der Hauptstadt zurück. Dort lebten viele der Adligen im Kreise ihrer Familien, indem sie sich den Übungen der Musik und der Dichtung als religiöse Übung hingaben. So konnten sie sich in meditativen Künsten üben, ohne dass sie das entbehrungsreiche Leben eines

Mönches im Kloster führen mussten.

Seit dieser Zeit gelten Kunstwege auch als Wege der buddhistischen Übungen.

Aber Chōmei hielt es nicht lange in Ohara. Er verließ das Dorf und baute sich nach dem Vorbild des Vimalakirti eine winzige Hütte in den Bergen. Seine Aufzeichnungen aus den ‚vier Fuß im Quadrat‘ seiner Hütte beginnt mit einer ergreifenden Klage über die Vergänglichkeit aller Ding.

Der Strom des dahinziehenden Flusses nimmt kein Ende, und doch ist es nicht das ursprüngliche Wasser. Die Schaumblasen, die auf dem seichten Wasser schwimmen, vergehen und bilden sich neu, und es gibt kein Beispiel, dass sie für längere Zeit bleiben. Geradeso verhält es sich mit den Menschen und ihren Behausungen auf dieser Welt.

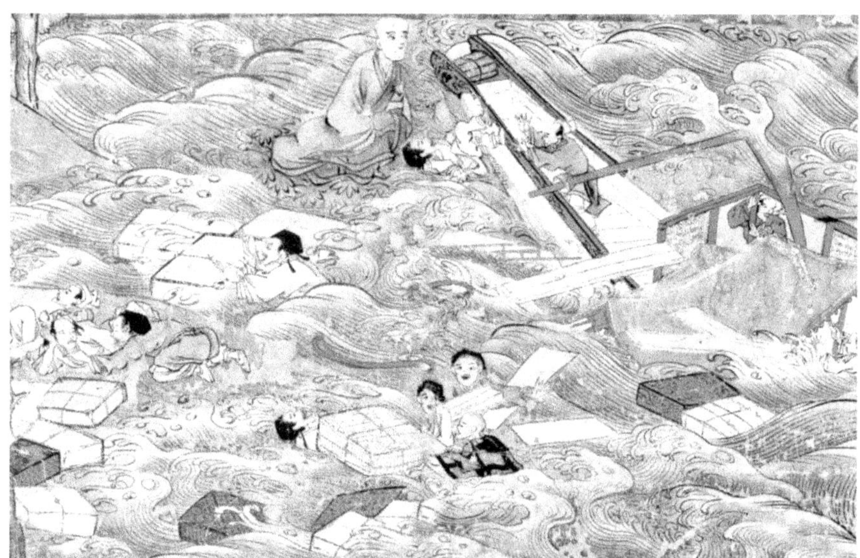

Abb. 30 Taifun

.... Am Morgen stirbt der eine, am Abend wird der andere geboren. Dieses Schicksal ist den Schaumblasen auf dem Wasser fürwahr gleich. Man weiß nicht, woher sie kommen, wohin sie gehen, die Menschen, die geboren werden und sterben. Und man weiß nicht, um wessen willen sie ihr Herz quälen, weshalb sie ihr Auge sich erfreuen lassen bei ihrem flüchtigen Aufent-

148

halt. Herr und Behausung wetteifern in der Vergänglichkeit nicht anders wie Morgenwinde und Tau.

Einmal fällt der Tau zu Boden und die Blüte bleibt. Selbst wenn ich sage, sie bleibt, so vertrocknet sie doch in der Morgensonne. Einmal verwelkt die Blüte und der Tau zergeht nicht. Selbst wenn ich sage, er vergeht nicht, so kommt es doch nicht vor, dass er den Abend erwartet.

Chōmei ist ein Meister, der mit einfachsten Worten tiefe Empfindungen hervorrufen kann. ,Am Morgen stirbt der Eine, am Abend wird ein Anderer geboren'.

Spontan würde man erwarten, dass jemand am Morgen, dem Beginn des Tages geboren wird und am Abend das Leben endet. Aber in einer rhetorischen Umkehrung lässt Chōmei am Morgen das Leben enden und am Abend beginnen. Alles ist wie der Tau auf den Blüten, der sich in der Nacht niederlässt und mit den ersten Sonnenstrahlen wieder schwindet.

Wir meinen immer, dass die Behausungen der Menschen länger leben, als die Menschen selber. Aber in Kriegswirren und Naturkatastrophen hatte Chōmei erlebt, wie die Behausungen der Hauptstadt immer wieder zerstört wurden. Er schildert, wie die Häuser und Villen in der Hauptstadt Kyōto, oder wie sie damals hieß Heian kyo, Hauptstadt des himmlischen Friedens, durch Naturkatastrophen, Brände und Orkane immer wieder zerstört wurden.

Während der Sturm drei, vier Gassen durchtobte, gab es unter den in seiner Reichweite liegenden Häusern, großen wie kleinen gleicherweise, keines, das nicht zerbarst. Manche waren ganz flach zusammengestürzt, bei anderen waren nur Pfosten und Balken übriggeblieben. Der Sturm trug Tore davon und setzte sie vier, fünf Gassen weiter ab, oder er fegte Zäune hinweg und vereinigte sie mit dem Nachbarzaun. Man könnte sagen, die Habe aus den Häusern befand sich ganz und gar in der Luft; Dachbedeckungen - Zypressenrinde und Bretter - wurden vom Wind herumgewirbelt wie Laub im Winter. Da es den Staub wie Rauch in die Höhe getrieben hatte, vermochten die Augen nicht zu sehen, und da es furchtbar heulte und dröhnte, waren Stimmen, die Worte sprachen, nicht zu vernehmen. Ich denke, wäre es der Höllenwind der Vergeltung, genau so müsste er sein! Nicht nur Häuser wurden beschädigt und zerstört, auch die Zahl der Menschen kenne ich nicht, die beim Ausbessern Schaden nahmen und zu Krüppeln wurden.

Kamo no Chōmei zog sich nach all den Erfahrungen der Vergänglichkeit weiter zurück und baute sich eine kleine, vielleicht letzte Behausung in Anlehnung an die Hütte Vimalakirtis.

Hier nun kam es so weit, daß der Tau der sechzig Lebensjahre sich anschickte dahinzuschwinden und wieder baute ich eine Hütte, die letzte. Es ist gleichsam, als baute ich die Unterkunft eines Wanderers für die Nacht, als beschäftigte ich mich mit dem einer zu alt gewordenen Seidenraupe.

......Wie man so sagt - das Alter wird von Jahr zu Jahr größer, die Behausung wird von Mal zu Mal enger.

Seine letzte Behausung ist nur wie die Unterkunft für eine Nacht, also nicht für die Ewigkeit gebaut. Es genügt, wie Rikyū sagt, ein Haus, durch dessen Dach es nicht regnet, und ein Mahl, bei dem gerade der Hunger gestillt ist. Aber diese enge und flüchtig gebaute Hütte ist wie der Kokon einer zu alt gewordenen Seidenraupe.

Die Seidenraupe spinnt sich, wenn sie alt genug geworden ist, in den Kokon ein, um sich dort im Verborgenen in einen Schmetterling zu verwandeln. Auch Vimalakirti hatte sich in seiner Hütte verwandelt und war als Erwachter zurückgekommen in sein alltägliches Leben. Die Verwandlung der Seidenraupe ist keine Wandlung hin zu einer überweltlichen oder geistigen Welt. Es ist die Verwandlung in den Alltag, der aber nun völlig verändert erfahren wird. Es ist wie in der Geschichte vom Ochsen und seinem Hirten. Nach einem langen Weg der Suche nach dem Ochsen, seinem Selbst, kommt der Hirt nach Hause. Aber dort entdeckt er, dass die Blumen blühen in wirrer Schönheit und dass der Fluss fließt, wie schon immer. Aber in der Suche nach dem Selbst, das er immer überwärts vermutet hatte, hat er einfach die Dinge direkt zu seinen Füßen überhaupt nicht wahrgenommen. Nun, am Ende des Weges angekommen, ist wie vorher. Eine Teelehrerin hatte einmal über die Ochsenbilder gesprochen und gesagt: „Am Ende des Weges stelle ich fest, dass ich derselbe Idiot bin wie schon immer. Aber es macht mir nichts mehr aus!"

Die Hütte Vimalakirtis und der kleine Teeraum im Grasstil sind wie der Kokon einer Seidenraupe. Es ist wie das westliche Paradies Amidas, das man im Alter erreicht. Aber es geht nicht darum, dort für immer zu bleiben. Die Hütte ist nur ein Unterschlupf für die Nacht. Am nächsten Tag, nach der Verwandlung, kehrt man zurück in den Alltag.

Die Hütte ist klein. Das Flächenmaß betragt genau ein Hōjō 方丈. Darum heißt die Schrift Kamos auch Hōjō-ki, Aufzeichnungen aus den Hōjō, den 10 Fuß im Quadrat. Die zehn Fuß entsprechen genau der Grundfläche eines Standard-Teeraumes, der mit viereinhalb Tatami ausgelegt ist. Eine Tatami mit ziemlich genau fünfundneunzig cm in der Breite und einhundertneunzig cm in der Länge. Die Hōjō sind demnach 2,85 m mal 2,85 m, also etwa 8 Quadratmeter.

Aber Hōjō ist nicht einfach nur ein Flächenmaß. Es ist ein mythischer Ort aus der chinesischen Mythologie. Die Insel Fāngzhàng 方丈, die in der japanischen Sprache Hōjō heißt, ist eine legendäre Insel. Sie ist eine der ‚drei Heiligen Inseln‘ (Sānshénshān 三神山) oder ‚drei Inseln der Unsterblichen‘ (Sānxiāndǎo 三仙岛), die im mythischen Ostmeer liegen sollen, also genau dort, wo für die Chinesen Japan zu finden ist. Aber die Inseln sind nur sehr schwer zu finden, weil sie ständig den Ort wechseln und man niemals weiß, wo sie gerade sind sind. Eigentlich sind sie nicht im Außen, man muss vielmehr in seinem Herzen suchen. Dort kann man die heiligen Orte der Inseln finden. Aber dazu muss man zuvor die Suche aufgeben.

Die bekannteste der drei Inseln ist Pénglái 蓬莱. die in Japan Hōrai-San heißt. Der Horai-San ist der Götterberg im Nordosten. Dort leben die sieben unsterblichen Glücksgötter, die nach japanischer Auffassung ihre Gaben auf einem Schatzschiff zu den Menschen senden.

Yíngzhōu 瀛洲 ist eine weitere der heiligen Inseln, ebenfalls ein Wohnort der Unsterblichen. Die dritte Insel ist dann die Fāngzhàng oder Hōjō 方丈. Sie misst genau fünftausend Meilen im Quadrat. Alle Götter müssen einmal auf diese Insel zurückkehren, auf der es Bäume aus Lapislazuli und Paläste aus Jade gibt, um dort ihre „Uranfangs-Lebensurkunde" zu empfangen.

Hōjō ist der Urgrund und Anfang des eigentlichen Lebens. Die

Ursprungs-Lebensanfangs Insel spiegelt sich im Herzen der Menschen und ist dort genau zehn Fuß im Quadrat.

Im I Ging, dem Buch der Wandlungen gibt es den Begriff des Tien shien. Richard Wilhelm hat Tien shien als ‚früher Himmel' übersetzt aber es ist wörtlich das ‚Himmel-Herz'. Es ist der Zustand der Welt, bevor die zehntausend Dinge die ursprüngliche Ordnung aus dem Gleichgewicht bringen können. Kehrt der Mensch in den Ursprung, das ‚Herz des Himmels zurück, so spiegelt sich dieses Himmelsherz in seinem Herzen, und alles ordnet sich wieder wie zum unschuldigen Anfang der Welt.

Das Hō-Jō ist der Ort der Rückkehr in den Ursprung, in dem der Mensch verwandelt und ursprünglich geworden, wieder in das eigentliche Leben zurückkehren kann. In den Zenklöstern bezeichnet man die Abtwohnung als Hōjō. Hier empfängt der Rōshi seine Gäste, um sie wieder an den Ort ihres Ursprunges zurück zu geleiten.

Kamo no Chōmei hatte sich seine zehn Fuß im Quadrat Hütte nicht nur als Unterschlupf gebaut. Sie ist der Ort der Rückkehr in den Ursprung. Aber um wieder in den Ursprungsort zurückkehren zu können, bedarf es für den Menschen erheblicher Anstrengungen. Es ist keine Regression in ein unentwickeltes Stadium, es ist wie die Rückkehr der mythischen Karpfen, die sich zurückgekehrt in den Ursprung im Quellgebiet des Gelben Flusses in Drachen verwandeln.[1]

Kamo no Chōmei beschreibt seine Hütte genauer:

> Der Zustand meines Hauses gleicht nicht dem Alltäglichen. In der Breite sind es gerade zehn Fuß in der Höhe kaum sieben.
>
> ....
>
> Nun, nachdem ich tief hinten auf dem Hino-Berg meine Spur verborgen hatte, steckte ich im Osten ein Vordach von mehr als drei Fuß ab und machte es zur Vorrichtung, wo ich das Reisig breche und verbrenne. Im Süden habe ich ein Rost aus Bambus hingebreitet, im Westen machte ich mir einen Sims für Opferwasser, gegen Norden zu, abgetrennt durch einen Wandschirm, habe ich ein Bild des Amida aufgestellt, daneben habe ich

---

[1] ausführlich dazu mein Buch: Heilige Drachen Bd. 1.

‚FUGEN' hingeschrieben, und davor habe ich das Lotos-Sutra hingelegt .... an der Seite stellte ich eine Kōto und eine Biwa hin.

Alles an der Hütte folgt einem natürlichen Plan. Im Süden, in Richtung der Sonne und der Wärme gibt es eine Veranda. Im schattigen Norden sammelt er Wasser für Opferungen und Reinigungen. Das entspricht genau der Ordnung des Fengshui 風水, der Ordnung von ‚Wind und Wasser', nach der im alten China die Wohnorte der Menschen im Einklang mit der Natur und den Elementen errichtet wurden. Auch der Teeraum mit seinen viereinhalb Matten entspricht genau dieser natürlichen Ordnung.

Gegen Norden zu, abgetrennt durch einen Wandschirm, hat Kamo no Chōmei in einer so entstandenen Nische ein Bild Amida Buddhas aufgehängt, daneben eine Schrift mit dem Namen Fugen, dem Boddhisattva der alle Wesen erretten will.

Amida ist der Buddha, der alle Wesen abholt ins westliche Paradies, ins ‚Reine Land'. Die Landschaft um die Hütte herum erinnert Chōmei immer wieder an das Reine Land Buddhas. Die Landschaft ist eine geistige Landschaft. Jede der vier Jahreszeiten zeigt ihm auf besondere Weise die Lehren des Buddhismus.

> Zum Westen öffnet sich das Tal jedoch in eine Lichtung. Es bietet die Gelegenheit zur Kontemplation über das Reine Land im Westen, Amidas Paradies.

> Im Frühjahr blicke ich auf Wogen von Glyzinien. Violetten Wolken gleich erstrahlen sie im Westen. Im Sommer lausche ich dem Ruf des Kuckucks, der mir verspricht, mich auf der Straße des Todes zu leiten. Im Herbst füllen die Stimmen der Zikaden mein Ohr. Sie scheinen die leere Hülle dieser Welt zu beklagen. Im Winter betrachte ich voller Mitgefühl den Schnee; wie er sich anhäuft und dahin schmilzt, lässt er sich wohl vergleichen mit den Vergehen, die der Mensch begeht und die durch Buße wieder schwinden. Im Frühjahr, wenn die Glyzinienblüten die Berge überziehen, ist es, als würde Amida-Buddha selbst kommen.

Wenn Amida erscheint, um die Menschen in das westliche Paradies des Reinen Landes abzuholen, erfüllen violette Wolken den Himmel. Er kommt auf dieser Wolke, um den Einsiedler oder den Sterbenden heimzuholen in das Reine Land. Die Berge und Wälder rund um Kamo no Chōmeis Hütte erblühen im Violett der Glyzinen und lassen das Land aussehen, als würde es in violetten Wolken Amidas schweben. Für Kamo wird seine Bergeinsiedelei selbst zum reinen Land des Amida.

Auch die kleine Hütte ist ein Teil des reinen Landes. Neben dem Bild Amidas steht – vermutlich in Tusche geschrieben – der Name des Fugen Bōsatsu. Der Fugen Bōsatsu, der Boddhisattva Fugen reitet auf einem weißen Elefanten. Er ist oft zusammen mit Manjushri, dem Boddhisattva der Weisheit als Begleiter des historischen Shakyamuni Buddha dargestellt. Er steht oft für die Praxis der Übungen und für das Gelübde, alle Wesen zu erlösen. Davor hat er das Buch des Lotos-Sutra gelegt, das von der Erlösung aller Wesen spricht.

Diese abgetrennte Nische in der Nordostecke seiner Hütte entspricht der späteren Tokonoma, der Schmucknische, die wesentlich zu jedem späteren Teeraum gehört. Die Schrift mit dem Namen des Fugen Bosatsu hängt damit in der Ecke des Raumes, von der her die schlechten Einflüsse wie die kalten Winterwinde kommen. Fugen schützt damit diese Richtung, aus der die schlechten Einflüsse kommen. Damit ist die kleine Hütte bereits ein Vorläufer der späteren Teeräume.

Aber in der Nische befinden sich nicht nur religiöse Bilder und Werke. An der Seite steht auch die Koto, die Bodenzither und Werke über Musik und Poesie. Damit werden die Übungen der Musik und der Dichtkunst zu einer religiösen Übung und Meditation erhoben.

> Am Morgen, wenn die Spanne des Daseins so kurzlebig erscheint wie die Wellenspur eines Bootes, schaue ich gen Oka-noya auf das Kommen und Gehen der Kähne und lasse mich von diesem poetischen Bild des Mönchs Mansei zu eigenen Gedichten inspirieren. An Abenden, wenn der Wind die Blätter des Katsura-Baumes zum Singen bringt, erinnere ich mich der Geschichte vom Fluß Xinyang, wo einst Po Chü-i sein Lauten lied schrieb, und spiele meine Biwa im Stile der Katsura Schule ... Wenn ich noch Muße habe, stimme ich meine Koto nach dem Klang der Kiefernnadeln ... oder zupfe zum Tönen des

Wassers auf meiner Biwa die „Melodie des fließenden Quell“. Zwar ist mein Spiel eher ungeschickt, doch ich musiziere nicht, um andere zu unterhalten. Ich spiele allein, ich singe allein, und dies dient lediglich der Erquickung meines eigenen Herzens.

Kamo no Chōmei kennt die chinesischen Klassiker, aber er spielt nicht mehr nach den rein klassischen Stücken, sondern er lässt sich unmittelbar von der ihn umgebenden Natur inspirieren. Er spielt auch nicht mehr für andere, sondern nur noch zur Erquickung seines Herzens.

Früher, in seiner Jugend war er berühmt für das virtuose Spiel auf seiner Biwa, der japanischen Laute, aber nun ist sein Spiel, wie er schreibt, eher ungeschickt. Das bedeutet nicht, dass er etwa im Alter verlernt hat, gut und interessant zu spielen. Vielmehr ist sein Speil kühl und verwelkt geworden. So war auch die Teezeremonie meines Lehrers Kawasaki völlig schlicht und unscheinbar geworden.[1]
Sie sind geworden, wie die einer einer einfachen alten Frau, die niemals lesen und schreiben gelernt hat, die aber tief in ihrem Herzen das Reine Land Buddhas verwirklicht hat. So heißt es in einem Blatt, das als Testament Rikyūs bekannt ist und das nach dem Vorbild eines Testamentes von Hōnen geschrieben wurde. Wer in das reine Land einkehrt, wird schlicht wie die unbelesene alte Frau. Aber das ist erst möglich, wenn man den Weg der Übung streng und unermüdlich bis zum Ende gegangen ist.

Kamos Hütte wurde zum Vorbild für die schlichten Teehäuser im Grasstil. Aber sein völliger Rückzug aus der geschäftigen Welt fand unter den Teeleuten keinen Anklang. In der Blütezeit des Chanoyu waren es vorzugsweise Kaufleute, die sich mit dem Tee befassten. Die großen Teemeister Takeno Jōo und Sen no Rikyū waren Kaufleute und Teemeister. Aber sie lebten mitten in der geschäftigen Welt. Takeno Jōō war ein reicher Kaufmann und Rikyū hatte eine wichtige Funktion am Hofe des Herrschers Hideyoshi. Er war sogar, wenn Hideyoshi abwesend war, der Oberbefehlshaber der wichtigen Burg Hideyoshis in Osaka.

Schon Murata Sōshu, der Schüler und Adoptivsohn von Murata Jukō war berühmt für sein Teehaus in Grasstil mitten in der Hauptstadt. Sein Teehaus lag in Shimo-kyo, dem ‚unteren Kyōto‘. Der Grasstil des bürger-

---

[1] Vergl. unten S. 38. Über Riky’us ‚Testament siehe Band 2.

lichen Shimo-kyo steht sicher im Gegensatz zum formalen und aufwändigen Teestil und der Kultur des Kinkakuji, die eine eigene Stilepochen geprägt hatte.

Die späteren Teeschulen der Urasenke und der Omotosenke lagen in Kami-kyō, dem oberen Kyōto, weit ab vom Stadtzentrum, dort wie es gute Brunnen mit sauberem Wasser gab.

Sōshu errichtete in seinem Anwesen oberhalb der Vierten Straße, der Shijō-dōri 四条通り dem lebendigen Zentrum der Stadt sein Teehaus Goshō-An 午松庵.

Go 午 ist ein Pferd oder das chinesische Tierkreiszeichen für Pferd oder Mittag. Es kann auch Süden bedeuten. Die Teehütte hat diesen Namen vielleicht, weil sie im Süden der Stadt in Richtung Mittag, also in der Mitte der Stadt lag. Charakteristisch war wohl eine hohe Kiefer, die am Eingang zum Teehaus stand. Ein ein ‚Meister des Renga-Singens' 迎歌師 beschreibt Sōshus Hütte in seinem Tagebuch:

> Shimokyō cha bezeichnet man heute den Tee, der in Viereinhalb- oder Sechsmattenräumen veranstaltet wird. An Sōshus Hütte gibt es am Eingang eine große Kiefer und eine Zeder. Innerhalb der Einfriedung ist alles sauber gefegt. In die dunkle Farbe der Efeublätter mischten sich vier oder fünf bunte Blätter des Momiji, des Herbstlaubes, die der Herbstwind am Morgen zu Boden geweht hatte.

> Kesa ya yo no   Heute morgen aufgesammelt
> arashi wo hirou   vom nächtlichen Herbstwind verwehte
> hatsu-momiji   erste Momiji (erster roter Ahorn)

In Sōshus Hütte versammelten sich offenbar Renga-Poeten, Nō-Schauspieler, Sänger und Künstler, aber auch Hofadlige zum Tee. Der hofadlige Washinoo Takayasu schrieb über seinen Besuch im Jahr 1532:

> Sōshus Teeklause habe ich besucht, von der man ganz den Eindruck des Anblickes einer Bergeinsiedelei Sankyo no tei 山居の体[1] hat, die wahrhaft als verborgener Winkel inmitten der Stadt Shichū no Kakure 市中の隠れ zu bezeichnen ist und die derzeit das Idealbild des suki, der Teekunst ist.

---

[1] 山 (San): „Berg". 居 (Kyo): „Wohnen" oder „Leben". 体 (Tei): „Zustand" oder „Form"

Sankyo no tai 山居の体, das ‚Leben in den Bergen' ist die Form der Einsiedelei, die Kamo noch Chōmei in seiner Hütte verwirklichte. Es ist in Japan eine Idealform des Lebens in der Stille der Berge im Einklang mit der Natur. Aber dazu muss man sein Leben in der Stadt aufgeben und in die Einsamkeit der Berge ziehen. Das neue Ideal dagegen, das in der Teehütte des Sōshu verwirklicht wurde, ist das Leben in einem verborgenen Winkel mitten in der Stadt, das Shichū no Kakure 市中の隠れ. Shi-Chu 市中 heißt ‚mitten in der Stadt'. Aber man lebt dort nicht mitten im lauten Trubel und der Hektik, sondern in einem verborgenen Winkel, der so gestaltet ist, dass er den Eindruck einer Bergeinsiedelei vermittelt, auch wenn dieser verborgene Winkel kaum ein paar Schritte vom lauten Trubel entfernt ist.

Dieses Ideal wird heute noch in der alten Kaiserstadt gelebt, selbst wenn der verborgene Winkel winzig ist. Wenn ich nach Kyōto reise, komme ich auf dem Weg vom Hauptbahnhof zu meinem Ryokan an mehreren Häusern vorbei, die über einen winzigen Eingangsbereich verfügen. Dort steht ein Wasserbecken, daneben ein kleiner Farn an Felsen. Direkt daneben steht der PKW. Aber bevor man das Haus durch diese Garage betritt, erweckt die kleine Szene am Eingang den Eindruck einer Berghütte. Man muss sich lediglich den PKW wegdenken.
In der Teramachi, der belebten Handelsstraße im Zentrum ziehen sich südlich von der Shijō, der Vierten Straße, die Computer- und Elektrogeschäfte hin. Weiter im Süden wird die Straße wieder ruhiger und plötzlich steht da ein altes Haus aus der frühen Edozeit, ein Relikt aus längst vergangene Zeiten. In diesem Haus ist ein Geschäft für Teegeräte und Zubehör für Chanoyu. Der Laden war bei meinem ersten Besuch vollgestopft mit uralten Teegeräten, die ich für ganz wenig Geld von dem alten Ehepaar, den Besitzern des Ladens erstanden habe. Bei einem späteren Besuch war niemand im Laden, aber nach kurzer Zeit kam die junge Besitzerin, die mit ihrem Mann den Laden von den Eltern übernommen hatte, in einem schlichten Tee-Kimono in den Laden. Sie entschuldigte sich, dass sie nicht sofort gekommen war, aber sie und ihr Mann hatten hinten am Haus im Garten des Innenhofes in ihrem Teehaus Gäste zur Teezeremonie. Niemand würde mitten in der Geschäftsstraße verborgen hinter dem Haus einen Teegarten mit einer Teehütte vermuten! Die

junge Frau bediente uns, während ihr Mann die Gäste weiter in der Teehütte bewirtete. Das ist Chanoyu mitten in der Stadt!

Diese Form der Naturverbundenheit und des Ideals eines Lebens in der Stille der Berge mitten in der Stadt hat das alltägliche Leben der Japaner bis heute geprägt.

12. Viereinhalb Matten – eine Welt

Kamos Hütte scheint, so schlicht sie auch wirkt, genau nach den Regeln des chinesischen Feng Shui errichtet zu sein. Das Wort ‚Feng Shui 風水 setzt sich aus zwei chinesischen Schriftzeichen zusammen: Feng 風 (japanisch Fu) bedeutet Wind und shui 水 (japanisch Mizu) bedeutet Wasser. Zusammen symbolisieren diese beiden Elemente die grundlegenden natürlichen Kräfte und Energien, die durch die Umwelt fließen und das Leben beeinflussen. Die Philosophie des Feng Shui basiert auf der Idee, dass der Wind das Qi, die Lebensenergie, trägt und das Wasser sie hält, wodurch die Balance und Harmonie in der Umgebung und im Leben der Menschen erreicht werden kann.

Aber vielleicht ist der Raum Kamos ebenso wie die späteren Teeräume mit viereinhalb Tatami noch nicht exakt nach den ausführlichen chinesischen Regeln des Feng Shui eingerichtet. Aber der Raum mit der Größe von zehn Fuß im Quadrat dürfte genau nach der Philosophie des I Ging gestaltet sein.

Man könnte argumentieren, dass es in den klassischen Teeschriften keinen direkten Hinweis auf die Beachtung des I Ging im Chanoyu gibt. Aber vermutlich wurde das I Ging als Geheimwissen behandelt, und niemals außerhalb von geschlossenen Zirkeln weitergegeben.

Am kaiserlichen Hof gab es das Amt des Onmyōji 陰陽師, das von Spezialisten für Onmyōdō, dem ‚Weg des Yin und Yang‘, ausgeführt wurde. Die japanische Aussprache von Yin und Yang 陰陽 ist On und Myō. Diese Experten des Onmyōji waren für verschiedene Praktiken verantwortlich, darunter Divination, Astrologie und Geomantie. Sie waren hochspezialisierte Experten, die ihr geheimes Wissen innerhalb ihrer Familien weitergaben. Am Hofe des Tennō, besonders in der Heian-Zeit, gab es kaum ein Ereignis, bei dem nicht die Onmyōji die Regeln festgelegt hatten. Sie bestimmten das glückliche Datum für ein Ereignis, legten die Richtungen fest, in denen Prozessionen stattfanden und regelten sogar die Farben der Kleidung der einzelnen Hofränge und ihre Standplätze bei kaiserlichen Audienzen.

Kamo no Yasunori 賀茂 保憲, der von 917 bis 977 lebte und zur Familie der Kamo gehörte, war ein berühmter Onmyōji. Auch ein Mitglied der Abe-Sippe, Abe no Seimei 安倍 晴明, der um das Jahr tausend lebte, war einer der berühmtesten Onmyōji.

Alle Onmyōji gehörten eng zur kaiserlichen Familie. Die Sippe der kaiserlichen Tsujimikado, die vom Tennō Tsujikikado abstammten, übten das Amt der Onmyōji bis zum Verbot während der Meji-Restauration in der Mitte des 19. Jahrhunderts aus. Aber nach 1945 wurde wieder eine neu organisierte Form der Onmyōji eingeführt, die bis heute besteht.

Prinz Genji weilte einmal bei einer Geliebten, als er dringend zu Dienstgeschäften in den Palast eilen musste. Unglücklicherweise war aber gerade an diesem Abend die Richtung zum Palast unglücklich. Dafür aber war die Richtung zu einer anderen Geliebte eher günstig. So dauerte es fast eine Woche, bis Genji eine günstig Richtung fand und endlich im Palast ankam. Er ließ auch immer durch die Beamten des Onmyoji das günstige Datum ermitteln, um die Haare der Dame Murasaki schneiden zu lassen.

Die Menschen der Heianzeit konnten so kaum einen Schritt tun, ohne zuvor die günstige Zeit für ein Vorhaben zu ermitteln. Im Zen gibt es als Reaktion darauf der Spruch Nichi nichi kore kōjitsu 日々是好日 – Tag für Tag ist guter Tag.

Selbstverständlich legten die Onmyoji auch die Lage und Strukturen der Gebäude und der einzelnen Räume nach den Regeln von Yin und Yang fest. Es mag sein, dass die gewöhnlichen Menschen Japans damals keine Kenntnisse dieser Praktiken hatten. Aber Japaner sind geübt im genauen Beobachten und Nachahmen dessen, was vermutlich besser informierte Menschen taten oder wie sie wohnten. So ist es nicht verwunderlich, dass die Teeräume, wie sie der Überlieferung nach zuerst im Ginkakuji des Ashikaga Yoshimasa errichtet wurden, nach den Regeln des Onmyōji gebaut sind.

12.1 Das I Ging im Teeraum

Grundlage der Philosophie des Raumes ist das I Ging.[1]

Ursprünglich wurde das I Ging, oder wie es in der modernen Lesung heißt, das Yijing, befragt, indem man Schildkrötenpanzer mit Hitze behandelte. Je nachdem, ob eine Linie des Panzers brach oder der Hitze standhielt, bekam man eine ganz bzw. eine gebrochene Linie, die später als Yin (gebrochen, dunkel) oder als Yang (stark, ungebrochen, hell) deutete. Drei senkrecht übereinander geordnete Linien ergeben ein Bild aus der Natur. Sie werden als die drei Bereiche der Erde, des Menschen und des Himmels gedeutet. Diese drei Ebenen finden sich beispielsweise noch in der Kunst des Blumensteckens.

Durch die Kombination von ganzen und gerochenen Linien sind acht Kombinationen möglich, die acht Bilder ergeben.

☰	Himmel	乾, qián	天, tiān	das Helle, der Vater
☱	See	兑, duì	澤, zé	das Heitere
☲	Feuer	離, lí	火, huǒ	das Leuchtende
☳	Donner	震, zhèn	雷, léi	das Erregende
☴	Wind	巽, xùn	風, fēng	das Eindringen
☵	Wasser	坎, kǎn	水, shuǐ	die Gefahr
☶	Berg	艮, gèn	山, shān	das Ruhende
☷	Erde	坤, kūn	地, dì	das Dunkle, die Mutter

Die Bilder geben wohl ursprünglich die Phasen des Mondes mit seinem aufsteigendem und absteigendem Licht wieder. Sie werden aber im Laufe der Zeit unterschiedlich gedeutet und können eine Vielzahl von Bedeutungen annehmen. Die gewöhnliche Deutung ist die oben Gegebene mit Bildern aus der Natur. In der konfuzianischen Deutung sind es Vater und Mutter und die verschiedenen Familienmitglieder wie ältester Sohn oder jüngste Tochter.

In der Deutung als Naturphänomene soll das Beispiel Feuer und

---

[1] Eine ausführliche Erläuterung des I Ging mit seinen Zeichen in meinem Buch ‚Heilige Drachen Bd. 1‘. Hier kann nur ein kurzer Überblick gegeben werden. Dieses Kapitel ist ein Vorgriff das Kapitel über den Shōgun Ashikaga Yoshimasa und seinen viereinhalb Tatami Teeraum.

Wasser dienen. Das Feuer ☲ Li hat außen zwei helle und innen eine dunkle Linie. Die dunkle Linie in der Mitte gibt die Materie, die brennt und so das Feuer nährt. Die beiden hellen Linien außen sind Licht oder Wärme. Feuer wärmt und leuchtet. Seine Himmelsrichtung ist der Süden, die Richtung auf die Sonne, jedenfalls auf der Nordhalbkugel. Auf der Südhalbkugel wäre seine Richtung der Norden. Betrachtet man eine Kerzenflamme, so sieht man, dass sie im Inneren dunkel ist und außen hell leuchtet. Das ist das Bild der drei Linien mit der dunklen Linie in der Mitte.

Feuer hängt an der Materie. Wird keine Substanz nachgefüllt, so verzehrt das Feuer seine Grundlage und erlischt. Ein Mensch, der ‚brennt‘, leuchtet nach außen und wird weit gesehen. Aber wenn er seine Substanz nicht nachfüllt, wird er bald ausgebrannt sein. So ist das Feuer nicht nur ein Bild aus der Natur, sondern gibt auch psychologische oder gesellschaftliche Deutungen.

Das Wasser ist das Gegenteil von Feuer. Seine Linien sind jeweils genau entgegengesetzt. Außen hat das Wasser weiche, dunkle Linien, innen eine starke, feste Linie. Wasser ist von außen gesehen das weiche Element, dass sich jeder Form anpasst. Es nimmt immer die Form des Gefäßes an. Aber im Kern ist das Wasser das starke Element, dass ganze Berge abtragen und Täler formen kann. Wenn das Wasser gefriert, wird es fest und brüchig. Aber in der weichen Form bietet es keinen Halt. Wasser ist der bodenlose Abgrund, der alles verschlingt. Es ist die Kälte und die Gefahr. Seine Richtung ist der Norden, aus dem die Kälte kommt. Anders als das Feuer, das hell und warm leuchtet, ist das Wasser kalt und dunkel. Es ist bescheiden und nimmt immer den tiefsten Platz ein. Wasser will niemals oben sein. Feuer dagegen strebt immer nach oben.

Der Berg ist aufgetürmte Erde. Über zwei dunklen Linien, die die Erde repräsentieren, liegt eine helle Linie. Der Berg ist aufgetürmte Erde, die weithin sichtbar ist. Das zeigt die oberste helle Linie. Wenn Feuer auf dem Berg brennt, so leuchtet es weithin sichtbar. Aber oben auf dem Berg gibt es kein Holz, nur dürres Gras. Darum muss das Feuer hin und her rennen auf der Suche nach Nahrung, die immer wieder verbrennt. Darum zeigt das Feuer auf dem Berg einen Menschen, der sich in seinem Ruhm sonnt, der sich aber in diesem Ruhm verzehrt und aufbraucht. Wenn er seine Substanz nicht nährt, wird er bald am Burnout leiden! Aber das ist die Kombination von zwei Trigrammen, die übereinandergestellt ein Hexagramm ergeben. Aber im Feng shui spielen eher nur die Trigramme eine wichtige Rolle.

Der Berg für sich allein genommen besteht aus zwei dunklen, erdhaften Linien, die von einer hellen Linie gekrönt wird. Das ist aufgehäuft Erde, die weithin zu sehen ist. Der Berg ist in sich ruhend. Er steht förmlich mit zwei Beinen fest auf der Erde. Nichts kann ihn erschüttern, Nichteinmal ein Erdbeben.

Der Donner ist genau das Gegenteil des Berges. Er zeigt unten eine helle Linie und darüber zwei dunkle, gebrochene Linien. Das ist das Bild des Lichtes oder der feurigen Lebenskraft, die im Frühjahr, wenn die Vegetation erwacht, wieder aus der dunklen Tiefe hervorbricht und nach oben steigt. Es ist ein Drache, der aus der Tiefe der Erde aufsteigt und letztlich bis zum Himmel fliegt. Der Donner ist das Erschüternde, das die Stille des Berges aufbricht.

Positiv gesehen ist der Berg der Ruhepol, die Vollendung des Lebens. Negativ ist es der Stillstand und das Erstarrte. Er kann aber auch als Bild eines Tores gedeutet werden, durch das Neues hervorkommt. Die Richtung des Berges ist der Nordosten, die Richtung auf den Hōraisan, den Götterberg, von dem aus die Glücksgötter ihre Gaben zu den Menschen senden.

Dann feiern die Menschen die Götter mit ihren Festen und schlagen die Trommeln. Das ist der Donner, der in der Reihenfolge der Zeichen direkt nach dem Berg kommt.

In der Tradition der Urasenke-Schule gibt es für bestimmte Zeremonien ein schwarzes Lacktablett, in das mit Perlmutt die acht Trigramme in der Reihenfolge des ‚späten Himmels‘ eingelegt sind. Die Zeichen beginnen unten links mit der Erde, gefolgt vom See, Himmel, Wasser ganz oben und dem Berg, dem Donner, dem Wind und dem Feuer im Süden.

Die Zeichen sind immer von innen nach außen zu lesen. Ganz im Westen der See hat also zwei feste Striche unten und einen weichen

Strich oben. ⚏

Der See ist ein flaches Wasser, oft auch als Sumpf gedeutet.

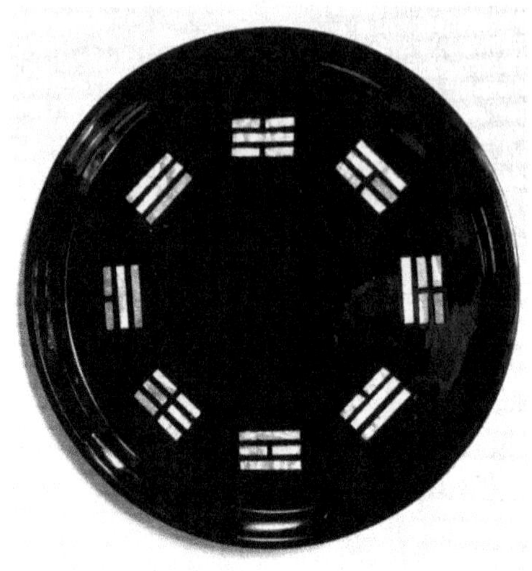

Abb. 31 Hakke-Bon

Es ist wie das Wasser, allerdings ist der unterste Strich nicht dunkel, sondern hell. Das flache, stille Wasser spiegelt den Himmel. Wenn man in Japan einen Teich im Garten anlegt, achtet man darauf, dass das Wasser nicht klar und durchsichtig, sondern dunkel und trüb ist. Dann spiegelt sich der Himmel im Wasser. Durch diese Spiegelung, die den Himmel oben reflektiert, sieht man beim Blick nach unten den gespiegelten Himmel oben. Darum ist die unterste Linie hell wir der gespiegelte Himmel.

In der Reihenfolge der Trigramme liegt der See oder das Heitere zwischen der Erde unten und dem Himmel oben. Der See ist ‚heiter‘, nicht weil er sich freut und lustig ist. Das Heitere ist wie der Himmel ohne Wolken, der heitere, aufgeräumte und klare Himmel. Damit ist der See, das Heitere, ein Spiegel, der den Himmel spiegelt. Wie wichtig diese Position des Heiteren ist, wird klar, wenn wir den Teeraum betrachten.

Ein Teeraum mit viereinhalb Tatami hat im äußeren Kreis acht halbe Tatami und eine halbe Tatami in der Mitte. Außerhalb dieses Achtecks liegt der Raum für die Bildnische, die Tokonoma.

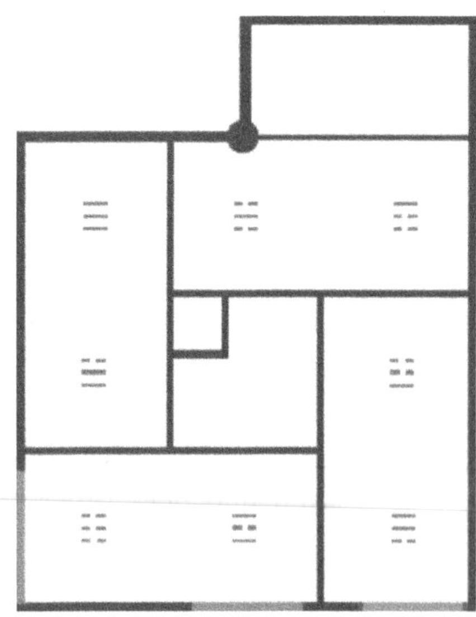

Abb. 32 I Ging im Teeraum

Man erkennt, dass das Heitere,

der spiegelnde See zwischen Himmel und Erde liegt. Das ist der Platz, den der Gastgeber während der Zeremonie einnimmt. Sein Geisteszustand sollte wie ein Spiegel sein, der den Himmel tief in sein Inneres einlässt und spiegelt.

Die Teegeräte stehen in der Position des Himmels. Es ist, als würde der Gastgeber den Tee aus dem Himmel herunterheben und auf die Erde bringen. Dazu muss sein Herz rein sein wie ein Spiegel, ohne auch nur ein einziges Staubkorn der negativen Emotion. Darum hält er auch in einer symbolträchtigen Haltung am Beginn der Zeremonie die Schöpfkelle wie einen Spiegel, der das Herz spiegelt.

Wenn das Herz rein und frei von Ängsten und Vorurteilen ist, dann spiegelt es die Wirklichkeit, so wie sie ist. Der Tee sollte mit reinem Herzen bereitet und serviert werden. Andererseits ist aber auch die Übung des Chanoyu eine Schulung des Herzens, die allmählich jeder Unreinheit verschwinden läßt.

Oben im Raum auf der nordöstlichen Ecke ist der Berg, der ruhig und gelassen sitzt. Das ist der Platz, den der erste Gast einnimmt. Es sollte sitzen, ruhig wie der Berg. In der Mitte des Raumes im Osten ist der Donner, das Erschütternde, Erfreuende. Der zweite Gast, der hier sitzt, überlässt sich der feierlichen Stimmung und gibt sie weiter an den dritten Gast auf der Position des Windes.

Der Wind ist das Sanfte, das Eindringende, der überall eindringt. Er weht unter dem Himmel und bringt den Götterwind vom Hōraisan. Weil der Wind das Eindringende ist, befindet sich genau hier die Eingangstür in den Teeraum für die Gäste. Ganz im Süden ist das Feuer. Genau hier ist ein Fenster, sowohl in der südlichen Wand als auch im Dach. Durch dieses Fenster kommt Licht in den Raum und man kann in den Herbstabenden durch das Fenster im Dach den vollen Herbstmond betrachten.

Unten links im Westen liegt die Erde, die Basis für alle Wesen. Das ist die Tatamihälfte, auf die der Gastgeber nutzt, wenn er sitzend die Tür zum Vorbereitungsraum öffnet oder schließt.

In der Folge der Trigramme fehlt nur noch das Wasser ganz im Norden. Wasser ist kalt und abgründig, es ist die Gefahr. Darum ist dieser Platz durch den Tokonoma-Pfosten geschützt, der Himmel und

Erde miteinander verbindet. Kamo no Chōmei hat in seiner Hütte an dieser Stelle ein Bild des Amida aufgehängt und weiter zum Schutz den Namen des Fugen Buddha geschrieben. Neben dem schützenden Tokonoma-Pfosten in der der Nische daneben wird gerne eine Kalligrafie mit Sprüchen der Zenmeister aufgehängt. Damit bildet die Nische den Ort der Begegnung mit den Göttlichen oder mit Buddha.

Der Raum ist nicht statisch. Bereits durch die Anordnung der Tatami entsteht das Gefühl, dass der Raum sich im Uhrzeigersinn ‚dreht‘. Wenn man die acht Trigramme des I Ging anschaut, dann sieht man, dass sie eine zeitliche Reihenfolge darstellen, die genau im Uhrzeigersinn dreht. Darum ist es so als würden die Glücksgötter auf dem Götterberg Hōraisan ihre Gaben vom Berg aus in südöstlicher Richtung senden. In der Natur ist es deshalb von Vorteil, wenn ein Wasser vom Berg im Nordosten bis in den Süden fließt, denn dort kann das Schatzschiff der Götter die Gaben zu den Menschen bringen.

Der erste Gast sitzt auf dem Platz direkt neben der Tokonoma. Er hat unmittelbaren Kontakt zum Heiligen und er gibt es in ruhiger Gelassenheit weiter an die anderen Gäste. So wandert oder fließt die himmlische Energie aus der Bildernische über den ersten Gast in südöstliche Richtung bis zum letzten Gast.

So wird in der Struktur des Raumes der gesamte Kosmos gefeiert und die Menschen leben in Harmonie mit der Natur.

Die Einteilung das Raumes mit viereinhalb Matten nach den Regeln des I Ging ist deshalb wichtig, damit alles im Raum in völliger Harmonie zueinander steht. Der Raum ist ein Abbild des westlichen Paradieses und des Reinen Landes Amida Buddhas. Deshalb ist es wichtig, dass alles seinen ihm bestimmten Platz hat.

Aber die harmonische Ordnung des viereinhalb Tatami Raumes ist keine absolute Voraussetzung für den Tee. Rikyū spricht davon, dass der kleine, mit Tatami ausgelegte Raum die Vollendung des Chanoyu ist. Der kleine Raum ist ein Raum mit weniger als vier Tatami, der die harmonischen Regeln des vollendeten Raumes durchbricht. Rikyū hat Räume mit drei und sogar mit zwei Tatami gebaut. Sōtan, der Nachkomme Rikyūs hat sogar einen Raum mit eindreiviertel Tatami entworfen. Der Raum besteht aus zwei nebeneinandergelegten Tatami. Das obere Drittel der Gastgebertatami ist weggeschnitten und durch ein Brett ersetzt. Dieser Abschnitt des Raumes dient als Tokonoma.

So wie jeder Tag guter Tag ist, gilt für Rikyū und seine Nachfolger, dass jeder Raum ein guter Raum ist, auch wenn er nicht den Regeln des viereinhalb Matten Raumes entspricht. Aber alle Teeräume, selbst die kleinsten, sind mit Tatami ausgelegt.

12.2 Tatami

Die harmonische Anordnung im Raum ergibt sich auch aus der Verwendung der Tatami, der Matten aus gepresstem Reisstroh mit einer aus Binsengras gewebten Abdeckung. Der kleine Teeraum, von dem Rikyū im Namboroku spricht, heißt 小座敷 Ko-zashiki, wörtlich ein kleiner, mit Tatami ausgelegter Sitzplatz.

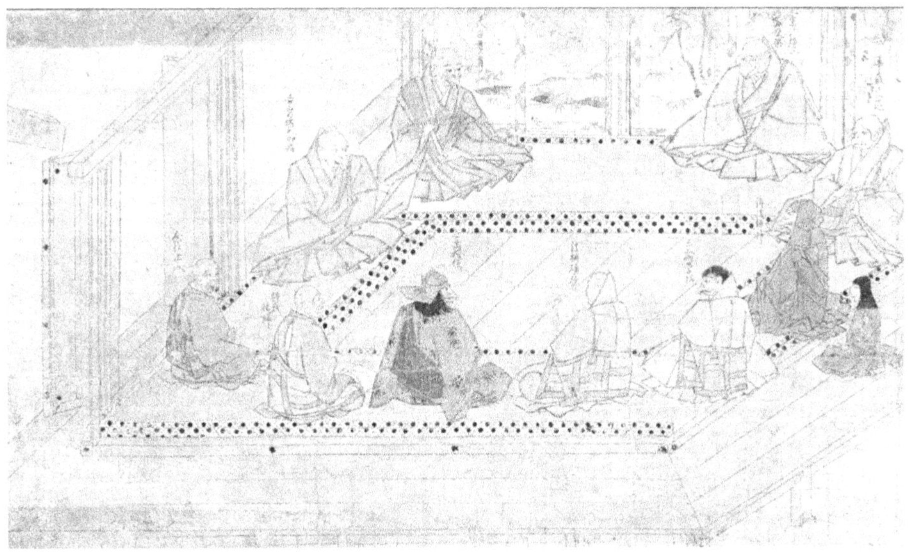

Abb. 33 Tengu auf Tatami

Es gab vor einiger Zeit in einem Forum eine heftige Diskussion, ab man Teezeremonie nur mit Tatami üben kann. Natürlich kann man das. Aber die Tatami ist nicht einfach nur ein angenehmer Bodenbelag. Das verarbeitete Stroh und Binsengras wärmt und ist weich und trotzdem fest für einen angenehmen Sitz. Die warme Oberfläche aus gewebtem Gras mit einem Kettfaden aus Leinen vermittelt einen angenehmen Eindruck und der Duft verbreitet eine gute Atmosphäre im Raum.

In den buddhistischen Tempeln waren die Fußböden ursprünglich wie in China nur mit Keramikplatten belegt. Dieser Boden ist immer kalt und unangenehm zum darauf sitzen. Auch heute noch benutzen deshalb die Mönche in den chinesischen Tempeln kleine Bänkchen, damit keinen direkten Kontakt mit dem kalten Boden haben. In Japan wurden bald dort die Tatamimatten auf den Boden gelegt, wo die Mönche bei den Zeremonien saßen. Auf der Abbildung Abb. 33 sieht man die mythischen Krähentengu, die bei einer Versammlung auf Tatami sitzen. Die Tatami liegen rundherum um das Zentrum des Raumes, der einen Fußboden aus Brettern hat.

Das Maß der Tatami spiegelt die Maße für den Menschen wieder. Sie ist so lang, dass man angenehm darauf liegen und schlafen kann. Sie ist so breit, dass man darauf im Kniesitz, dem Seiza sitzen kann und noch genügend Platz für eine Teeschale vor sich hat. Das gilt nur für eine Tatami mit dem klassischen Maß von ca. 95,5 x 191 cm, das in West-japan, also in der alten Hauptstadt Kyōto und Osaka gilt. In der neuen Hauptstadt Tōkyo sind die Tatami mit etwa 88 x 176 cm kleiner geraten. Aber dort wurde auch kein Chanoyu gepflegt. Und die Raummiete wird nach Anzahl der Tatami berechnet.

Für Chanoyu sind die Tokyo-Tatami zu klein. Man kann keine Tee-schale mehr vor sich abstellen und für drei Personen, die im Seiza nebeneinandersitzten, wird der Platz etwas eng. Darum werden auch heute noch in den Teeräumen Matten im Kyō-ma, im Kyōto-Maß ver-wendet.

Die Tatami geben mit ihrer Größe eine gute Orientierung dafür, wo genau die Teegeräte platziert werden müssen, damit die Bewegungen und der Bewegungsablauf möglichst harmonisch sind. Dadurch dass die Tatami mit schwarzen oder gemusterten Bordüren eingefasst sind, ergibt sich im Raum ein Muster, das die Wahrnehmung des Raumes struktu-riert. Eine bestimmte Stelle im Raum ist nicht beliebig. Es ist immer genau der Platz FÜR etwas.

Auch in der altgriechischen Philosophie ist der Topos τόπος, der Ort, immer ein Ort <u>für</u> etwas. Es ist nicht gleichgültig, ob etwas oben oder unten ist, denn Feuer strebt immer nach oben, Wasser immer nach unten. Aristoteles erklärt das Phänomen, dass ein Stein, den man nach oben wirft, immer wieder herunterfällt, dass der τόπος des Steines eben unten auf der Erde und nicht oben im Himmel ist. Von Natur aus nimmt er also immer wieder den Ort ein, an der er von Natur aus gehört.

Der Nordosten ist immer von kalten Winden bestimmt, der Südwesten eher durch feuchtwarme Lüfte. Auch in den sakralen Räumen sind die Richtungen und die Orientierungen immer festgelegt. In den christlichen Kirchen zeigt der Altar immer nach Osten, zum Sonnenaufgang. Denn Christus kommt immer aus dem Osten, denn er ist das Licht, das die Welt erhellt. Beim Gebet richten sich die Gläubigen immer nach der Sonne aus. In der Moschee zeigt der Mihrab immer nach Mekka zur Kaaba. Damit sind die Betenden immer nach Mekka zur Kaaba hin ausgerichtet.

Im Teeraum steht der Mittelpfosten, der symbolisch Erde und Himmel verbindet, immer genau nach Norden. Dann ist die Wand, aus der die kalten Winde kommen, geschlossen und die Richtung nach Süden, aus der Licht und Wärme kommen, ist offen.

Wenn man einen mit Tatami ausgelegten Raum betritt, erkennt man sofort den Topos, den Ort an dem der Gastgeber sitzen wird und die Stellen, die für die einzelnen Gäste vorbehalten sind.

Die Tatami bilden im Raum immer ein Muster, das sich je nach Gelegenheit ändern kann. Die Tatami ist genau doppel so lang wie breit, so daß sie zu einem Gesamtmuster zusammengelegt werden können. Dabei ist

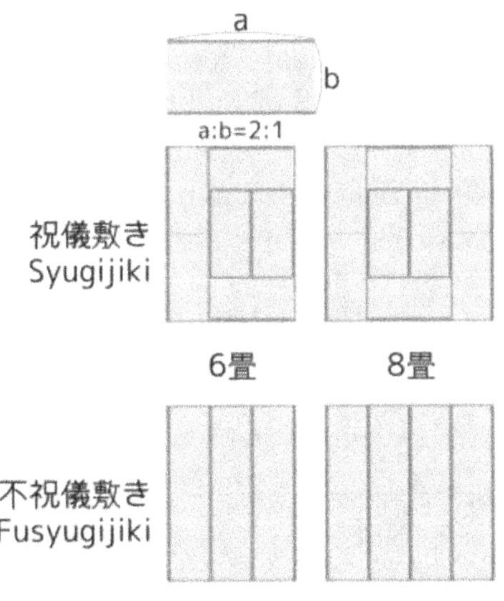

in der formalen, feierlichen Legeweise, der Shugijiki, darauf zu achten, dass sich keine Kreuzfugen bilden. Bei der nicht-feierlichen Legeweise bilden die Tatami Linien, die nebeneinander liegen. Auf diese Weise dürfen Tatami nur bei traurigen Anlässen, etwa bei Totenfeiern gelegt werden. Bei allen anderen Gelegenheiten bedeutet diese Art der Legung Unglück. Man kann sehen, dass sich bei der feierlichen Legung zentrierende Muster bilden, während bei der anderen Weise ein offnes Raumbild entsteht.

Ein Raum mit viereinhalb Tatami ist in sich völlig geschlossen und ruhig. Der Raum ist quadratisch, aber nirgendwo bilden sich Symmetrien. Sogar der Tokonoma-Pfosten, der genau in der Mitte des Raumes steht, teilt die große Tatami nicht in der Mitte sondern bei ⅔.

Ron Nado, ein amerikanischer Jesuit, der bei der Urasenke als Teelehrer tätig war, besuchte mich einmal in meinem viereinhalb Tatami Raum. Obwohl der Raum äußerst schlicht war und meine handwerklichen Fähigkeiten bei Bau des Raumes nicht gerade herausragend sind, meinte Ron: „Selbst ein vollkommener Idiot kann in einem solchen Raum zur Ruhe kommen".

Aber die Bedeutung der Tatami geht noch weiter. Ihre Abmessungen bilden ein Modul, das den gesamten Raum, ja, das ganze Haus bestimmen. Die Maße der Tatami werden traditionell nicht in Zentimetern, sondern im japanischen Maß von Sun: 寸 gemessen. Ein Sun entspricht 3,03 cm. Zehn Sun sind ein Shaku (30,3 cm). Die Länge einer Tatami im Kyōma ist 630 Sun oder 6 Shaku 3 Sun. Dieses Grundmaß von 1 Sun = 3,03 cm zieht sich durch das ganze Haus. Wenn man einzelne Teile eines japanischen Raumes nachmisst, muss die Länge durch drei teilbar sein.

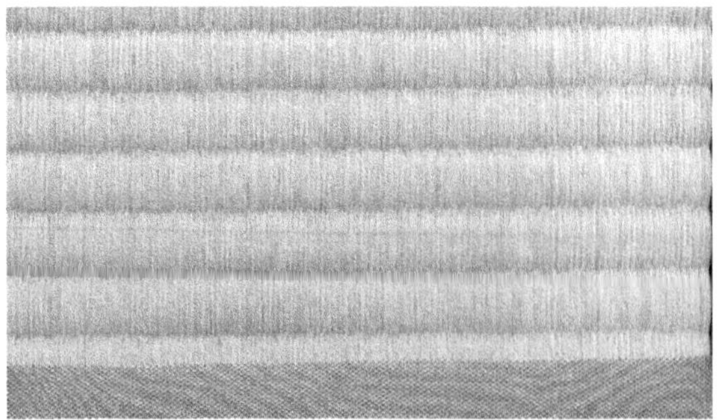

Abb. 34 Tatami - Matte

Andernfalls war es kein japanischer Schreiner oder Zimmermann, der das Haus gebaut hat. Seine Messwerkzeuge, die er für den Bau benutzt sind eben in Sun und nicht in cm eingeteilt.

Der Kern der Tatami

besteht aus gepresstem Reisstroh und hat eine Dicke von ca 5,5 cm und ein beachtliches Gewicht von ca. 35 kg. Die Oberfläche wird mit einer aus Binsengras gewebten Matte belegt, die am Rand der Tatami festgenäht ist. In Japan bringt man die Tatami nach ein oder zwei Jahren zum Tatamimacher, der die Matte umgedreht wieder aufnäht oder falls sie bereits vernutzt ist, erneuert.

Die Matte besteht in der Kette aus Baumwoll- oder Leinenfäden, der Schuss aus gepresstem Binsengras. Die Breite der einzelnen Linie, die sich durch den Abstand der Kettfäden ergibt, wird als ein Me 目 bezeichnet. Zwei Me 目 sind genau ein Sun 寸. Die Positionen der Teegeräte richtet sich immer nach Sun und Me. Ein wichtiges Maß ist hassun, acht Sun oder 16 Me. Die 16 Me kann man an den gewebten Linienbreiten der Tatami abzählen, ohne einen Maßstab zu benutzen, so spiegelt sich das Grundmaß der Tatami als Modul bis hin in die kleinen Abmessungen des Teeraumes.

In der Schrift Namboroku wird ein Maßsystem erläutert, nach dem sich alle im Teeraum verwendeten Geräte richten. Dieses Maßsystem heißt kanewari. Das Wort wird im Namboroku immer mit Katakana geschrieben als カネワリ. Viele Japaner verstehen Kane カネ als Geld お金 (おかね, okane). Aber Kanewari ist das Winkelmaß, das der japanische Zimmermann bei Bau des Hauses verwendet. Kanewari ist also schlicht ein Maßsystem, das dafür sorgt, dass alle im Teeraum verbauten oder verwendeten Dinge in Harmonie miteinander und in Harmonie von Yin und Yang sind. Dann ist gewährleistet, dass der Raum dem reinen Land entspricht.

Zurück zu der Frage, ob man beim Chanoyu den Raum unbedingt mit Tatami auslegen muss. Nein, man muss nicht. Aber dann besteht die Gefahr, dass wir das zugrundeliegende Maßsystem verlieren und die Form seine strenge Harmonie in einer Beliebigkeit verliert. Alle Formen der Teezubereitungen sind in Tatami-Räumen entwickelt. Dort ergeben sich durch die rechten Maße harmonische Bewegungen, die uns in die Tiefe Stille bringen können. Wenn die Maße des Raumes nicht mehr stimmen, können die Bewegungen ihre Harmonie verlieren und wir verstehen die inneren Zusammenhänge aus den Abläufen nicht mehr richtig. So ergibt sich aus der scheinbar banalen Einhaltung der Grundmaße eine

Philosophie der Harmonie, die unmittelbar in den Bewegungen erlebt und erfahren werden kann.

Selbst wenn Rikyū die Harmonie des Raumes, der dem I Ging entspricht, auflöst und kleinere Räume errichtet, so behält er doch das Modul der Tatami bei. Er baute so auch Räume mit 2 ¾ Tatami. Das obere Viertel der Gastgebertatami fehlt in diesen Räumen. Rikyū hatte festgestellt, dass der verbleibende Platz au der gekürzten Tatami für den Gastgeber ausreicht. Er muss beim Hereintragen der Gegenstände eben weniger und kürzere Schritte machen. Aber der Platz im Teeraum, an dem das Daisu, das große Schmuckgestell steht, ist wegeschnitten. In einem solchen Raum kann das Daisu nicht mehr benutzt werden. Das ist also nicht einfach nur eine Verkleinerung des Raumes, es ist der Verzicht auf die Möglichkeit, große und formale Teezeremonien durchzuführen, wie sie die Daimyo und die herrschenden Samurai liebten. Es sind nur noch schlichte wabi-Formen möglich. In diesen kleineren Räumen ist es wichtig, dass sich die Herzen ohne die formalen Regeln unmittelbar zueinanderfinden. Man sagt, dass die kleinen Räume für junge Menschen nicht gut geeignet sind. Sie haben einen größeren Bewegungsdrang und ihre Gesten sind raumgreifender. Das wirkt in den kleinen Räumen eher erschreckend und furchterregend. Erst die alten Menschen können mit kleinen und gemessenen Bewegungen den winzigen Raum angenehm füllen.

Wind in den Kiefern

13. Aufzeichnungen eines Teemeisters

Yamanoue Sōji 山上宗二,[1] ein Teemeister, war ursprünglich ein Kaufmann in der Stadt Sakai, der Heimatstadt von Sen-no-Rikyū, dem wohl bedeutendsten Teemeister der japanischen Geschichte. Der ursprüngliche Name von Yamanoue war wohl Satsumaya, die ‚Satsuma-Hütte‘ oder Satsuma-Haus. Vermutlich stammte die Familie ursprünglich aus Satsuma auf der südlichen Halbinsel Kyūshu, die historisch eine enge Beziehung zu Korea hatte. Viele der Kaufleute, die in Sakai lebten, waren koreanischstämmig.

In Sakai gibt es heute noch einen kleinen Hügel, der Yama-no-ue 山上宗, ‚oben auf dem Berg‘ heißt. Vermutlich wurde Yamanoue so sehr mit der Stadt Sakai verbunden, dass er seinen Namen nach diesem Ortsteil erhielt oder er wollte damit seine Herkunft aus einer koreanischen Familie verbergen. Er wurde zusammen mit Rikyū intensiv von Hideyoshi gefördert. Aber er fiel aus irgendeinem Grund in Ungnade und wanderte als Teemeister durch Japan. Schließlich diente er bei dem mit Hideyoshi verfeindeten Clan der Hōjō. Als Hideyoshi die Residenz des Clans angriff, geriet Yamaoue in Gefangenschaft. Hideyoshi ließ ihm Nase und Ohren abschneiden und schließlich hinrichten. Auch Sen Rikyū musste auf Befehl von Hideyoshi schließlich Seppuku begehen. Es war damals eben sehr gefährlich, den Mächtigen als Teemeister zu dienen.

Yamanoue berichtet fast einhundert Jahre nach den historischen Ereignissen ausführlich über den Ashikaga Shōgun, der unter der Anleitung von Murata Jūko den Teeweg studierte und übte. Seine Schrift ist eine der bedeutenden historischen Quellen zur Geschichte und Praxis des japanischen Teeweges, des Cha-no-Yu.[2]

Higashiyama, die Ostberge, ist in der alten Hauptstadt Kyōto die

---

[1] Yamanoue Sōji 山上宗二 ; * 1544 in Sakai; † 1590 in Odawara

[2] Yamanoue Sōji ki 山上宗二記; japanische Textausgabe bei Tankosha, ISBN 978-4-473-03787-9.

Region, die ganz wesentlich eine Rolle bei der Entwicklung der traditionellen Künste, besonders auch dem Teeweg, gespielt hat. Der Ort, an dem die Künste gefördert und weiter entwickelt wurden, war eben die Villa des Ashikaga Shōguns Yoshimasa.

Yamanoue Sōji berichtet in seiner Schrift Yamanoue Sōji ki:

> Der Shōgun Yoshimasa weilte oft in Higashiyama in Kyōto. Er war sehr in die Vergnügungen und Aktivitäten des Tages und der Nacht vertieft, während er die Veränderungen der vier Jahreszeiten genoss. Es war Spätherbst, der Mond stand noch am Abendhimmel, und selbst das Zirpen der Insekten vermittelte ein tiefes Gefühl der Vergänglichkeit und Melancholie (mono no aware). In dieser Zeit rief Yoshimasa den Nōami, einen seiner vertrauten Gefährten (dōbōshū), zu sich und sagte ihm, dass er sich bisher für viele verschiedene Dinge interessiert habe, darunter das Genji Monogatari, insbesondere die Szene ,Bewertung in einer regnerischen Nacht' aus dem Kapitel ,Besenbaum', sowie für Gedichte, Renga (Kettengedichte), Mondbeobachtungen, Hanami Kirschblütenschau, Ballspiele, Bogenschießen, Fächer-Wettbewerbe, Malwettbewerbe, Sammlungen von Gräsern und Grillen.

> Yoshimasa fragte Nōami erneut: „Alle alten Vergnügungen habe ich schon zur Genüge augekostet. Bald wird der Winter kommen. Im Winter gibt es zwar die Falkenjagd im verschneiten Gebirge, aber mit den Jahren ist auch dies langweilig geworden. Gibt es nicht etwas anderes, etwas Neues, das mich erfreuen könnte?" Nōami meinte, dass es da eine Kunst gäbe, die man zu jeder Jahreszeit betreiben könne und die sicherlich die Langeweile vertreiben würde. „Neuerdings hört man von einem gewissen Jūko vom Shōmyō-ji in Nara, der sich mit dreißig Jahren ganz dem Tee gewidmet hat, in dieser Kunst (道 - michi) äußerst bewandert ist und ebenso die Lehre des Konfuzius und anderen Weisen im Zusammenhang mit der Teekunst studiert hat."

> Er erklärte Yoshimasa auch den Inhalt der ,20 Grundsätze der Geisteshaltung eines Teemeisters'. Er teilte Yoshimasa auch alle Geheimlehren (密伝 hiden) und mündlich überlieferten Lehren (口伝 kuden) mit, die er mit Jukō besprochen hatte. Darüber

hinaus erklärte er:

„Im Winter, wenn draußen der Schnee liegt, beneidet das Singen des siedenden Teekessels den Wind in den Kiefern, und Cha-no-Yu bietet zu allen Jahreszeiten abwechslungsreiches Vergnügen.

Im Frühling, Sommer und Herbst gibt es nichts Unterhaltsameres als Cha-no-yu. Die Dekorationen aus China werden je nach Jahreszeit angepasst, aber andere bleiben über die Jahreszeiten hinweg bestehen. All dies sind Geschenke des Glanzes, die durch die Meisterstücke verliehen werden. Außerdem gibt es keine andere Freude als Cha-no-Yu, bei der Sie unerwartete Einsichten gewinnen und die Schönheit von alten Dingen fühlen können, wenn Sie Vasen, große Teekrüge O-Tsubo, Teeschalen, Tuschemalereien und Kalligraphie dekorieren.

Zudem sollte erwähnt werden, dass Zen-Tuschemalereien (bokuseki 墨蹟) oft als Wanddekoration verwendet werden. Der Ursprung davon liegt darin, dass Jūko eine Kalligraphie, die ihm von einem Zen-Meister geschenkt wurde, erstmals in der Tokonoma verwendete. Jūko hängte sie als erstes in seine Tokonoma, und seitdem wurde sie als eine Art ,besondere Wanddekoration' betrachtet, die geschätzt und genossen wird. Diese Beziehung zwischen Cha-no-yu und der Zen-bokuseki ist nichts anderes als das Buddhagesetz 仏法 (buppō) selbst" sagte Nōami, als das Gespräch bis tief in die Nacht andauerte. Nōami konnte die Tränen über die Wunderbarkeit der Teezeremonie nicht zurückhalten, als er zu Yoshimasa sprach.

Yoshimasa war von dieser Erklärung Nōamis so beeindruckt, dass er sofort Jūko rief und ihn als seinen Meister bestimmte. Von diesem Moment an erklärte Yoshimasa, dass das Vergnügen seines zukünftigen Lebens im Cha-no-yu liegen würden.

Zu dieser Zeit war Cha-no-yu so weit verbreitet, dass es hieß,
wer es nicht praktizierte, sei kein Mensch. Natürlich wollten
nicht nur die Fürsten, sondern auch die einfachen Leute innerhalb und außerhalb Kyōtos sowie die Bürger von Nara und
Sakai Cha-no-yu ausüben.

Yamanoue Sōji lebte etwa einhundert Jahre nach Yoshimasa und nach
Murata Jūko. Er hatte also keine direkte Kenntnis mehr von den Ereignissen aus der Zeit der Entstehung des Teeweges. Manches von seinen
Erzählungen ist komponiert, um den Vorteil der Kunst des Cha-no-Yu
herauszustellen.

14. Ashikaga Yoshimasa

Er schildert, wie Yoshimasa sich in einer trüben und vom Leiden an der
Vergänglichkeit geprägten Stimmung befindet. Die Stimmung ist das
‚mono no Aware', der klassische Ausdruck für die Vergänglichkeit aller
Dinge. Mono sind alle Dinge. Aware ist einfach ein erstaunter Ausruf. In
Bayern würde man vielleicht sagen: Ui! Später dichtet Bashō ein Haiku:

Da! Am Wegesrand die Hibiskusblüte! Und schon hat sie mein
Pferd gefressen.

Die Dinge treten plötzlich und unerwartet in den Blick und erzeugen
den unwillkürlichen Ruf des Erstaunens und Entzückens: Aware! Aber
kaum hat man die Dinge bewusst wahrgenommen, schon sind sie wieder
verschwunden. Dieses Auftauchen und wieder Verschwinden erzeugt eine
Stimmung der Trauer über die Vergänglichkeit aber auch das Entzücken
über die Schönheit. Auch die Kirschblütenschau, das Hanami erzeugt das
Mono no Aware. Die Kirschblüten in ihrer vollen Pracht und Schönheit
sind leicht flüchtig und vergänglich. Der leiseste Windhauch lässt die
Blütenblätter zu Boden fallen und es gib einen Blütenregen, ein Hana
fubuki, einen Schneesturm aus Blütenblättern. Der Anblick der gefalle-
nen Kirschblüten auf dem regennassen dunkelgrünen Moos ist ein unvergleichlich schöner Augenblick, der das Herz mit einer tiefen Trauer über
diese vergängliche Schönheit ergreift.

Yoshimasa hat ein besonderes Interesse am zweiten Kapitel des Genji

Monogarari, den Erzählungen vom Prinzen Genji. Genji ist in dieser Zeit siebzehn Jahre alt. In einer regnerischen Nacht spricht er mit seinem besten Freund über Frauen- und Liebesgeschichten und die beiden bewerten die Frauen nach ihrer Klasse. So wurden auch Pferde, Jagdhunde oder Bilder und Schriftrollen klassifiziert und bewertet. Diese Bewertungen waren unter anderem die Aufgabe der Dōbōshū. Das Kapitel im Genji Monogatari heißt Hahagi-ki, Besenbaum. Das ist nach der Legende ein Baum, den man in der Ferne sehen kann. Aber wenn man versucht, sich ihm zu nähern, verschwindet er. So kann die vermeintliche Liebe und Zuneigung der Menschen schwinden, wenn man sich ihnen nähert. Alles ist nur eine Illusion. Kaum versucht man, etwas festzuhalten, so zeigt es sich schon, dass nichts Greifbares existiert.

Die Stimmung von Yoshimasa ist von dieser Trauer der Vergänglichkeit und der Einsamkeit geprägt. Er war enttäuscht von der Welt und hatte sich aus den politischen Wirren seiner Zeit in seinen Landsitz an den Ostbergen, den Higashiyama Kyōtos zurückgezogen.

Yoshimasa, der achte Shōgun aus der Sippe der Ashikaga hatte keinen eigenen Sohn. Er versprach seinem jüngeren Bruder, der Mönch war, dass er sein Nachfolger werden sollte. Kurz darauf wurde ihm ein Sohn geboren. Aus dem Streit um die Nachfolge unterstützen zwei verfeindete Parteien entweder den Sohn oder den Bruder. Daraus entwickelten sich die Onin-Kriege, in denen Yoshimasa machtlos zusehen musste, wie die Hauptstadt Kyōto in Schutt und Asche gelegt wurde. Enttäuscht plante er seinen Landsitz an den Ostbergen Kyōtos. Eine hohe, immergrüne Hecke verdeckt den Blick auf die Stadt, so daß Yoshimasa abgeschieden von der Welt seinen Vergnügungen und den Künsten nachgehen konnte.

Von der gesamten ursprünglichen Anlage sind heute nur noch zwei Bauwerke und der Garten erhalten. Alles andere wurde in späteren kriegerischen Auseinandersetzungen zerstört und wieder aufgebaut. Am berühmtesten ist die Pagode Kannon-den, 観音殿, Halle der Kannon, die meistens silberner Pavillon genannt wird. Das ist eine zweistöckige Pagode, die aber niemals versilbert war. Das zweite Gebäude ist der Togudō 東求堂, etwa ‚Halle des östlichen Strebens, der östlichen Sehnsucht‘. Der Osten ist dabei entweder die Richtung auf den Sonnenaufgang und die neue Zeit oder eben die Lage an den Ostbergen. Der

Togudō diente Yoshimasa für seine privaten religiösen Übungen.

Zwischen den beiden Gebäuden liegt ein seltsamer Hügel, der aus Granit-Split aufgehäuft ist und der sich über einem aus Split geformten Meer erhebt. Es wird vermutet, dass diese helle Fläche dazu diente, das Mondlicht zu reflektieren. Der gesamte Garten mit seinen Inseln und Wasserflächen liegt dann in geheimnisvoll sehnsüchtiger Stimmung im silbernen Mondlicht.

In einem Altarraum des Togudō, der sich zum Garten hin öffnet, steht ein Bildnis des Amida Nyōrai, dem Buddha des reinen Landes und eine Statue Yoshimasas. Davor ist ein größerer Raum für Gebete oder Meditation. Von dort aus öffnet sich eine Papier-Schiebetür zum Raum Dōjinsai 同仁斎, von dem viele annehmen, dass es der erste Teeraum mit viereinhalb Matten war. Heute gilt ein Teeraum dieser Größe als idealer Raum für den Tee. Man hat allgemein angenommen, dass dieser Raum, der streng nach den Regeln der chinesischen Philosophie geordnet ist, nach Anregung von Murata Jūko von Nōami geplant worden ist. Aber Nōami war bereits gestorben, als der Raum errichtet wurde.

Der Garten um die beiden Gebäude erinnert an den Garten um den Goldenen Pavillon von Ashikaga Yoshimitsu (1358-1408). Der goldene Pavillon liegt auf der gleichen geographischen Höhe wie der silberne Pavillon, aber ganz am nordwestlichen Rand der Stadt während der Silberne Pavillon ganz im Osten, direkt an den begrenzenden Bergen liegt.

Der Garten des goldenen Pavillons ist wie das westliche Paradies Amidas gestaltet. Der Pavillon liegt scheinbar auf einer Insel im ‚Spiegelsee'. Er spiegelt sich im Wasser, so daß im Spiegelbild Himmel und Erde miteinander verbunden sind. Im Wasser scheint es, als läge er direkt im Himmel. Das oberste Stockwerk der Pagode ist im indischen Stil gebaut, das mittlere Stockwerk im chinesischen Stil. Das Erdgeschoss wurde im Stil der japanischen Samurai-Häuser errichtet. Oben auf dem Dach ist der Vogel Hōō im Anflug. Schon haben sich die beiden oberen Stockwerke in Gold verwandelt. Das spiegelt auch die Ankunft des Buddhismus zunächst in Indien, dann über China nach Japan. Dort hat sich durch Buddha die Welt schon in das goldene Paradies verwandelt. Aber in Japan ist das westliche Paradies noch nicht völlig verwirklicht. Darum fehlt hier die Vergoldung.

Die gesamte Anlage stellt das westliche Paradies Amidas dar. Vom See aus windet sich langsam ein Pfad nach oben und die Landschaft wird immer karger. Fast auf der vollen Höhe lieg ein weiterer Teich mit einer kleinen Insel, auf der eine steinerne Pagode steht. Hier ist das himmlische Paradies, das aber völlig im schlichten Stil des wabi gestaltet ist.

Die Anlage des silbernen Pavillons zeigt eine ähnliche Struktur. Unten eine verwinkelte Insellandschaft im See. Am Ende des Gartens steigt der Pfad bis zu einer scheinbar wilden Steinlandschaft. Hier liegt versteckt eine Quelle. Neuere Untersuchungen haben ergeben, dass die Steine nicht wild dort lagen. Hier war eine abgelegene Berglandschaft gestaltet. Weit oberhalb der Menschenwelt in stiller Abgeschiedenheit der hohen Berge lag die Quelle, aus der man wohl das Wasser für den Tee schöpfte. Wie der Hirt in der Geschichte vom Ochsen und seinem Hirten muss der Suchende die Welt verlassen und überwärts steigen. Dort findet er dann das lebendige Wasser für den Tee, das er nach Hause bringen kann.

Anders als der sonnenhafte goldene Pavillon ist der silberne Pavillon mondhaft schlicht und geheimnisvoll. Die Pagode ist niemals versilbert worden. Entweder hat das Geld gefehlt oder – was wahrscheinlicher ist – es war niemals geplant. Es genügt, dass er durch den Kiesgarten, der das silberne Mondlicht reflektiert, geheimnisvoll silbern im nächtlichen Licht erscheint.

Die Halle ist Kannon geweiht. Kann-on 觀音 ist der Bodhisattva des Mitgefühls. Sein Name nennt denjenigen, der meditativ betrachtend (kan 觀) die Notschreie (on 音) der Welt hört und voller Mitgefühl hilft.

Auch der Raum Dojinsai 同仁斎 mit seinen viereinhalb Matten stellt eine vollkommene Welt, ein Paradies Amidas dar. Die Harmonie des Raumes nach den kosmischen Gesetzen des I Ging ist ja bereits beschrieben worden.

Dō 同 bedeutet gleich, gemeinsam oder zusammen. Jin 仁 ist Menschlichkeit, Güte, Wohltätigkeit oder Mitgefühl. Es ist ein zentraler Begriff im Konfuzianismus und steht für die menschlichen Tugenden der Liebe und des Respekts gegenüber anderen. Sai 斎 ist eine Einsiedelei, Studierzimmer, Halle oder Schrein. Es kann auch Reinheit oder Enthaltsamkeit bedeuten. Es ist ein Ort des Rückzugs und der Meditation.

Dōjinsai 同仁斎 kann wörtlich als 'Halle der gemeinsamen Menschlichkeit' oder 'Einsiedelei der gemeinsamen Güte' verstanden werden. Der Name impliziert einen Ort, an dem die Tugenden der Menschlichkeit und des Mitgefühls gemeinsam geteilt und kultiviert werden. Es ist ein Raum, der der Meditation, dem Studium und der Praxis von menschlichen Tugenden gewidmet ist.

Dōjinsai gilt weithin als der erste Raum mit viereinhalb Tatami. Die Tatami, die Bodenmatten aus gepresstem Reisstroh, die mit einer aus Binsengras gewebten Oberfläche Versehen sind, bilden einen angenehmen Bodenbelag. Im Dōjinsai liegen sie nicht mehr, wie in den Abbildungen der älteren Räume zu sehen, in einer Reihe. Sie bilden ein Quadrat mit einer halben Tatami in der Mitte.[1] Die Seitenlänge des Quadrates ist jeweils eineinhalb Tatami. Die vier ganzen Tatami bilden eine Art Swastika einem Symbol des Buddhismus. Im äußeren Kreis um die halbe Tatami in der Mitte reihen sich acht Tatami-Hälften aneinander, deren Lage genau dem chinesischen I Ging entsprechen. Sie bilden den gesamten Kosmos ab.[2]

Obwohl der Raum genau quadratisch ist, gibt es keine Symmetrie. Alle Seiten sind im goldenen Schnitt mit jeweils eineinhalb Tatami aufgeteilt. Im Norden außerhalb des Quadrates der viereinhalb Matten liegt eine Nische, die mit einem senkrechten Pfeiler abgetrennt ist, die Tokonoma, die Schmucknische.

Ein solcher Raum gilt auch heute noch als ideale Größe eines Teeraumes. Ja, die Bezeichnung ‚viereinhalb Matten‘, japanisch Yo-jo-han wurde zu einem Synonym für einen Teeraum. Der Haiku-Dichter Bashō dichtete:

秋近き　　　　Aki chikaki
心の寄るや　　kokoro no yoru ya
四畳半　　　　yo jo han

Der Herbst kommt heran
Wohin das Herz sich neigt:
viereinhalb Matten.

---

[1] Vergl. Abb. 32, Seite 164
[2] ausführlich dazu Kapitel 12.1 Das I Ging im Teeraum.

Im Dōjinsai ist die Tokonoma noch nicht wie in den späteren klassischen Teeräumen, sondern wie in den Studierzimmern der Tempel oder der Adelsvillen gestaltet. Papierschiebefenster im Hintergrund einer Holzplatte, an denen man sitzen und schreiben oder lesen kann, lassen Licht in den Raum. Im klassischen Teeraum würde hier eine Hängerolle mit einer Malerei oder einer Zen-Kalligraphie hängen. Aber hier geben die Fenster den Blick in den Garten frei.

Ich hatte einmal die Gelegenheit, den Raum mit einer Sondergenehmigung besichtigen zu dürfen. Die Aufseherin öffnete die Schiebefenster einen Spalt. Ich war überwältigt von dem Blick auf den Garten. Die Landschaft lag da wie eine klassische chinesische Tuschemalerei. Weit hinten ein Wasserfall, davor eine scheinbar im Wind gepeitschte Kiefer. Auf dem Ast eines Ahornbaumes saß beinahe wie in einem Gedicht von Bashō eine Krähe:

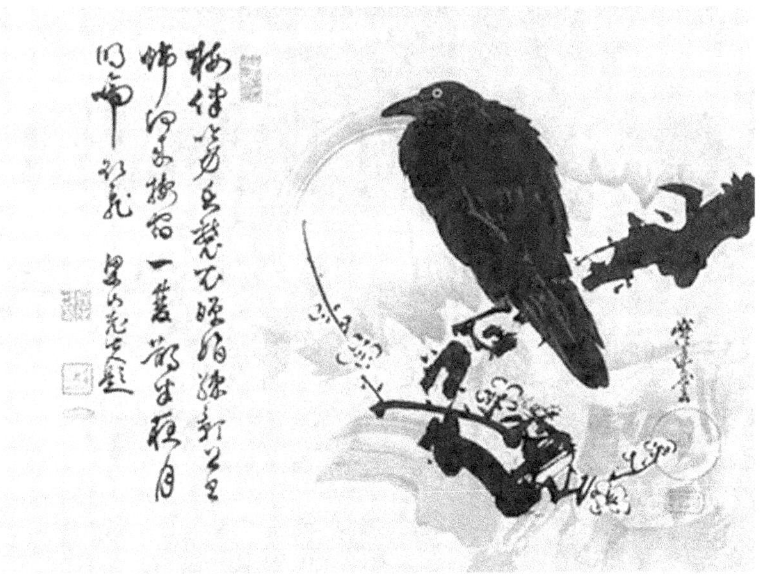

枯枝に	Kare eda ni
烏のとまりたるや	karasu no tomarikeri
秋の暮	Aki no kure

Auf dem dürren Ast / hockt eine Krähe / Herbstabend.

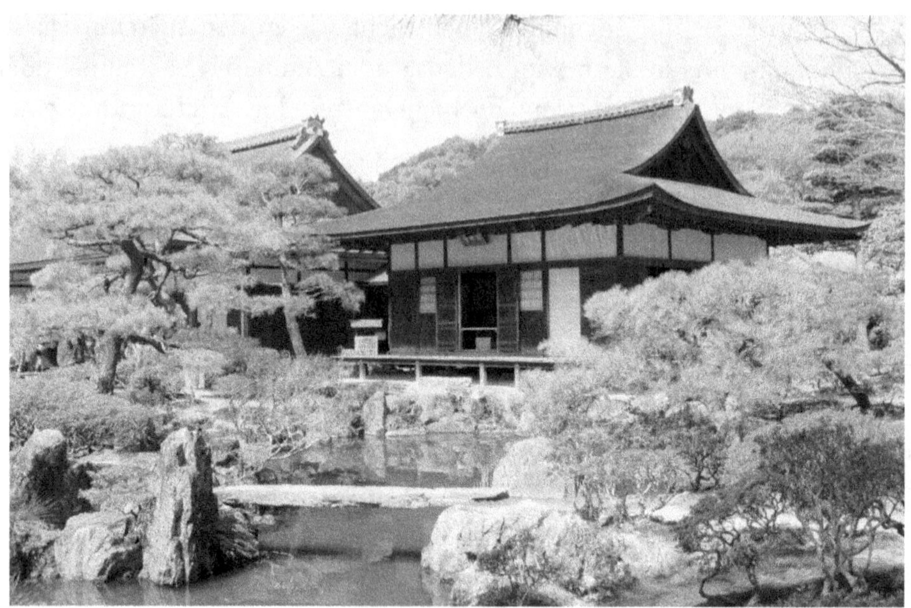

Abb. 36 Togudō

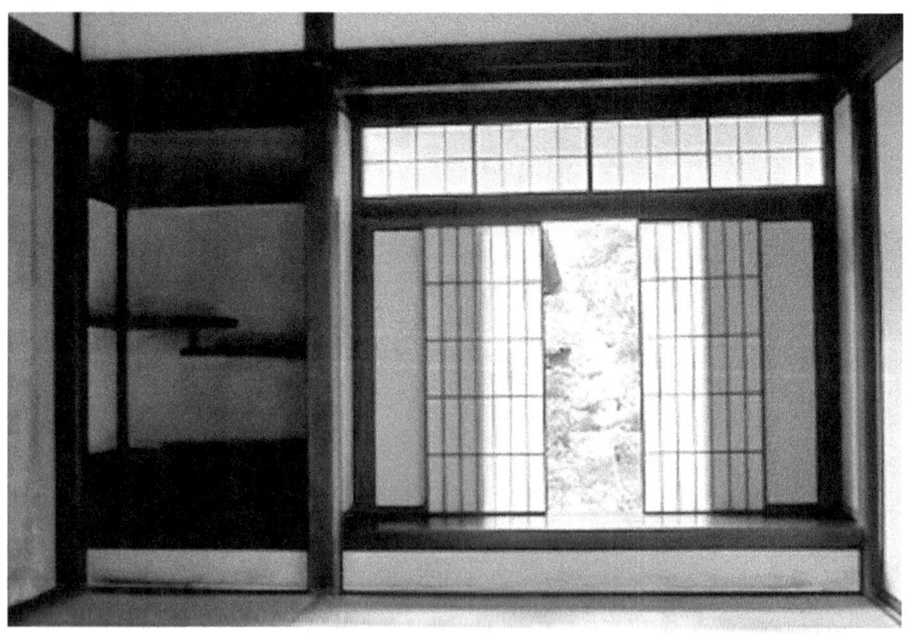

Abb. 35 Dōjinsai

Der Shōgun, der über eine bedeutsame Sammlung von klassischer chinesischer Malerei verfügte, schaute hier in diesem Raum nicht auf eine Malerei, sondern auf die Natur, die wie ein gemaltes Bild gestaltet ist. Aber anders als in einer Malerei wandelte sich das Bild. Der Bildausschnitt wandelt sich je nachdem, wie weit die Papierfenster geöffnet sind und auch nach der Tages- und Jahreszeit.

Neben der Schreibnische mit dem Fenster befindet sich eine schmalere Nische mit einem chigaidana, einem stufenförmig angeordneten Regal, in dem die Schreibutensilien und Räuchergefäße aufgestellt werden konnten. Das Foto von der Schreibnische ist entstanden, weil die Aufseherin plötzlich wegen dringender Angelegenheiten für zehn Minuten verschwand. Ich hatte gefragt, ob das Fotografieren erlaubt sei, was sie strikt verneinte. Aber dann meinte sie, sie müsse dringend noch etwas erledigen und verschwand. Aber mir zitterten vor Aufregung etwas die Finger. Dadurch ist das Bild nicht sehr gut gelungen.

Es scheint so, dass dieser Raum keineswegs schon ein nur der Teezeremonie vorbehaltener Raum war. Es fehlen die Eingänge für die Gäste und den Gastgeber, die sich später an genau festgelegten Stellen befinden. Eine Winterfeuerstelle in der mittleren halben Tatami scheint auch erst später, vielleicht nach dem Tod des Yoshimasa angebracht worden sein. Neben dem Raum liegt hinter einer Fusuma, einer lichtundurchlässigen Papier-Schiebetür, ein schmaler Raum mit eineinhalb Tatami. Hier dürfte der Teemeister gesessen und den Tee vorbereitet haben, der dann im eigentlichen viereinhalb Tatami-Raum serviert wurde. Der Teemeister stand offenbar noch nicht auf derselben sozialen Stufe wie die Gäste im Hauptraum. Er war eben ein Dōbōshū mit niedrigem Hofrang, letztlich ein Dienstbote. Darum saß er in einem abgetrennten Raum.

15. Murata Jūko

In dem Bericht von Yamanoue Sōji wird erwähnt, dass der Ashikaga Yoshimasa erst nach einem Gespräch zwischen seinem Dōbōshū Nōami und Murata Jūko begonnen hat, sich mit chanoyu zu befassen.

Murata Jūko 村田 珠光, der manchmal auch als Murata Shukō gelesen wird, kann durchaus als einer der Begründer der eigentlichen japanischen Teezeremonie gelten.

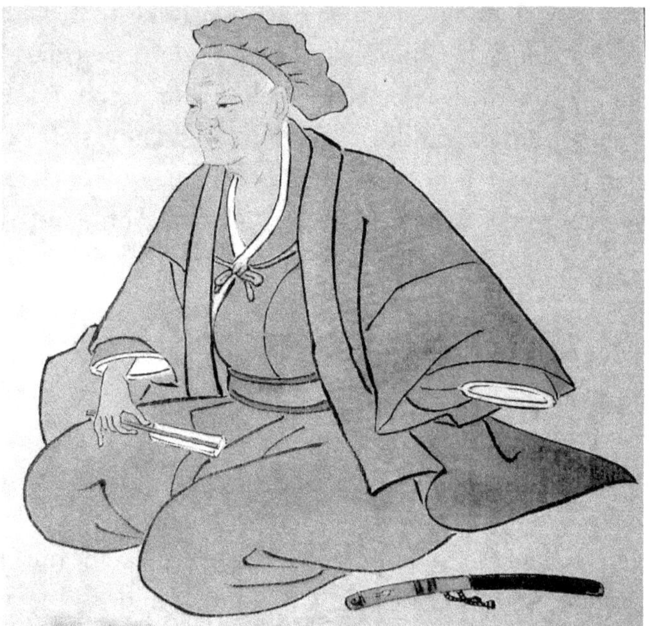

Abb. 37 Murata Jūko

An Jukō Seite liegt ein Kurzschwert auf dem Boden, wie es auch die dōbōshū trugen. Vermutlich zeigt es ihn dadurch in einem unteren Hofrang. Warum der linke Arm fehlt, ist unklar. Vielleicht weist es darauf hin, dass er kein Samurai ist und das Schwert nicht zum Kämpfen benutzt. Es dient lediglich als Zeichen seines Ranges. In der Rechten hält er einen Fächer, der nicht nur zum Fächern benutzt wurde.

Der Mönchsname Jūko 珠光 bedeutet leuchtendes Juwel oder leuchtende Perle. Das erinnert an Indras Netz. Der indische Götterkönig Indra hat vor seinem Palast ein Spinnennetz, das den gesamten Kosmos umspannt. An jedem Kreuzungspunkt sitzt ein leuchtendes Juwel oder eine leuchtende Perle. Jede der Perlen ist mit allen anderen verbunden: Alles hängt mit allem zusammen und niemand beharrt auf seiner individuellen Besonderheit, die ihn vom All isoliert.

Jukōs Lebensdaten sind unklar. Seine Lebenszeit könnte von 1422/23 bis 1502 reichen. Meistens wird erzählt, dass er in der alten Hauptstadt Nara geboren wurde. Manchmal wird gesagt, sein Vater Mokuichi Kengyō sei ein blinder Biwa-Mönch gewesen, der durch das Land zog und zur Biwa, der japanischen Laute, das Heike Monogatari vortrug. Andere sagen, er sei Zimmermann gewesen. Kengyō war ein buddhistischer Titel für einen Laien, der die Zimmerleute beim Tempelbau anleitete. Den Familiennamen Murata soll Jūko angenommen haben, nachdem er nach unruhigen Wanderjahren von einer reichen Kaufmannsfamilie in Sakai, der Heimatstadt von Sen no Rikyū, adoptiert worden war. Nicht nur in der Schrift von Yamanoue, einem Weggefährten Rikyūs, gilt Jūko als Begründer des eigentlichen Teeweges im schlichten wabi-Stil. Er soll sich bei dem berühmten Zenmeister Ikkyū 一休 einem strengen Zen-Training unterzogen haben. Aber das ist vermutlich genau so eine Legende wie seine enge Verbindung mit dem Shōgun Yoshimasa und dessen Kunstberater, dem Mönch Nōami.

Nōami soll nach dieser Legende die geheime Überlieferung über die Behandlung und die Präsentation der kostbaren chinesischen Kunstgegenstände an Jūko weitergegeben haben. Jūko soll im Gegenzug den eher volkstümlichen Tee aus Nara an Nōami tradiert haben. Aber Nōami war schon gestorben, bevor Yoshimasa den Ginkakuji und den angeblich ersten Teeraum mit viereinhalb Matten - wohl auf Anregung von Jūko - fertiggestellt hatte.

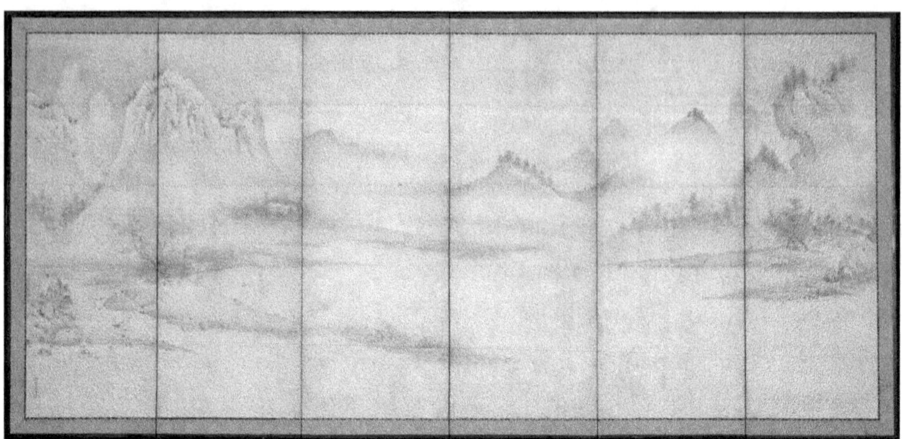

Abb. 38 Sōami: Landschaft

Einig sind alle Berichte, die erst mehr als einhundert Jahre nach seinem Tod verfasst wurden, dass Murata Jūko schon als Kind in den Shōmyōji Tempel in Nara eingetreten war und dort Priester wurde. Der Shōmyōji, der heute noch in Nara existiert, gehörte zur Richtung des Jōdo-shū, also dem Buddhismus des reinen Landes an, der von Hōnen[1] gegründet worden war. Es ist auffällig, dass alle frühen Teemeister eine mehr oder weniger enge Beziehung zum Jōdo-shū hatten.

Auch Nōami dürfte wie alle 同朋衆 Dōbōshū ‚Kunstberater' des Shōgun als Mönch zum Reinen Land gehört haben wie schon der Name vermuten lässt. Es gab viele Dōbōshū am Hofe des Shōgun. Meistens waren es Leute aus niedrigem Stand, die aber als gelehrte Mönche Zugang zum Palast hatten. Die Silbe -ami meint Amida Buddha und wurde für die Mönche an den Namen angehängt. Am berühmtesten waren die San-Ami, die drei Ami. Nōami ((1397 – 1471), sein Sohn Geiami (1431 – 85) und dessen Sohn Sōami (+ 1525), der auch wie seine Vorväter ein berühmter Maler war.

Man kann davon ausgehen, dass der Einfluss des Jōdo auf die Entwicklung des Teeweges ebensogroß ist wie die des Zen. Allerdings hat das bisher noch kaum Beachtung gefunden. Im Westen mag das daran liegen, dass zwar der Zen weithin bekannt ist, nicht aber der Jōdo Buddhismus.

---

[1]   Hōnen Shōnin 法然上人* 1133; † 1212

Jūko soll aus dem Tempel vertrieben worden sein, weil er seinen Pflichten nicht nachkam oder weil er sich zu sehr mit dem Tee befasste. Im Nambōroku wird erzählt, dass er in Kyōto unter dem Zenmeister Ikkyū ein Zentraining absolvierte. Jūko soll dabei während der Zenmeditation immer eingeschlafen sein, so dass er den Beinamen Hakkyu – ‚Hundert-Schlaf' erhielt. Der Name des Zenmeisters Ikkyū (Sojūn) 一休宗純 kann auch als hito-yasu(mi), eine kurze Verschnaufpause, ein kurzer Schlaf gelesen werden. Weil Murata Jūko bei der Meditation immer einschlief, war er der Hakkyu 百休 - ‚einhundert-Schlaf'.

In einer Teeschrift[1] aus dem Jahr 1760, also zweihundertsechzig Jahre nach Jukōs Tod, wird berichtet, wie Jūko einen berühmten Arzt aufsuchte, der ihn von seiner Schläfrigkeit heilen sollte. Der Arzt behandelte nach der Theorie des Eisai über die Gesundheit. Danach gehören die fünf Geschmäcker zu den fünf Organen und der bittere Geschmack des Tees gehört zum Herzen, das eine zentrale Rolle einnimmt. Wenn das Herz stark ist, werden alle anderen Organe genährt. Darum empfahl der Arzt, dass Jūko regelmäßig den Tee als Medizin genießen sollte. Danach schlief Jukō nie mehr bei seinen Übungen ein.

---

[1] Nanshūjo. Chajidan, Kyōto 1760.

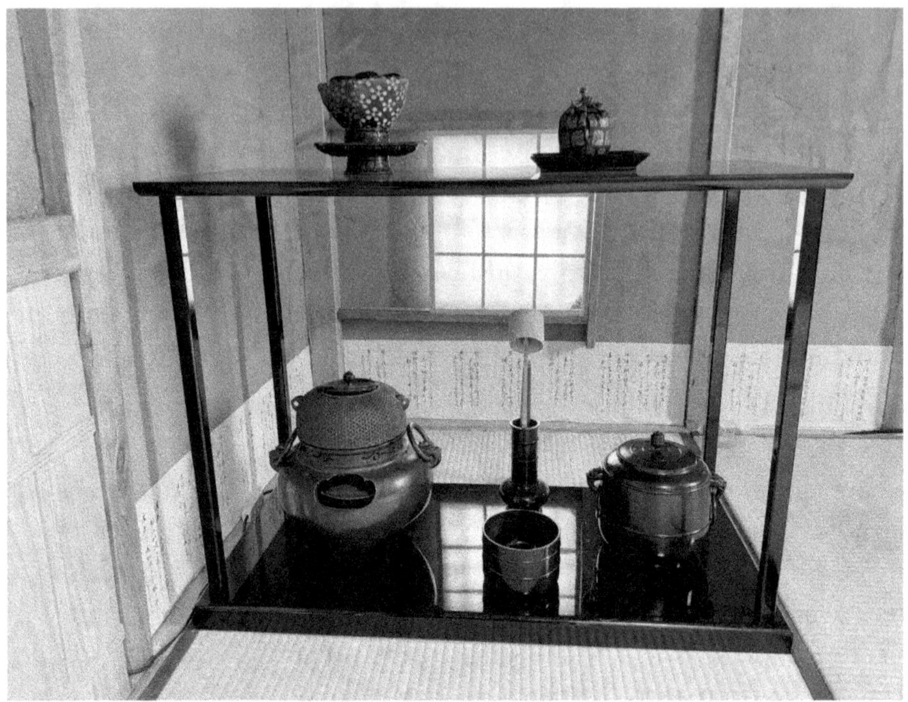

Abb. 40 Formales Daisu

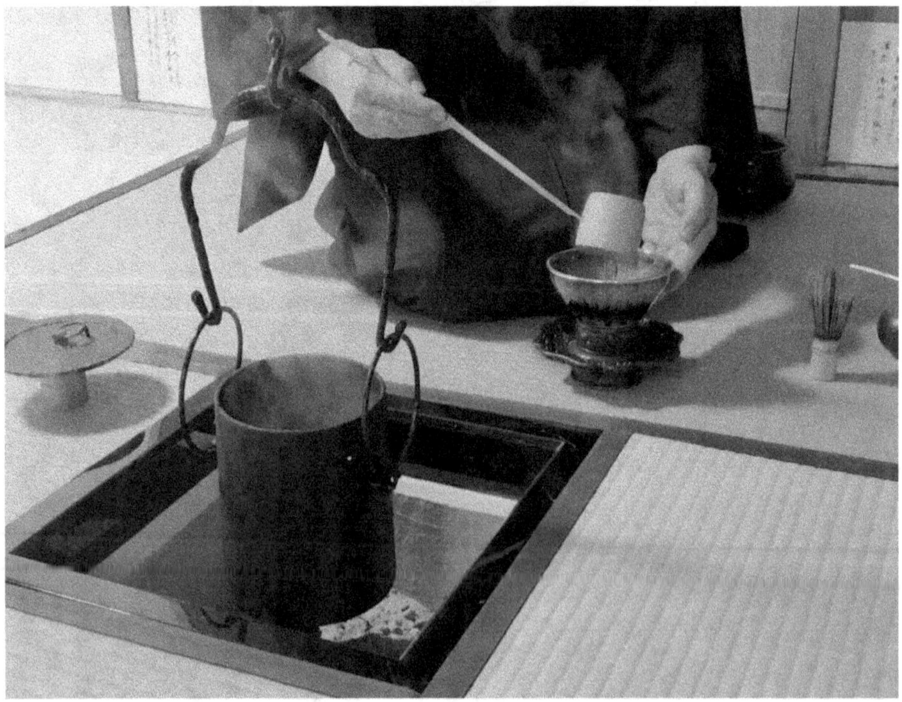

Abb. 39 Tee am Ro mit chinesischer Teeschale

In derselben Schrift wird berichtet, dass Jūko im Daitokuji-Tempel ein Daisu, ein chinesisches Schmuckgestell vorfand:

> Zu der Zeit gab es im Daitokuji ein Daisu, aber niemand wusste etwas damit anzufangen. Das Daisu[1] war viele Jahre vorher als Geschenk aus dem Song-China an den Shōfukuji-Tempel in Hakata gekommen. Dieses Daisu gelangte später auf den Hiei-Berg oberhalb von Kyōto in den Enryakuji-Tempel und von dort in den Daitokuji. Als Jūko das Daisu sah, erklärte er sofort, dass es ausschließlich für den Tee benutz werden darf, und er nutzte es fortan, um den Tee zu bereiten.

Damit wird Jūko der Verdienst zugesprochen, die Verwendung des edlen Daisu populär gemacht zu haben. Aber vermutlich handelt es sich dabei um eine Legende.

In anderen Geschichten[2] wird erzählt, dass der Zenmeister Musō Soseki[3] das Daisu am Hofe des ersten Ashikaga-Shōguns Takauji gut einhundert Jahre früher als Erster das Daisu für die Teebereitung verwendet hätte.

Es wirkt ein wenig merkwürdig, dass ein Daisu bereits wohl um 1100 aus dem Song-China nach Hakata in den Shofukuji-Tempel, der von Eisai gegründet worden war, gekommen sein soll. Von dort soll es zunächst auf den Tempelberg Hiei, der zu den Tendai gehörte, gelangt sein und von dort dann endlich in den Daitokuji Tempel, vermutlich zum Zenmeister Ikkyū. Während dieser gesamten Zeit wusste angeblich niemand, wozu dieses Gerät dienen sollte. Aber dennoch wurde es offenbar immer hoch geschätzt. Als Jūko es zum ersten Mal erblickte, wusste er sofort, wozu es diente und wie es zu gebrauchen sein würde. Mir scheint eher, dass diese Geschichte darlegen soll, dass sich das Zentrum des Tee-weges von Hakata zur Kaiserstadt Kyōto verschoben hatte. Zugleich wird damit behauptet, dass die Tradition des Tee nun endlich beim Zen und beim Meister Ikkyū angekommen war.

---

1 Das formale Daisu auf Abb. 40 zeigt die Anordnung im Teeraum des Verfassers. Das Daisu ist im formalen Stil, alle Utensilien sind im chinesischen Stil, aber der Teeraum ist eher im wabi-Stil der strohgedeckten Hütte gestaltet.

2 茶道の逸話・桑田忠親 著, Tadachika Kuwata: Chanoyu no ichiwa, Anekdoten zum Tee.

3 Musō Soseki 夢窓 疎石; * 1275 † 30. September 1351.

Wenn wirklich Jūko der Erste war, der das formale Daisu benutzte, dann geschah das nicht, weil er bei Ikkyū ein Zen-Training absolviert hatte. Wäre er wirklich ein Schüler Ikkyūs gewesen, dann hätte er seinen Mönchsnamen, der dem Jodo-Buddhismus entstammt, in einen Zen-Namen geändert. Jedenfalls war das damals allgemein üblich. Das hat er aber nicht getan. Jedenfalls ist keine Namensänderung Jukōs bekannt. Außerdem wird er in den Schriften Ikkyūs nicht erwähnt.

Im späteren Nambōroku, der Aufzeichnung der Gespräche des Mönches Nambō mit dem Teemeister Rikyū, wird über Jukō Verwendung des Daisu berichtet.

> Der Vier-und-ein-halb-Tatami-Raum war Jukōs Schöpfung. Er hängte seine hochgeschätzte Kalligraphie von Engo auf und benutze ein Daisu. Später baute er eine versenkte Feuerstelle ein, für die er den (informelleren) zweisäuligen Daisu benutzte. Im Allgemeinen arrangierte er die Gegenstände wie bei Shoin-Tee, reduzierte jedoch ihre Anzahl.
> In der Tokonoma hängte er oft nur ein Paar Gemälde auf, manchmal aber auch nur eins. Vorne platzierte er einen Räucherstäbchenhalter und einen Blumenbehälter auf einem kleinen Ständer oder eine kleine Vase mit einer einzigen Blütenart, oder Papier, Tintenstein mit Etui, eine Box für Tanzaku (schmale Karten zum Schreiben von Gedichten) und einen niedrigen Tisch zum Schreiben (wie beim Schreiben von Renga) oder ein Tablett mit einer Miniatur-Berglandschaft in Sand und Steinen und ein Chatsubo-Gefäß für Blatttee. Dies waren rein zur Dekoration gedacht.

Als gesichert chinesischer Herkunft kann die Schriftrolle von Meister Engo angesehen werden, die Jūko angeblich von Zenmeister Ikkyū als Geschenk bekommen haben sollte. Engo, oder wie er in China hieß Yuanwu[1], hatte das Hekiganroku, die bis heute wichtigste und anspruchvollste Kōan-Sammlung, zusammengestellt. Tatsächlich hätte eine Kalligrafie von Engo einen beträchtlichen Wert dargestellt. Außer der Hängerolle könnte auch das verwendete Daisu chinesischen Ursprungs gewesen sein. Aber neuere Forschungen haben ergeben, dass Jūko mit Ausnahme

---

[1] Yuanwu Keqin 圓悟克勤; pinyin: Yuánwù Kèqín; Japanisch: Engo Kokugon 1063–1135. Vergl. unten S. 5. Tee am Jiashan.

190

einer schlichten, eher geringwertigen Teeschale keine chinesischen Dinge besessen hat.

Dass er später eine versenkte Feuerstelle in seinen Teeraum eingebaut haben soll, stellt den Übergang in einen rein japanischen Stil dar. Die im Boden versenkte Feuerstelle stammt aus den japanischen Bauernhäusern und ist das krasse Gegenteil zum formalen chinesischen Stil. Die Feuerstelle bildet den Lebensmittelpunkt der japanischen bäuerlichen Familie im Winter. Hier hat man sich in den kalten Winternächten um das Feuer versammelt, essen gekocht, Handarbeiten erledigt und Geschichten erzählt.

In den langen Winternächten saßen die Generationen gemeinsam am Feuer. Aus Reisstroh wurden die Schuhe geflochten, mit denen man durch den tiefen Schnee stapfen konnte, ohne dass die Füße nass und kalt wurden. Die alten Leute erzählten in der Geborgenheit des vom Herdfeuer erleuchteten Raumes Geschichten aus der Vergangenheit oder Schauergeschichten von gespenstischen Yōkai, den Geistern, die in den kalten Nächten ihr Unwesen trieben.

Hier an der versenkten Winterfeuerstelle finden die Herzen in der Wärme des Feuers unmittelbar zusammen. Wenn der Teekessel singt und das Holzkohlenfeuer aus der Feuerstelle leuchtet, wenn sich der Duft der edlen Dufthölzer dezent im Raum verbreitet und die Flamme der Kerze mit ihrem sanften, flackendem Licht den Raum erhellt, dann stellt sich ganz unmittelbar ein tiefer Frieden und eine warme Geborgenheit im Herzen ein.

15.1 Kokoro no Fumi – Brief des Herzens

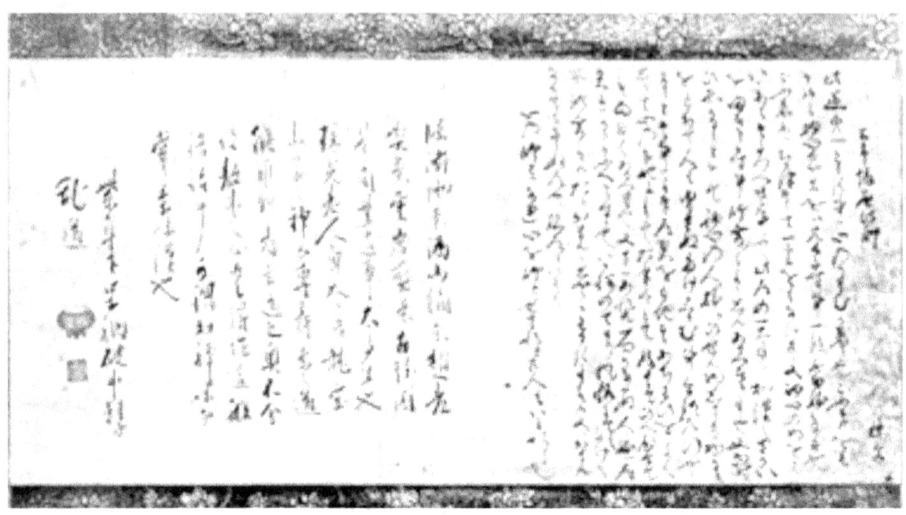

Abb. 41 Kokoro no fumi

Vermutlich von Jūko selbst stammt ein Brief, den er an seinen Schüler
Furuichi Harima geschickt hatte. Der Brief Jūkōs war als Hängerolle aufgezogen und so aufbewahrt worden. Die Rolle wurde zunächst in Nara,
später dann in Ōsaka aufbewahrt. Inzwischen ist der Aufbewahrungsort
unbekannt – falls die Rolle noch existieren sollte. Der Text wurde 1646
von Kobori Enshu, dem Teemeister und Daimyō, auf einer Hängerolle
montiert und vom Haupt-Priester Kosetsu des Daitokuji-Tempels zertifi-
ziert.

Auf der rechten Seite der Rolle schrieb Kosetsu:

> Rinzais Teepflügen, Isans Teepflücken, Jōshūs Teetrinken,
> Ungans[1] Teerösten — viele Gelegenheiten waren mit Tee ver-
> bunden, in denen die alten Meister Maß nahmen.
> Der ehrwürdige Jūko praktizierte einst Zen im Daitokuji und
> widmete sich völlig dem Weg des Tees. Aber selbst wenn er die
> Tiefen des Tees erreicht hätte, wenn er den Geist außerhalb der
> Lehren nicht erkannt hätte, wie hätte er diese Worte äußern
> können? Man könnte sagen, hier ist ein Mensch, der den
> Geschmack des Tees genießt, indem er den Geschmack des Zen

---

[1] Zenmeister Ungan wurde einst gefragt: Wie würdest du es sagen, wenn du
Lippen und Mund geschlossen hältst? Hekiganroku 72.

kennt.

Meister Ungan wurde einst gefragt, wie er ‚es‘ sagen würde, wenn er Lippen und Mund geschlossen hielte. Die Wahrheit – so das Beispiel – ist nicht mit Worten zu sagen. So hat zwar Jūko die Worte über den Tee im Brief gesagt, aber er konnte dies nur, weil er den Zen und den Tee gelebt und nicht (nur) mit Worten gesagt hatte. Damit bestätigt Zenmeister Kosetsu, dass Jukōs Worte aus einem tiefen Erleben von Tee und Zen entsprungen sein müssen. Tee und Zen: Ein Geschmack! Andernfalls wären seine Worte nicht echt.

Aber die Begründung, dass Jūko seinen Tee aus dem Geist des Zen lebte, ist vielleicht eine spätere Begründung, als der Zen im Tee eine größere Rolle spielte, als es zur Zeit von Jūko der Fall war.

Im Brief spielt jedenfalls die Renga-Dichtung eine größere Rolle als der Zen. Nicht Ikkyū hat Pate gestanden, sondern die Theorie der Renga-Dichtung. Der Empfänger des Briefes war der Mönch Furuichi Harima, der später das Amt des Daimyo von seinem Bruder übernahm.

Furuichi war offenbar sehr bewandert in den verschiedensten Künsten. Er war geübt als Schauspieler des Nō-Theaters, er spielte die Shakuhachi. Und er war sehr bewandert in der Renga-Dichtung.

In dieser Form der Dichtung wetteifern mehrere Personen. Einer verfasst den Oberteil mit 5 – 7 – 5 Silben, ein anderer antwortet spontan mit 7 – 7 Silben. Renga ist also eine Form der Dichtung, die man nicht allein im stillen Kämmerlein ausübt. Es ist eine soziale Interaktion zwischen mehreren Personen. In ähnlicher Weise kann der Teeweg nicht allein praktiziert werden. Es ist eine soziale Kunstform, die nur in der Gemeinschaft geübt wird. Zwar kann der Tee auch für sich allein bereitet und getrunken werden, aber es gehört zum Wesenskern dieses Kunstweges, dass er eine Gemeinschaft von Gleichgesinnten erfordert. Teezeremonie ist immer ein Erleben in der Gemeinschaft.

(An) Furuichi Harima Hōshi   (von) Jūko[1]

Auf diesem Weg ist das Erste (und Wichtigste), was man vermeiden sollte, Hochmut und Dünkel und Anhaftung am Selbst. Den Meistern gegenüber neidisch zu sein und Anfänger herabzusetzen, das ist völlig inakzeptabel. Im Grunde sollte man sich den Meistern nähern und auch ein Wort der Lehre von ihnen erbitten, und ebenso sollte man sich um die Anfänger kümmern und sie fördern.

Das Wichtigste auf diesem Weg ist, die Grenze zwischen chinesischen und japanischen Dingen zu überwinden. Dies sollte man sich zu Herzen nehmen und stets vorsichtig sein.

In letzter Zeit gibt es Anfänger, die von ‚Kühle und Verwelktheit‘ sprechen und Bizen- oder Shigaraki-Keramik verwenden, wobei sie sich als Experten ausgeben, sodass Kenner die Stirn runzeln. Das ist absolut unsinnig.

‚Verwelktheit‘ bedeutet, gute Teegeräte (dōgu) zu haben, ihren Geschmack zu kennen, im Einklang mit dem eigenen geistigen Wachstum den richtigen Rang zu erlangen und schließlich den Zustand der ‚Kühle‘ und ‚Verwelktheit‘ zu erreichen. Dies ist der wahre Reiz des Teewegs.
Diejenigen, die diesen Grad nicht erreichen können, sollten alle Anhaftungen an die Teegeräte aufgeben.

Selbst wenn man als Meister angesehen wird, ist es wichtig, die Haltung zu bewahren, stets um Lehren zu bitten. Hochmut und Anhaftung sind dabei das größte Hindernis. Allerdings ist es auch ein Weg, der schwer zu meistern ist, wenn man keinen Stolz hat. Ein weises Sprichwort auf diesem Weg lautet:

心の師とハなれ、心を師とせされ
kokro no shi to ware, kokro wo shi to sezare
Werde der Meister deines Herzens, aber mache das Herz nicht zu deinem Meister.

---

[1] Der Text in der alten Sprache und eine Übersetzung ins moderne Japanisch im Anhang Seite 253. Der Text ist ein Brief an ‚Furuichi Harima Hōshi verfasst von Jukō‘.

Murata Jūkō warnt am Beginn des Briefes ausdrücklich vor der Gefahr der Überheblichkeit gegenüber Anfängern und Neid und Missgunst gegen Könner und Meister. Das gilt nicht nur für den Weg des Tees, sondern für alle Übungswege.

> Es ist völlig falsch, auf die Meister (Könner, Virtuose tatsujin 達人) neidisch zu sein und auf Anfänger (shōshin no mono 初心の物) herabzublicken. Vielmehr soll man die Gesellschaft von Könnern suchen und wissen, dass man ihrer Führung bedarf, und man soll sich bemühen, Anfängern zu helfen,

Im Verlauf des Briefes wird Jūko noch deutlicher. Selbst, wenn man es zu einer gewissen Meisterschaft gebracht hat, bleibt es dennoch wichtig zu wissen, dass man immer noch weiter lernen kann auf dem Weg. Wer aufhört zu wissen, dass er noch nicht vollkommen ist, verliert den Anfängergeist.

Der Anfängergeist 初心 shōshin ist ein ursprünglicher Geist, der von der Freude des Entdeckens, der Neugier zu lernen und sich auf Neues einzulassen geprägt ist. Im Zen sagt man, dass es wichtig ist, immer den Anfängergeist zu wahren.[1] Der Anfängergeist lässt uns die Dinge immer wieder neu und frisch erscheinen. Auch wenn man tausendmal dieselber Teezeremonie durchgeführt hat, wird sie im Anfängergeist immer wieder neu erlebt.

Auf dem Weg, der kein Weg, eine Technik zu erlernen, sondern ein Weg zu sich selbst ist, bedeutet die Einstellung, dass man ein Meister geworden ist, dem nichts Neues mehr auf dem Weg begegnen kann, weil er schon alles weiß oder kann, ein schlimmes Übel. Nichts ist auf dem Weg verderblicher, als ein ‚Profi‘ zu werden, dem niemand mehr etwas vormachen kann. Die Falle der Eitelkeit ist nur schwer wieder zu verlassen.

Wichtig ist es, immer den Anfängergeist zu bewahren. Dann erlebt man jeden Tag aufs Neue die aufregenden und begeisternden Übungen, so als wäre es der erste Tag. Aber es ist schwer, die anfängliche Begeisterung für das Neue und die Aufregung des Anfängers für den neuen Weg

---

[1] Shunryu Suzuki: Zengeist – Anfängergeist. Suzukis Buch gilt als einer der Klassiker des modernen Zen.

zu wahren. Das ist vielleicht sogar noch schwieriger, als all die schwierigen Zeremonien auf dem Teeweg zu erlernen und zu beherrschen. Auch nur der kleinste Gedanke daran, dass man irgendetwas auf diesem Weg besser kann, als Andere, ist bereits ein Weg in die Irre. „Ich kann besser die Schöpfkelle halten, besser das Fukusa, das Seidentuch, falten. Ich kann mich viel tiefer in die Form fallen lassen und mich besser selbst vergessen als mein Gegenüber!" Das ist der Zengeist, den Shunryu Suzuki in seinem Buch ‚Zengeist-Anfängergeist' beschrieben hat. Suzuki beschreibt darin, dass der wahre Zen-Geist jener Anfänger-Geist ist, der uns alle Dinge immer wieder frisch und neu erleben lässt.

Der ‚Profi' verliert die Spontaneität und die unmittelbare Freude, immer wieder neu, wie zum allerersten Mal, den Tee zu schlagen. Natürlich ist man auf dem Weg weiter gekommen. Wenn man tausendmal dieselbe Bewegung geübt hat, kann man sie leichter ausführen als jemand, der das zum ersten Mal tut. Für den ‚Profi' können die immer gleichen Zeremonien zur Routine werden und im schlimmsten Fall schleicht sich Langeweile und Ermüdung ein.

Ich habe Teemeister bei Vorführungen erlebt, die deutlich die Stimmung der Langeweile des Profis ausstrahlten, der schon tausendmal die selbe Vorführung gemacht hat.

Sieht man dann jemanden, von dem man vielleicht meint, dass er die Kunst besser beherrscht oder der für seine Kunst brennt, so entsteht Neid und Missgunst und man beginnt, sich untereinander zu bekämpfen und zu verachten.

Neid und Missgunst sind naturgegeben. Es ist der Futterneid, den auch die wilden Tiere haben. Ich habe einmal erlebt wie zwei Kinder neidisch um Schokoladen-Ostereier gekämpft haben. Beide hatten so viele Schokoladeneier, dass sie sich fast schon angeekelt abgewendet haben. Aber als der kleine Bruder im Begriff war, sich ein Ei in den Mund zu stecken, riss ihm die kleine Schwester das Ei aus der Hand und stopfte es sich triumphierend in den Mund. „Ich kann keine Schoko-Eier mehr sehen, sie ekeln mich schon an. Aber DU bekommst keines davon. Sie gehören alle mir!"

Dadurch, dass Jūko sagt, dass man von den Erfahrenen lernen und die

Anfänger lehren soll, begibt man sich auf einen Weg des Lernens, der im Prinzip niemals enden wird. Denn immer wird es Menschen geben, sei es, dass es Zeitgenossen oder große Lehrer der Vergangenheit waren, die weiter gekommen sind auf dem Weg zu sich selbst als wir selber. Der Weg ist immer eine ständige Herausforderung an mich selbst und eine Überwindung aller negativen Empfindungen. Wenn wir dann weiter schreiten auf dem Weg des Lernens in gegenseitiger Achtung, ohne Missgunst und Neid und ohne Verachtung, dann befinden wir uns im rechten Anfängergeist auf dem Weg, der erst im Augenblick des Todes endet. Aber auch das Sterben wird dann eine Erfahrung auf dem Weg sein.

15.2 Lehrer des Herzens

Jūko endet seinen Brief mit einer merkwürdigen Wendung, die stutzig werden lässt. Wörtlich heißt es dort:

> Ein alter Meister sagte über das Üben: Werde zum Lehrmeister deines Fühlens und Denkens, lass nicht dein Fühlen und Denken dein Lehrmeister sein.

銘道ニいわく
Meidō ni iwaku,

心の師とハなれ、心を師とせされ
kokoro no shi to wa nare, kokoro o shi to sesare,

と古人もいわれし也
to kojin mo iware shi nari.

Der zentrale Satz ist ‚kokoro no shi to wa nare, kokoro wo shi to sezare' - werde zum Lehrer deines Herzens und lass nicht dein Herz dein Lehrer sein. Nach diesem Satz wird der Brief ‚kokoro no fumi', ‚Brief des Herzens', genannt.

Kokoro 心 ist das Herz. Im Schriftzeichen kann man sogar die Herzkammern erkennen. Aber das Herz ist keine Pumpe, wie es die westliche Apparate-Medizin denkt. Es ist der Sitz der Empfindungen, aber auch des Geistes. Das Schriftzeichen für Herz 心 kann auch gelesen werden als shin – Geist. Herz und Geist sind eins. Darum kann man auch übersetzen als Herz-Geist.[1] Das Herz empfindet Liebe und Hass, Neid und Missgunst, es rechnet nach der ostasiatischen Auffassung aber auch ganz rational wie ein Mathematiker. Das Herz oder der Geist ist zugleich denken und empfinden, wahrnehmen und verstehen, vorausplanen und erinnern.

Wir würden zunächst meinen, dass wir mit dem Herzen denken sollten und nicht mit dem kalten Verstand. Aber das Herz ist nicht nur der Sitz guter Empfindungen und Gefühle wie Liebe und Achtung. Im Herzen sitzen auch die Angst, der Neid und die Missgunst. Neid und Missgunst entspringen der Angst. „Wenn mein Bruder das Schockladenei isst, habe ich später keines mehr!" Wenn das Herz von Angst geprägt ist, wird auch der Geist eng. Angst ist die Enge im Herzen und im Geist. Aber Angst ist nicht nur die Enge des Geistes, es ist auch die Enge, die den Hals zuschnürt und die Atmung flach und kurz werden lässt. Ein angsterfülltes Herz denkt anders als ein angstfreies.

Ein freier und offener Geist und ein freies und offenes Herz sind Voraussetzung für den reinen WEG. Aber das ungeformte Herz ist häufig geprägt von Enge und Angst, Missgunst und Neid. Darum müssen wir das Herz zunächst reinigen von negativen Empfindungen. Wir müssen zunächst unser Herz ‚lehren‘, damit es später uns lehren kann. Damit ist das Wichtigste und Erste auf dem Weg, Neid und Missgunst aber auch Selbstüberschätzung und die Enge des Herzens zu überwinden. Ein solches Herz, dass offen und frei ist, heißt Mushin 無心. Das ist der Zustand des Geistes, in dem Gedanken, Emotionen und Erwartungen keine Rolle spielen und der Geist frei von störenden Gedanken oder Empfindungen ist. In diesem Zustand kann man spontan und intuitiv handeln, ohne durch bewusste Gedankenprozesse oder Emotionen behindert zu werden.

Diese Einschätzung des Weges macht das Üben des Weges zu einer Übung und Kultivierung der eigenen Empfindungen. Es ist nicht mehr nur ein Einüben einer Kunstfertigkeit in der Zubereitung von Tee.

Die harmonischen Bewegungen bei der formellen Zubereitung des Tees lassen uns das eigene Selbst vergessen. Man wird Eins mit den

---

[1] Ausführlich dazu im Kapitel über die Rikyū hyakushū in Band 2.

Bewegungen und den Dingen. Das heißt nicht, dass man kein eigenes Selbst mehr hat, aber es ist für die Zeit der Übung völlig vergessen. Dieses Selbstvergessen verändert auch den Alltag. Auch der respektvolle und neidfreie Umgang mit den erfahrenen und die mitfühlende Zuwendung zu den Anfängern lehrt das Herz und den Geist, die Enge und Beschränktheit aufzugeben und eins zu werden mit der Umgebung.

Wie dann eine Tee-Einladung aussehen sollte, wird in einem Brief beschrieben, den vermutlich Jūko an einen Schüler geschrieben hat:

Lass dein Verhalten natürlich und unauffällig sein.

Arrangiere Blumen mit einer leichten Anmutung passend zum Raum. Wenn du Weihrauch verbrennst, zünde ihn so an, dass er nicht so nach oben aufsteigt, so als ob er das Einzige wäre.

Die verwendeten Utensilien sollten dem Alter der Person entsprechend sein – jeweils für Alt und Jung.

Beim Betreten des Teehauses ist es vor allem wichtig, dass sowohl Gastgeber als auch Gast sich in eine Gemütsverfassung versetzen, die völlig frei von fremden Gedanken ist; diese Einstellung sollte innerlich bewahrt und nicht nach außen gezeigt werden.

Alles im Teeraum ist schlicht und unauffällig. Die Blumen sind von einer leichten Anmutung. Später wird Sen no Rikyū sagen: „Stecke die Blumen so, wie sie auf dem Felde wachsen". Das ist die Kunst des cha-bana 茶花, der Teeblumen im Gegensatz zum Ikebana, den recht prachtvoll und aufwändig gesteckten Blumen. Wenn Dufthölzer verbrannt werden, soll der Rauch nicht den gesamten Raum so ausfüllen, als gäbe es nur noch die Wolken aus Duft. Es genügt, einen zarten Duft zu erzeugen, der beim Betreten des Raumes die Erinnerung an das reine Land Buddhas erweckt, der aber dann dezent zu verschwinden scheint. Das Wichtigste aber ist die innere Haltung von Gast und Gastgeber. Sie ist schlicht und innig, ohne dass prahlerisch nach außen gezeigt wird, welch kostbaren Teegeräte man besitzt und wie besonders elegant meine Bewegungen sind.

Es ist nicht ganz sicher, von welchem der ‚alten Meister' der Ausspruch über das Herz stammt. Es könnte sein, dass er aus dem Nirvana-

Sutra, dem Mahāparinirvāṇa Sūtra 大般涅槃経 stammt. Im Sutra wird die Allgegenwart der Buddhanatur behandelt. Alle Wesen haben Buddhanatur, auch der Hund. Auch wenn Meister Jōshū auf die besorgte Frage eines Mönchs nach der Buddhanatur mit „MU – nicht!" antwortet, so hat der Hund dennoch Buddhanatur. Das Problem liegt nicht bei dem Hund, sondern bei dem Mönch. Sein Herz-Geist ist so eng und von Sorgen gequält, dass er die Buddhanatur seines Hundes nicht erkennen kann. Zenmeister Dōgen erzählt eine Fortsetzung der Geschichte. Ein anderer Mönch fragt Jōshū nach der Buddhanatur seines Hundes und Jōshū antwortet: „Yu – hat!" Wenn sein Herz frei ist, kann er auch die Buddhanatur des Hundes erkennen.

Vermutlich stammt der Satz „kokoro no shi to wa nare, kokoro o shi to sesare" nicht aus dem Umkreis des Zen, sondern aus dem Buddhismus des Reinen Landes, dem Jōdō-Shu. Das war die Form des Buddhismus, die sich zuerst in Japan ausbreitete und die im Volk verstanden wurde. Die esoterischen Richtungen der Tendai und des Shingon waren viel zu akademisch, um in der breiten Bevölkerung Fuß fassen zu können. Auch der Zen war letztlich nur für Menschen zu praktizieren, die sich einer strengen Schulung unterwarfen oder möglischt Mönche wurden. Aber der Buddhismus des Reinen Landes war allgegenwärtig und für jeden Japaner lebbar.

Es ist viel über den Zen und die japanischen Künste geschrieben worden. Scheinbar war alles, was aus Japan in den Westen kam Zen-Buddhismus. Aber das lag wohl auch daran, dass die ersten Japaner, die in den Westen kamen, ihre japanische Kultur in den Westen vermitteln wollten. Sie sahen den Zen als ‚Alleinstellungsmerkmal' Japans an. Für D.T Suzuki war alles Zen. Eugen Herrigel schrieb sein berühmtes Buch ‚Zen in der Kunst des Bogenschießens'. Dieses kleine Buch hatte wohl den stärksten Einfluss auf das Verständnis von Zen im Westen. Aber Herrigels Lehrer und Bogenmeister Meister Awa Kenzo 阿波 研造; 1880–1939 hatte niemals ein Zen-Training absolviert und er hatte keinerlei Kontakte mit dem Zen.

Auch im Teeweg sind – mindestens in den Gründungszeiten – die Einflüsse des Jodo Buddhismus wohl weitaus stärker, als die des Zen. Aber im Teeweg gibt es bereits frühe Schriften, die Tee und Zen zusammenbringen. Eines der wichtigsten Werke in diesem Zusammenhang ist das Namböroku, die Aufzeichnungen des Zenmönches Nambō aus dem Nanshuji in Sakai. Der Nanshūji war ein Untertempel des Daitokuji im Norden Kyōtos. Ein Sohn des Zenmeisters Ikkyu hatte dort als Zenmeister gewirkt und viele der Kaufleute aus Sakai in Zen trainiert.

Auf das Namboröku wird im zweiten Band ausführlich eingegangen. Manche Forscher halten das Werk für eine frühe Fälschung um den Zusammenhang von Tee und Zen zu propagieren. Aber es ist eines der wichtigsten Quellenwerke aus der Hochzeit des Chanoyu.

15.3 Chinesisch versus Japanisch

In seinem Brief schreibt Jūko:

> Das Wichtigste auf diesem Weg ist, die Grenze zwischen chinesischen und japanischen Dingen zu überwinden. Dies sollte man sich zu Herzen nehmen und stets vorsichtig sein.

> 比道の一大事ハ、和漢之さかいをまきらかす事、肝要肝要、よ
> うしんあるへき事也
> Budo no ichidaiji wa, Wakan no sakai o makirakasu koto, kan'yō kan'yō, yōshin aru beki koto nari. [1]

„Wakan no sakai o makirakasu koto – die Grenze zwischen Japanisch und Chinesisch aufheben". Wakan 和漢 ist zusammengesetzt aus den Zeichen wa 和 für Japan und kan 漢 für das Han-China. Damit ist nicht die alte Han-Dynastie gemeint, sondern das Volk der Han.
Das Schriftzeichen für Japan ist wa 和 und bedeutet eigentlich ‚Harmonie'. Ein deutscher Japanologe meinte, dass Japan eben das Land der Harmonie ist. Prinz Shōtoku, der die erste Verfassung Japans entworfen hat, meint, dass Harmonie das Wichtigste unter den Menschen ist. In China wurde das Land Yamato als das Land der wō 倭 bezeichnet. In Japan wurde der Name Yamato, dessen Bedeutung unklar ist, als 大和,

---

[1] Übersetzung in modernes Japanisch:
そしてこの道でもっとも大事なことは、唐物と和物の境界を取り払うこと。
Soshite kono michi de mottomo daiji na koto wa, karamono to wamono no kyoukai wo tori harau koto.

wörtlich eigentlich Dai-wa, große Harmonie geschrieben aber als Yamato gelesen. Als Vorsilbe wa 和- werden japanische Dinge wa-mono 和物 bezeichnet und nur in der Zusammensetzung als wa- (mono) gelesen, z.B. wa-kin, japanischer Stoff, wa-shi, japanisches Papier etc.

Die Rede in Jukōs Brief ist von der Verwendung von Karamono 唐物 und Wamono 和物. Kara-mono bezeichnet Dinge, die aus der chinesischen Tang-Dynastie[1] stammen. Kara 唐 kann in der alten Sprache auch das alte Korea bezeichnen. Die japanische Hafenstadt Karatsu, die berühmt ist für ihre Keramik, die stark von Korea beeinflusst ist, heißt wörtlich Hafen nach Kara-Tsu 唐 津. Karats liegt direkt gegenüber von der Küste Südkoreas und der Hafen führt keineswegs nach China. Dennoch meint karamono 唐物 die Dinge, die aus dem zur Zeit Jukōs schon längst untergegangenen Tang-China oder aus der Song Dynastie stammen. Es war keineswegs so, dass man damals die Dinge aus dem zeitgenössischen China importierte und sie hochschätzte. Es mussten schon antike Dinge aus der Zeit alten Zeit sein.

Diese Gegenstände, seien es Malereien oder Kalligrafien, seien es Keramik Utensilien oder Metallarbeiten, waren in Japan hochgeschätzt und unglaublich teuer. Die Hauptaufgabe der dōbōshū am Hofe der Ashikaga war es denn auch, diese kostbar eingeschätzten Dinge zu sammeln und zu bewerten. Aus den Schriften von Sōami geht hervor, dass sein Augenmerk nicht auf dem Tee und der Zubereitung von Tee lag, dass er sich vielmehr darum bemühte, bei den offiziellen Einladungen die korrekte Auswahl hochwertigster karamono Gegenstände zu präsentieren und in geeigneter Weise zusammenzustellen.

Eine kleine karamono nasubi Chaire,[2] eine Teedose aus Keramik in der Form einer Aubergine (nasubi), soll im Besitz von Jūko gewesen sein. Später war sie im Besitz von Oda Nobunaga, die sie im Honnōji 本能寺 Tempel in Kyōto benutzt haben soll. Der Tempel wurde durch ein gewaltiges Feuer zerstört, als Nobunaga dort weilte und von einem aufständischen General angegriffen wurde. In einer aussichtslosen Lage – Nobunage hatte nur 12 Krieger gegenuber einer gewaltigen Übermacht

---

[1] 唐 in der chinesischen Lesung: táng, japanisch Kara. Táng-Dynastie (618-907).

[2] Abb. 43.

an seiner Seite - zündete er den Tempel vermutlich selbst an und beging Seppuku. Sein Leichnam wurde niemals gefunden.

Jūko soll die Chaire für einen Preis von 99 Kan erworben haben. Kan ist eine alte Währungseinheit. 1 Kan (貫) entsprach 1000 Mon 文. Ein Mon war oft der Wert einer Kupfermünze. Um den Wert der chaire ermessen zu können, kann man annehmen, dass ein Arbeiter damals im Durchschnitt am Tag etwa 100 Mon verdiente.

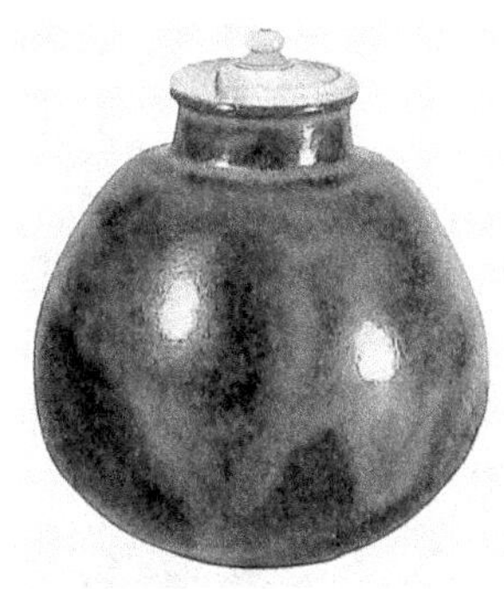

Abb. 43 Nasubi Chaire

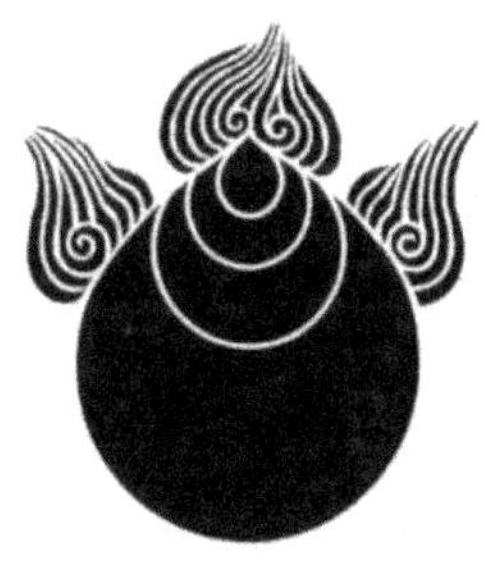

Abb. 42 Hoju no tama

Neunundneunzig kann würden demnach etwa neunhundertneunzig Tageslöhnen entsprechen (99 Kan * 10 Tage pro 1 Kan = 990 Tage). Ohne Feiertage oder freie Tage musste ein durchschnittlicher Arbeiter, wenn er seinen gesamten Lohn lediglich für den Kauf der Chaire verwenden würde, also fast drei Jahre arbeiten.

Die Form der kleinen Teedose erinnert nicht nur an eine Aubergine, sondern auch an den heiligen Edelstein hōju-no-tama 宝珠の玉, der voller heiliger Energie strahlt. Die Drachen in Japan und China jagen nach diesem Edelstein, weil er die Lebenskraft selbst darstellt. Auch auf vielen Pagoden oder Tempeldächern wird oben auf der äußersten Spitze dieser flammende Edelstein dargestellt. Darum wird oft die kleine Auberginenform als die beste Form einer chaire angesehen.

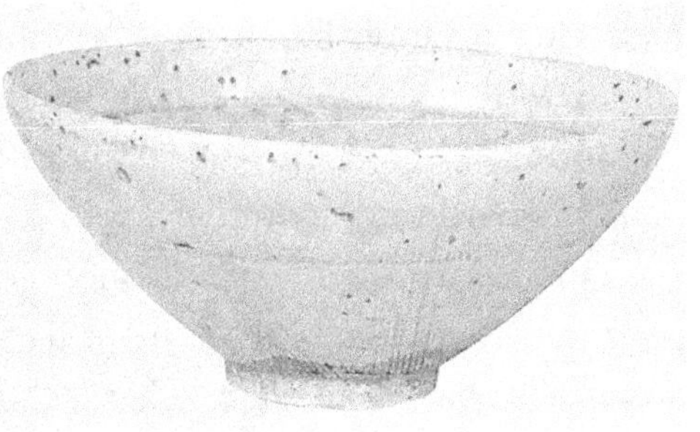

Abb. 44 Jūko Chawan

Neuere Forschungen haben ergeben, dass Jūko vermutlich lediglich eine einzige, eher bescheidene chinesische Teeschale als einziges karamono dōgu besessen hat. Als dōgu

道具, wörtlich Weg-Zeug bezeichnet man alle Dinge und Geräte, die zur Ausübung des Weges gebraucht werden. Das müssen nicht nur Geräte für chanoyu, den Teeweg, sein. Auch die Werkzeuge des Schreiners wie Hammer, Stecheisen oder Hobel heißen dōgu. Sie werden für den WEG des Schreiners gebraucht.

Jukō Teeschale hat vom Fuß her nach oben hin ein eingeritztes Rillen-muster, die der Oberfläche eine Struktur geben. Die Glasur, ist eine bräunlich-gelbliche Seladonglasur, die vermutlich durch einen Fehlbrand entstanden ist. Bei der Seladonglasur - japanisch seiji - entsteht bei einem Reduktionsbrand eine grünliche Farbe. Hat das Feuer bei Brand zu viel Sauerstoffzufuhr, so wird die Farbe der Glasur eher bräunlich. Die Glasur wurde später nach dieser Teeschale als Jūko-seiji, Jūko-Seladon bezeichnet.

Die Schale zeugt vom eher schlichten Geschmack, der später als wabi bezeichnet wurde.

Sie wurde aber sehr hoch geschätzt. Oda Nobunaga, der sie später im Besitz hatte, schenkte sie dem Daimyo Niwa Nagahide als Dank für den Bau der wichtigen Burg Azuchi, die in den folgenden Kriegen der Azu-chi-Momoyama Zeit eine wichtige Rolle spielte.

Daran erkennt man, welchen immensen Wert man damals den Chine-schen Utensilien beimaß, die durch ihre Vorbesitzer noch mehr geadelt waren. Je mehr berühmte und namhafte Vorbesitzer ein Gerät hatte, desto wertvoller war es. Solche berühmten karamono Utensilien nannte man meibutsu 名物, Namen-Dinge. Sie waren aus der Masse der anony-men Gegenstände herausgehoben und trugen einen Namen, der in der Überlieferung der Gegenstände weitergegeben wurde. Die kleine auberg-inenförmige Chaire in Abb. 43 wurde von Jūko nach einem Gedicht aus dem Manyoshu ‚Tsukumo Nasubi‘ genannt, was in etwa ‚neunundneun-zig Jahre Sehnsucht‘ (nach einer geliebten Frau) bedeutet. Der Name bedeutet vermutlich, dass man nach dem Besitz dieser Chaire soviel Sehnsucht hat, wie nach einer schönen Frau, nach der man sich seit neunundneunzig Jahren sehnt.

Es sind immer noch einige der alten Teegeräte erhalten. Die meisten davon befinden sich in Museen oder gelten sogar als Nationalschätze.

Aber es gibt auch noch einige in privatem Besitz. Einmal hatte ich Unterricht von einem Teelehrer, der aus einer alten Familie stammte, die aber mit der Urasenke in enger Verbindung steht. Ich hantierte mit einem Chawan im chinesischen Stil. Der Lehrer fragte mich, ob ich wüsste, was das denn für eine Teeschale sei. Dann erklärte er mir: „Es gibt in Japan und vermutlich auf der ganzen Welt nur noch drei Schalen von dieser Art. Eine befindet sich im Nationalmuseum in Tokio, eine im Tokugawa Museum in Nagoya und dann diese hier, die gehört mir!" Da wird es einem schon etwas seltsam um das Herz, wenn man mit derartigen Museumsstücken ganz einfach nur einen Tee bereitet.

Wer damals nicht über eine ausreichende Anzahl von karamono Geräten verfügte, konnte sich nicht als Teemeister bezeichnen. Am Hof des Ashikaga mussten wohl alle Utensilien edle chinesische Dōgu sein. Aber wenn man wenigsten ein einziges karamono dōgu besaß, musste das eben mit gewöhnlichen japanischen wa-mono kombinieren. Damit wurde es auch solchen Menschen möglich, den Teeweg zu üben, die nicht in der Lage waren, sich ein vollständiges Set an karamono dōgu anzuschaffen.

In Wahrheit geht es Juko nicht darum, ob man japanische oder chinesische Utensilien benutzen sollte. Vielmehr ist es wichtig, die Fixierung auf den Besitz von ‚guten' Teegräten aufzugbene und die Aufmerksamkeit auf die Bildung des eingenen Herzens zu richten und

> ... im Einklang mit dem eigenen geistigen Wachstum den richtigen Rang zu erlangen und schließlich den Zustand der ‚Kühle' und ‚Verwelktheit' zu erreichen ....

Diejenigen, die diesen Grad nicht erreichen können, sollten alle Anhaftungen an die Teegeräte aufgeben.

Sie können auch, ohne darauf besonders stolz zu sein, einfache japanische – oder in der heutigen Zeit Geräte aus ihren Heimatländern – benutzen

Wahre Meisterschaft besteht nicht im Besitz von teuren Gerätschaften, sondern in der Entwicklung der eignen geistigen Reife. Das ist der Reiz des Teeweges.

15.4 Shikaden: Misch-Stil

Durch die Kombination von wa-mono mit karamono entstand ein ganz eigener Mischstil. Noch heute gibt es in der Tradition der Urasenke Zeremonien, in denen ein einziges karamono dogu, etwa die chaire mit komplett anderen japanischen Dingen gemischt wird. Aber man verwendet bei den japanischen Dingen durchaus keine prächtigen und kostbaren Utensilien, sondern vielmehr gerade Dinge aus dem alltäglichen Umfeld. Diese Formen der Teebereitung gelten als geheime Überlieferung, als shi-ka-den 四ヶ伝[1] ,vier Überlieferungen' bezeichnet. Die Teedose, die chaire, ist heute natürlich eine Kopie eines alten chinesischen dōgu.

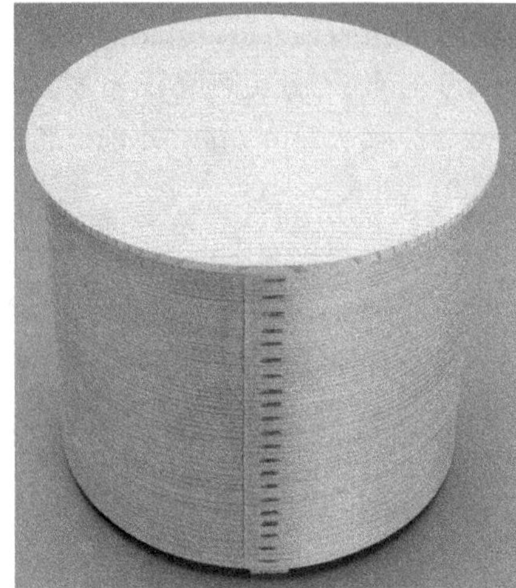

Abb. 45 Mage mizusashi

Dazu wird in der Urasenke-Tradition ein Kaltwassergefäß benutzt, das in den Samuraihaushalten als Küchengerät zum Aufbewahren von Wasser diente. Es ist doppelwandig und aus dünnen Zedernholz - Streifen gebogen. Die Enden der Holzstreifen sind mit getrockneter Kirschbaumrinde ,zusammengenäht'. Die Standardgröße dieses Wassergefäßes beträgt heute 5 sun 8 bu (17.57cm), es ist 4 sun 9 bu (14.84cm) hoch. Das Gefäß muss vor Gebrauch lange gewässert werden, weil es andernfalls undicht bleibt und das Wasser ausrinnt. Durch das lange Wässern wird das Holz einigermaßen dicht. Das Gefäß ist doppelwandig und zwischen dem inneren und dem äußeren Ring ist ein kleiner Zwischenraum.

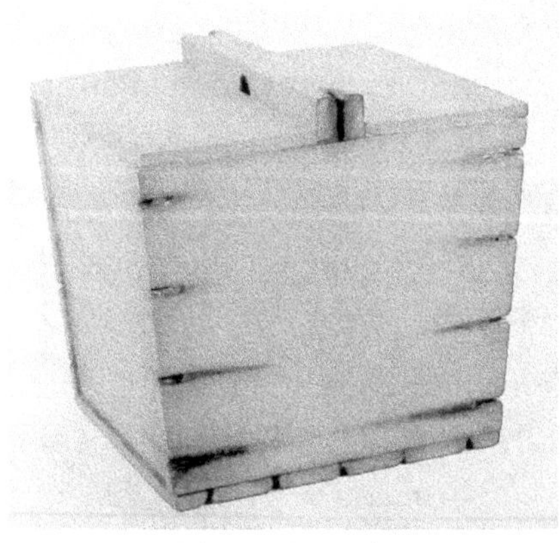

Abb. 46 Tsurube

---

[1] 四ヶ伝: shi: Vier, ヶ Ka zeigt, dass die Zahl eine Anzahl von etwas ist, 伝 den: Überlieferung.

Dadurch kommt das Wasser aus dem Gefäß nicht mit der Außenhaut in Kontakt. Das Gefäß wirkt frisch und rein. Früher wurde es nur ein einziges Mal verwendet, aber bei den Arbeitslöhnen heute bleibt das Gefäß viele Jahre im Gebrauch.

Durch das Wässern strahlt das Gefäß eine kühle und klare Frische und Reinheit aus und entspricht damit dem Reinheitsgebot des Shintoismus.

Die alten karamono Wassergefäße, die im Daisu verwendet wurden, waren ‚kaigu‘ 会具, das heißt Wassergefäß (Mizusashi), Brauchwassergefäß (Kensui), Deckelträger (Futaoki) und Halter (Shakutate) für die Schöpfkelle (Hishaku) waren ebenso wie das Feuerbecken Furo und der Teekessel Kama ein Set aus edler, vornehm dunkler Bronze.

Der fünfte Großmeister der Yabunouchi Schule, Yabunouchi Chikushin (1678-1745) schrieb das Genryū Chawa, ‚Meditationen über die ursprüngliche Form des Teeweges‘. Darin schreibt er über den alten und den neuen Stil:

Die Mizusashi früherer Zeiten waren chinesische Importe aus Metall. Mit seinem anspruchsvollen Geschmack begann Jukō, Bizen-Ware und Shigaraki-Ware für Mizusashi zu verwenden. Später, in ihrem Streben nach Wabi-Ästhetik, bevorzugte Jōō[1] einen ‚Tsurube‘-Stil Holzeimer und Rikyū ein Magemono-Mizusashi.

Das Kaltwassergefäß im Tsurube-Stil wurde später als Vollendung des neuen wabi-Stils von Takeno Jōō und von Sen Rikyū verwendet. Es stellt den allerstärksten Kontrast zu den formalen Bronze dōgu im alten chinesischen Stil dar. Das Tsurube in Abb. 46 ist ursprünglich ein Brunneneimer, mit dem man das Wasser aus dem Brunnen schöpfte. Das Gefäß ist mit schlichten Brettern und handgeschmiedeten Nägeln zusammengenagelt. Die Nägel rosten, weil das Gefäß ständig nass sein muss, damit das Wasser nicht ausläuft. Die Rostspuren der Nägel entstehen von Natur aus und werden nicht als störend oder als Fehler betrachtet. Sie sind sabi, Schönheit, die durch intensiven Gebrauch entstehen und die im wabi-Tee als Merkmal der Schönheit gelten.

Das Tsurube hinterlässt auf der Tatami einen feuchten Abdruck, weil

---

[1] Takeno Jōō 武野 紹鴎, 1502–1555

immer Wasser durch das Holz hindurch diffundiert. Aber das gehört eben zur Natur dieses Gefäßes und wird darum im wabi-Tee als schön angesehen. Oben der Griff hat eine Aussparung. Dort konnte man den Haken der Brunnenkette einhängen und das Gefäß an der Kette in den Brunnen hinunterlassen. Zwei einfache Brettchen dienen oben als Deckel. Eines der Brettchen hat eine Nase, die in die Öffnung im Griff eingreift, das zweite Brettchen liegt einfach nur oben auf der Wandung des Eimers. Vor Takeno Jōō wurde dieses Gefäß nur dazu benutzt, Wasser aus dem Brunnen zu schöpfen. In dem Holzbehälter bleibt das Wasser lange frisch und so wurde das im Teeraum benötigte Wasser im Tsurube-Eimer aufbewahrt. Im Teeraum selbst wurden dann die chinesischen Bronzegefäße oder später auch Keramik Wassergefäße aus Bizen oder Shigaraki verwendet. Es ist die höchste Vollendung des wabi-Stiles, wenn der schlichte Brunneneimer aus dem alltäglichen Gebrauch im Teeraum gezeigt wird.

Im Yamanoue Sōji no ki wird ein Ausspruch Jukō überliefert, der sich vermutlich auf diese Kombination der edlen chinesischen meibutsu und den schlichten japanischen Alltagsgegenständen bezieht.

藁屋に 名馬 繋ぎたる が 良し
Waraya ni Meiba tsunagitaru yoshi

Es ist gut, an ein Strohdachhaus ein berühmtes Pferd anzubinden. Mit anderen Worten: Es ist gut meibutsu - Utensilien in einer rauen Umgebung zu verwenden. Das ist berührend.

Die Abbildung zeigt die moderne Anordnung einer edlen chinesischen Chaire, die natürlich in diesem Fall eine Kopie darstellt, mit einem früher alltäglichen Wassergefäß aus gebogenem Holz. Die Teeschale ist ebenfalls eine alte japanische Rakuschale, eine Kopie einer Schale, die der erste Raku-Keramiker Shōjiro für Rikyū angefertigt hatte.

Die Chaire, die winzige Keramik-Teedose, ist die berühmte Kranich-hals Form, die Tsuru-kubi, von der lediglich vier Stück in Japan existierten. Eine davon war im Besitz von Sen Rikyū. Diese Teedose chinesischen Ursprunges ist winzig mit einer Höhe von nur 11,8 cm und einem Durchmesser des Bodens von 3,5 cm. Die Öffnung des langen Kranichhalses ist nur 2,8 cm weit. Trotz ihrer Winzigkeit war sie eines der höchstgeschätzten Teegeräte der Zeit.

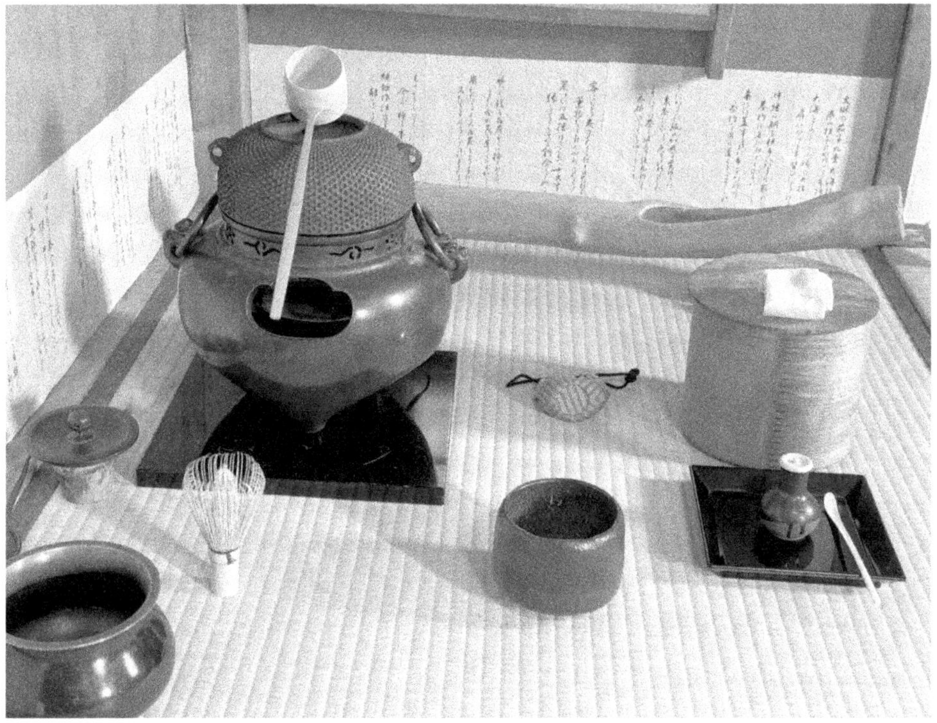

Abb. 47 Karamono – Wamono

Die Teemenschen drängten sich darum, eine Teezeremonie von Rikyū zu erleben, bei der er die kleine Tsuru-kubi chaire benutzte.

Tsuda Sōgyū, ein reicher Kaufmann aus Sakai und Teemeister, wurde von Rikyū zum Tee eingeladen, wobei Rikyū die tsuru-kubi chaire benutzte. Tsuda Sōgyū sagte darauf, dass er nun beruhigt sterben könne, nachdem er Rikyūs Tee mit dieser Chaire erlebt hatte.

Einmal war Hideyoshi bei Rikyū zu Gast, als der die tsuru-kubi chaire benutzte. Hideyoshi äußerst sofort den Wunsch, die Chaire zu besitzen. Aber Rikyū sagt, dass er sie nicht verkaufen könne, weil sie ihm ungeheuer wichtig war. Dennoch ließ er sie nach Abschluss der Zeremonie in der Tokonoma, der Bildernische, stehen, damit Hideyoshi sie nehmen konnte. Aber Hideyoshi war so gerührt von dieser Geste, dass er Rikyū die Chaire ließ.

Es ist erstaunlich, dass Japans Herrscher solche, für unsere Augen doch recht unscheinbare Dinge wie diese kleine Keramikdose, derartig hoch schätzten. Es sind nicht Gold und glänzende Edelsteine, die höchste Schätzung finden, es sind winzige kleine Keramikdöschen!

Die Döschen, die in China ursprünglich nicht für Tee gedacht waren, wurden japanisch, indem die Teemeister Deckel aus Elfenbein hinzufügten und die Dosen in kostbare Brokatstoffe hüllten. Es ist einer der bewegendsten Augenblicke bei einer Teezeremonie, wenn der Gastgeber mit langsamen Bewegungen allmählich die Teedose aus der Hülle nimmt und wenn die Gäste erkennen können, welche unscheinbare Kostbarkeit sich in dem Beutel befindet. Es ist wie im Nō-Theater, wenn der Hauptschauspieler, der Shite, auftritt. Er erscheint an der Seite der Bühne. Sein Eingang ist mit einem Brokatvorhang verdeckt. Dann beginnt der Vorhang zu zittern und er öffnet sich ganz plötzlich und ruckartig von unten nach oben, indem er mit Bambusstangen von hinten bewegt wird. Plötzlich steht da wie eine Erscheinung aus dem Jenseits der Schauspieler in seiner prächtigen Gewandung, das Gesicht hinter einer Maske verborgen. So erscheinen Geister und Wesen aus einer anderen Welt. Frauen sollen vor Schreck bei dieser Erscheinung Fehlgeburten erlitten haben.

15.5 Yugen – Unscheinbare Vollkommenheit

Es ist ein Ausspruch von Jūko, der wohl im Zusammenhang mit diesem Erscheinen der meibutsu wie aus einer anderen Welt zusammenhängt.

月も雲間のなきは嫌にて候。
Tsuki mo kumoma no naki wa iya ni te sōrō.

Der Mond ohne Wolken ist unangenehm.

Tsuki 月 ist der helle Mond, der zwischen Wolkenlücken kumo-ma 雲間 hervorscheint. Wenn die Wolken ziehen und immer wieder den Mond verbergen, so ist das weitaus bewegender und erregender als der volle, klare Mond ohne jede Wolke. Für Myōe Shōnin ist der Mond, der sich hinter Wolken verbirgt, das Bild des Erwachens in die Klarheit.[1] Der Mond ist nicht das leuchtende und klare Bild, das erscheint, wenn man makellose chinesische Utensilien sieht. Auch etwa die kleine Kranichhals-Chaire ist keineswegs vollkommen. Es ist eine einfache Keramik, die Glasur läuft in Tropfen unkontrolliert herunter und das Unterteil ist ohnehin ohne Glasur. Auch die hochgeschätzten chinesischen Utensilien sind in ihrer Art nicht vollkommen und leuchtend, sondern eher schlicht und unperfekt. Es ist nicht der Materialwert, der den chinesischen meibutsu einen derartigen Wert verliehen. Der Wert liegt lediglich in den Augen des Betrachters.

Das Zitat über den Mond ohne Wolken stammt nicht von Jūko direkt, sondern von einem Nō-Schauspieler, der über Jūko berichtet. Vermutlich bezieht sich das Wort weniger auf die perfekten chinesischen Geräte im Gegensatz zu den unperfekten japanischen, denn auch die im chanoyu verwendeten chinesischen Gräte sind eher schlicht. Bereits früher wurde eine Verhaltensregel zitiert, die Jūko wohl an einen Schüler geschrieben hatte:

所作は自然と目に立ち候はぬ様にあるべし。
Shosa wa shizen to me ni tachisōranun yō ni aru beshi.

Die Bewegungen sollten ganz nach der Natur und unauffällig sein.

Die Bewegungen und das Verhalten im Teeraum sollte nicht hell und

---

[1] Myōes Text über den Mond siehe Seite 113.

strahlend sein wie der volle Mond an einem wolkenlosen Himmel, sondern verhalten und eher zurückhaltend verborgen. Auch der Ashikaga Yoshimasa hatte offenbar den Mond als Maß seiner ästhetischen Auffassung gewählt. Aber der Shōgun genoss offenbar nicht den direkten Anblick des Mondes, sondern das von den Kiesflächen vor der Togudō-Halle reflektierte Mondlicht, das sanft den Garten und die Wasserflächen erleuchtete. Der direkte Anblick des hellen Mondes war ihm wohl zu gewöhnlich und geschmacklos.

Dieses verborgene Leuchten entspricht der Blüte des Schauspielers auf der Nō-Bühne, die Zeami[1] als Yugen 幽玄, etwa ‚geheimnisvolles Dunkel' bezeichnet. Zeami hatte nicht nur viele Theaterstücke geschrieben, die heute noch auf jeder Nō-Bühne aufgeführt werden. In seinen theoretischen Schriften entwickelt er die Theorie des Yugen, besonders im Fūshikaden 風姿花伝 oder Kadensho 花伝書, seiner ersten, ursprünglich als geheim gehüteten Schrift. Yugen, das die Blüte der Meisterschaft des Nō-Schauspielers beschreibt, ist laut Zeami wie die Sonne, die verborgen hinter einem blumenbedeckten Hügel untergeht. Es ist wie der subtile Schatten von Bambus, der auf Bambus fällt. Yugen ist nicht das, was sich aufdringlich in den Vordergrund drängt und leuchtet. Es ist eine geheimnisvolle Tiefe, die eher aus dem entsteht, was sich dem direkten Zugriff entzieht.

Der Spruch vom Mond ohne Wolken bezieht sich nicht auf die unvollkommenen Teegeräte im wabi-Stil. Es bezieht sich auf das Verhalten des Gastgebers bei der Teezeremonie.

Jūko scheint auch noch in anderer Hinsicht von der Theorie des Nō-Theaters von Zeami beeinflusst zu sein. Für sich genommen klingt es merkwürdig, dass sich die verwendeten Teegeräte nach dem Alter des Gastgebers richten sollen.[2] Diese Ansicht könnte die Idee von Zeami widerspiegeln, dass der Schauspieler des Nō in jedem Lebensalter die dem Alter entsprechende Blüte des Yugen erreichen kann. Das Yugen eines jungen Mannes in der Blüte seiner Jugend mit einer ansprechenden Gestalt ist anders als das Yugen eines alten Mannes, der sich

---

[1] Zeami Motokiyo (世阿弥 元清) (c. 1363 – c. 1443), auch bekannt als Kanze Motokiyo (観世 元清).

[2] Vergl. Seite 199.

mit steifen Gelenken bewegt. Dennoch kann gerade ein alter Mann ein tiefes Yugen erreichen, auch wenn er in seiner Beweglichkeit eingeschränkt ist.

Auch im Teeweg sagt man, dass der Gastgeber erst im hohen Alter in der Lage sein wird, in einem winzigen Raum mit nur 2 Tatami den Tee so zu servieren, dass man die Enge des Raumes nicht spürt. Vielmehr kann er mit kleinen und sehr sparsamen Bewegungen eine Weite des Raumes erzeugen, zu der ein junger Mensch nicht in der Lage ist. Auch mein Teelehrer Yoshinori Kawasaki hatte als junger Mann wunderschöne Bewegungen. Als ich ihn später als älterem und bereits kranken Mann wiedergetroffen hatte, war diese jugendliche Schönheit verschwunden. Seine Bewegungen waren völlig kunstlos und natürlich. Aber sein Tee war ergreifend innig. Das war das Yugen eines älteren und reifen Mannes.

Aber in Jokōs Brief ist nicht nur die Rede von der Verwendung chinesischer und japanischer Utensilien. Wörtlich heißt es:

Wakan no sakai o makirakasu koto – die Grenze zwischen Japanisch und Chinesisch aufheben.

Der chinesische Stil ist sehr viel prächtiger und bunter als der japanische. Auch die Kleidung ist viel bunter und farbenprächtiger als das streng Schwarz der Samurai und das Schwertadels. In der Heian-Zeit war die höfische Kleidung in Japan ebenfalls bunt, aber nun änderte sich der Geschmack. Alles wird schlichter und weniger bunt. Das Ideal ist nicht mehr die Farbigkeit, sondern das kühl Nüchterne und Abgeklärte.

Nicht mehr die prächtigen Räume im Shoin-Stil gelten als Maß aller Dinge. Vielmehr wird der schlichte Tee in der strohgedeckten Hütte zum Ideal des Teeweges. Auch in der Dichtung findet dieser Wandel des Geschmackes statt. Die Dichtung wird japanischer, schlichter und kühler. Die Dichtung arbeitet mit Worten und Bildern, die durch die Worte hervorgerufen werden. Im Teeweg spielen die Worte nur eine untergeordnete Bedeutung. Die Atmosphäre wird erzeugt durch die Teegeräte und die Ausstattung des Raumes und die Bewegungen des Gastgebers. So sind die Teegeräte japanischen Ursprungs noch ein ganzes Stück schlichter und kühler im Geschmack wie selbst die schlichten chinesischen dōgu.

In Jukōs Brief bezieht er sich auf eben diese japanischen Geräte aus Bizen oder Shigaraki, die sogar ohne jede Glasur verwendet werden. Beide Öfen verwenden eine spezielle Tonmasse, die bei hohen Temperaturen gebrannt wird. Die einzige Glasur, die verwendet wird, ist der zufällige und beim Brand nicht steuerbare Anflug von Asche. Diese Asche wird vom Feuer mitgerissen. Wenn die Keramik im Ofen bereits

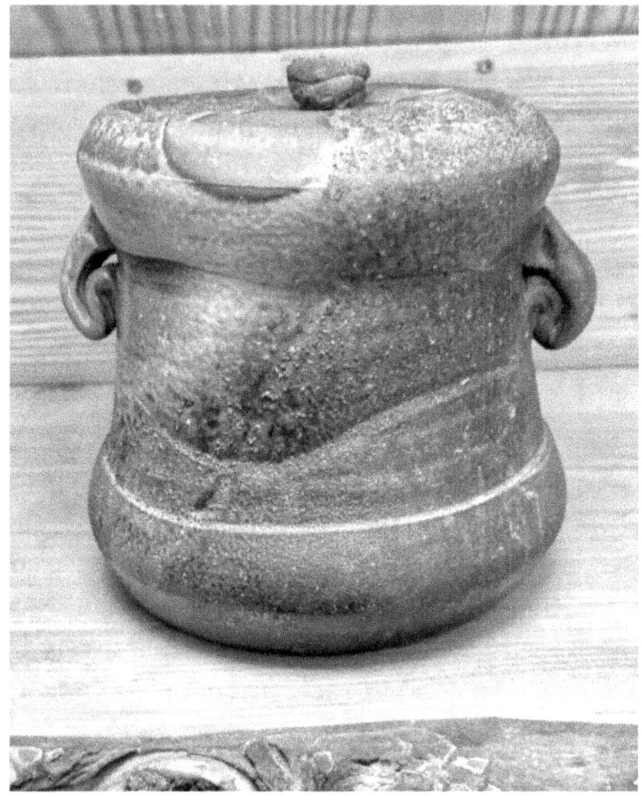

Abb. 48 Bizen Mizusashi

eine sehr hohe Temperatur erreicht hat, bleibt die Asche am Scherben haften und wird dann zu Glas schmelzen. Diese zufällige Glasur entsteht nur auf der dem Feuer zugewandten Seite im Anagama, dem Brennofen, der sich an einem Hang nach oben zieht.

Das Kaltwassergefäß Mizusashi[1] aus dem Besitz des Autors ist eine moderne Interpretation vom Keramiker Ueda Genmyo aus Okayama. Die

---

[1] siehe Abb. 48

dunkle Farbe entsteht, weil der Scherben mit Asche bedeckt ist und der Brand mit reduzierter Atmosphäre gebrannt wurde. Die linke obere Seite zeigt Spuren von Farbe, die durch geschmolzene Asche entstanden ist.

Jōko schreibt in seinem Brief:

> Heutzutage gibt es Menschen, die sich ‚hiekareru' (冷え 枯れる ausgekühlt und welk) nennen und als Anfänger Bizen- oder Shigaraki-Keramik verwenden und sich als Meister ausgeben, dass Kenner die Stirn runzeln. Dies ist eine unhaltbare Situation. ‚Kareru' (枯れる welken) bedeutet, gute Werkzeuge zu haben, deren Geschmack zu kennen, eine Position zu erreichen, die dem Wachstum des Herzens (kokoro no seichō 心の成長) entspricht, und schließlich den Zustand des Abgekühltseins und Mageren zu erreichen.
> Dies ist der Reiz der Teezeremonie.
> Dennoch sollten diejenigen, die diesen Zustand nicht erreichen können, die Besessenheit von Werkzeugen aufgeben. Auch wenn man als Geschickter angesehen wird, ist es wichtig, eine Haltung zu haben, in der man von anderen lernt. Arroganz und Anhaftung sind dabei die größten Hindernisse. Es ist jedoch auch ein Weg, der ohne (gewissen) eigenen Stolz schwer zu meistern ist.

Im Brief werden zwei Kategorien von Teemenschen gezeichnet, die sich prinzipiell unterscheiden. Da ist die Rede von Anfängern, die sich hiekaeru ‚kühl und welk' oder ‚kühl und abgeklärt' nennen, obwohl sie es nicht sind. Sie benutzen lediglich entsprechende Geräte, aber in ihren Herzen sind sie weder kühl noch abgeklärt, sondern vom Stolz geprägt. Stolz zeigen sie, dass sie über den richtigen Geschmack verfügen und genügend Geld besitzen, um sich die teuren, aber schlichten Geräte kaufen zu können. Solche Menschen sollten lieber einfache Geräte benutzen und ihr Herz weiterbilden anstatt stolz auf den Besitz der Geräte zu sein.

Ich kenne einige Sammler, die kostbare Teegeräte besitzen. Aber sie begeben sich nicht auf den praktischen Weg des Übens. Ich habe da auch die Ausrede gehört: „Ich kann ja noch nicht mit dem Üben anfangen, denn ich habe noch nicht alle Geräte beisammen." Andererseits neigen Anfänger oft dazu, viel zu früh viel Geld für Teegeräte auszugeben, von denen sich später herausstellt, dass sie eigentlich unbrauchbar sind. Erst sollte sich der eigene Geschmack, der eigene Geist und das Herz gebildet haben, bevor man sein Geld in Teegeräte investiert.

Ich habe vor vielen Jahren begonnen, den Teeweg zu üben, indem ich ein Fonduegeschirr als Teekessel und eine Puddingschüssel als Chawan benutzt habe. Wichtiger als der Besitz von gutem Gerät ist die Bereitschaft, sich ganz persönlich und ohne Stolz oder Scham auf den Weg des Übens zu begeben.

Ein wahrer Teemeister ist man, so Jūko, nicht weil man teure Geräte benutzt, sondern weil man sein eigenes Herz, seinen Geist, dahin gepflegt hat, dass man den Zustand der kühlen Abgeklärtheit erreicht. Daher ist es weitaus wichtiger, als gutes Gerät zu verwenden, das eigene Herz zu lehren:

> kokoro no shi to wa nare, kokoro wo shi to sezare. Werde zum Lehrer deines Herz-Geistes und lass nicht dein Herz (Geist) zu deinem Lehrer werden.

Die Begriffe hie 冷え und kareru 枯れる (kühlen und welken) stammen nicht aus dem Zen, sondern aus der Theorie der Dichtung. Ein späteres Beispiel für das kühl Verwelkte bietet Bashōs berühmtes Gedicht einer Krähe an einem Herbstabend:

枯朶に 烏のとまりけり 秋の暮
Kare eda ni / karasu no tomarikeri / aki no kure

Auf einem kahlen Ast / ein Krähe hat sich niedergelassen / Herbstabend

Mit ganz wenigen Worten zeichnet Bashō ein komplexes Gemälde, das sich ganz unmittelbar erschließt, über das man dennoch lange meditieren kann. Eine einzelne Krähe sitzt auf einem leeren Ast. Das Laub ist verwelkt und abgefallen. Es wird kühl und die Herbstnacht kommt heran. In einer Vorstufe des Gedichtes hatte Bashō noch mehrer Krähen genannt. Aber nur die eine einzige Krähe vermittelt das Bild der Einsamkeit.

Sie fliegt aber nicht wild umher. Sie hat sich vielmehr auf dem Ast zur Ruhe gesetzt. Tomari 留まり heißt anhalten, zum Stillstand kommen, zum Ende kommen. Die Krähe hat ihren Haltepunkt gefunden, an dem sie zur Ruhe kommt. Auch der Tag und das Jahr gehen zu Ende. Alles verschwindet im Grau des Herbstabends. Es gibt keine Farbe mehr, nur noch ein zunehmendes Grau und Dunkel. Vermutlich liegen auch die ersten kühlen Nebel über dem Land.

Obwohl eine sehnsüchtige Trauer von diesem Bild ausgeht, ist es doch die Zeit, in der alles zur Ruhe kommt und still wird. Welch majestätische Stille geht von der sitzenden Krähe aus, die da auf dem Ast in der Kühle des Herbstabends sitzt! Das ist das kühl Verwelkte, das man erst nach einem langen Weg der Übung des Herzens erreichen kann.

Jukō kritisiert in seinem Brief diejenigen, die diesen Zustand nicht erreicht haben, aber so tun, als seien sie kühl und abgeklärt, indem sie sich teuere Teegeräte in diesem Geschmack kaufen. Aber das ist nur ein nach außen getragene Schau. Der eigene Geist hat diesen Zustand der Stille nicht erreicht. Im Gegenteil. Man ist nichts als ein übler Aufschneider, der so tut, als hätte er das Ideal des Teeweges in seinem Leben verwirklicht.

Ohne das Wachstum und die Bildung des Herzens bleibt alles nur im Äußeren stecken. Zeami schreibt über das Yugen im Nō:

> Der höchste Meister, nachdem er alle Grundlagen trainiert hat, wird Nō ohne auffällige Qualitäten aufführen, sei es im Tanz und Gesang, in der Nachahmung oder im Rezitieren, und doch gibt es in der völligen Stille etwas, das das Publikum fesselt. Das wird ‚kühl‘ genannt. ... Es wird auch Nō ohne Geist und Nō ohne Muster genannt. (Kakyo, ‚Hihan no Koto‘)

Der Empfänger des Briefes, den Jukō geschrieben hatte, war der Mönch Furuichi Harima, der im Alter von dreizehn Jahren in den Kōfukuji Tempel eingetreten war, wo er etwa zehn Jahre später der Führer einer Gruppe von Kriegermöchen, den Sōhei 僧兵 wurde. Aber er war auch bewandert in den Künsten wie Nō-Theater und in der Dichtkunst. Von seinem Lehrer in der Waka-Dichtung hatte er die Abschrift eines Textes von Shinkei Sozu, einem bedeutenden Meister des Renga bekommen. Es gibt in diesem Schreiben so viele Parallelen, dass es wahrscheinlich ist, dass Jukō den Text kannte und sich offenbar direkt darauf bezogen hat. Der Text beginnt:

Neige nicht zu dem Verdorrten, während du ein Anfänger bist, sondern komponiere vielmehr mit Korrektheit und Schönheit. Wie ich im Sasamegoto gesagt habe, sollte deine Darbietung wie das Besprengen von Wasser zwischen fünf Fuß hohen Schwertlilien sein. Wenn du deinen Blick weitschweifend wirfst, wird etwas daraus entstehen; so sollte dein Geist sein.

Wählerisch und akribisch zu sein, ist wie ein sieben- oder acht-jähriges Kind, das sich Bartstoppeln wachsen lässt. Sobald du gealtert und erfahren bist, wird das Verdorrte von selbst für dich angemessen sein. ...

Es ist unerlässlich, die Renga-Dichtungen der Meister zu lesen. Dabei musst du jedoch wählerisch sein. Deine Aufmerksamkeit ausschließlich auf das Ungewöhnliche zu richten, nachdem du alle gewöhnlichen Dinge der Welt erschöpft hast, oder, auf ver-dorrte Verse zu stoßen und sie zu imitieren, während du kaum auf eigenen Füßen stehst, ist wie Gift zu nehmen. Natürlich gibt es unter den Versen der Meister auch Verbindungen, von denen es gut ist, so viel wie möglich zu lernen. Frage jemanden, der solche Gedichte kennt, und lese sie, kopiere sie sogar in Notizbücher. ....

Das Zuhören der allerbesten guten Renga ist wie das Trinken von klarem Wasser: Es gibt keinen besonderen Geschmack, aber man wird nie des Geschmacks müde. Ungewöhnliche Verse sind beim ersten Hören interessant, verblassen jedoch bald. Wenn du jedoch aus diesem Grund als Anfänger Verse ohne besondere Sorgfalt anbietest, werden sie flach und fad, und deine Augen werden nicht geöffnet.[1]

---

[1] Den vollständigen Text gibt Dennis Hirota in: Heart's Mastery. The kokoro no fumi. In Chanoyu Quarterly No 22 von 1979

Poesie und Tee

Eine wichtige Quelle für den Teeweg sind die einhundert Lehrgedichte Rikyūs, die RIKYŪ HYAKUSHŪ. Es ist eine Sammlung von etwa einhundert Gedichten im Stil der Waka-Dichtung, die Sen no Rikyū zugeschrieben werden. Es ist sehr charakteristisch für das Denken der japanischen Meister, dass sie keine theoretischen Überlegungen angestellt, sondern ihr Wissen in Form von Poesie weitergegeben haben.[1]

Waka 和歌 japanisches Gedicht, seltener auch Yamato-uta 大和歌 genannt, ist ein Genre der japanischen Dichtkunst. Der Begriff wurde in der Heian-Zeit geprägt, um die in Japan entwickelte Gedichtform vom Kanshi zu unterscheiden, Gedichten, die in chinesischer Sprache und in chinesischen Formen der Dichtung verfasst wurden.

Es gibt schon früh mehrere Sammlungen von Waka mit jeweils einhundert Gedichten. Die wohl bekannteste Sammlung sind die Hyakunin Isshū, die einhundert Gedichte von einhundert Dichtern in der Ogura-Anthologie des Fujiwara no Teika. Er hatte diese Sammlung der einhundert Gedichte aus Quellen angelegt, die von etwa Mitte des 7. Jahrhunderts bis zum Ende des 13. Jahrhunderts, dem Ende der höfischen Dichtung, reichen. Die älteste Sammlung von Gedichten im klassischen chinesischen Stil ist das Manyōshū, die ‚zehntausend‘ Gedichte. Die Zahl zehntausend ist nicht wörtlich zu nehmen. Sie meint hier einfach, dass es sehr viele Gedichte sind. Die Manyōshū sind noch im rein chinesischen Stil geschrieben. In ihrer Entstehungszeit gab es noch nicht die beiden Kana-Alphabete, mit denen japanische Worte und japanische grammatische Formen geschrieben werden konnten.

Eine zweite, sehr wichtige Sammlung sind die Kokinwakashū, die Gedichte aus alter und neuer Zeit, die vom Kaiser Daigo um das Jahr 905 in Auftrag gegeben und die 914 fertig gestellt wurde.[2] Diese Gedichte sind bereits im japanischen Stil geschrieben. Mit den Kurzgedichten im Kokinwakashū und in der späteren Sammlung der ‚Neuen

---

[1] Die Rikyū hyakushū werden ausführlicher im Band 2 behandelt.

[2] Ausführliche Interpretationen aus dem Kokinwakashū in meinem Buch ‚Bunte Steine am Weg‘.

Waka', im Shin Kokinwakashū wollten sich die höfischen Adligen trösten, ,wenn sie an einem Frühlingsmorgen die Blüten der Kirsche zu Boden sinken sehen, an einem Herbstabend das Rascheln fallender Blätter vernehmen oder der Schnee sie an das Weißwerden des eigenen Haares, die Wellen an die Falten im eigenen Gesicht gemahnen, wenn sie beim Anblick des Taus auf den Gräsern und des Schaumes auf dem Wasser die Kürze des eigenen Lebens bedenken oder wenn sie, einst geliebt, nun vernachlässigt werden'. So schrieb es Ki no Tsurayuki, einer der Herausgeber des Kokinwakashū im Vorwort.

Diese Sammlungen sind in der strengen Form der Tanka verfasst. Das Tanka 短歌 ist eine mindestens 1300 Jahre alte, reimlose japanische Gedichtform mit 31 Moren in der Reihung von mit 5-7-5 / 7-7 Silben.[1] Sie ist älter als das Haiku, das sich aus dem Tanka entwickelte. Das Haiku ist eine Kurzform des Tanka mit nur 5-7-5 Moren. Ein Tanka beschwört, ebenso wie das Haiku, den Augenblick und hält ihn fest mit Präzision und Musikalität.[2]

Trotz der strengen Beschränkung auf wenige Silben wurde die gesamte Theorie der Schönheit des wabi und des sabi in Japan niemals theoretisch, sondern mit beispielhaften Tanka erläutert. Auch viele Regeln und Leitsätze im Teeweg sind eben in dieser Form verfasst. Es gibt sogar eine Sammlung kemari hyakunin isshū die einhundert Gedichte über das Kemari-Spiel, eine Art des antiken Fußballes, der von den adligen Höflingen und von den Samurai gespielt wurde. Noch heute gibt es Kemari Spiele in historischen Kostümen, bei denen der Ball nur mit dem rechten Fuß getreten werden und dabei möglichst niemals den Boden berühren darf. Ach ja, wenn doch unsere Fußball-Nationalmannschaft auch einhundert Gedichte über das Fußballspiel schreiben würde!

Eine der bekanntesten Sammlungen von einhundert WAKA ist die schon erwähnte Sammlung der Ogura hyakunin isshū. Zu Beginn des 17. Jahrhunderts wurden die Gedichte zu einem Kartenspiel, den Uta-Garu-

---

[1] Gezählt werden nicht die Silben, sondern die Zeiteinheiten, die Moren. Lange Silben zählen deshalb doppelt und der Endlaut -n gilt als eigene Silbe. Die Stadt Ōsaka zählt ebenso wie die Stadt Sendai 4 Moren: O-o-sa-ka und Se-n-da-i.

[2] Ausführlich zum Haiku mit theoretischen Hintergründen und eigenen Haiku in meinem Buch: Wind in den Kiefern. Haiku als Zenkunst der Achtsamkeit.

ta, zusammengestellt. Die Japaner hatten von den Portugiesen das Kartenspiel gelernt und zu ihrem eigenen Gebrauch umgewandelt. Das Wort Garuta ist eine Aneignung aus dem Portugiesischen für Karten *Jogo de cartas.* Vor allem zu Neujahr wird das Spiel der Uta-garuta gerne gespielt.

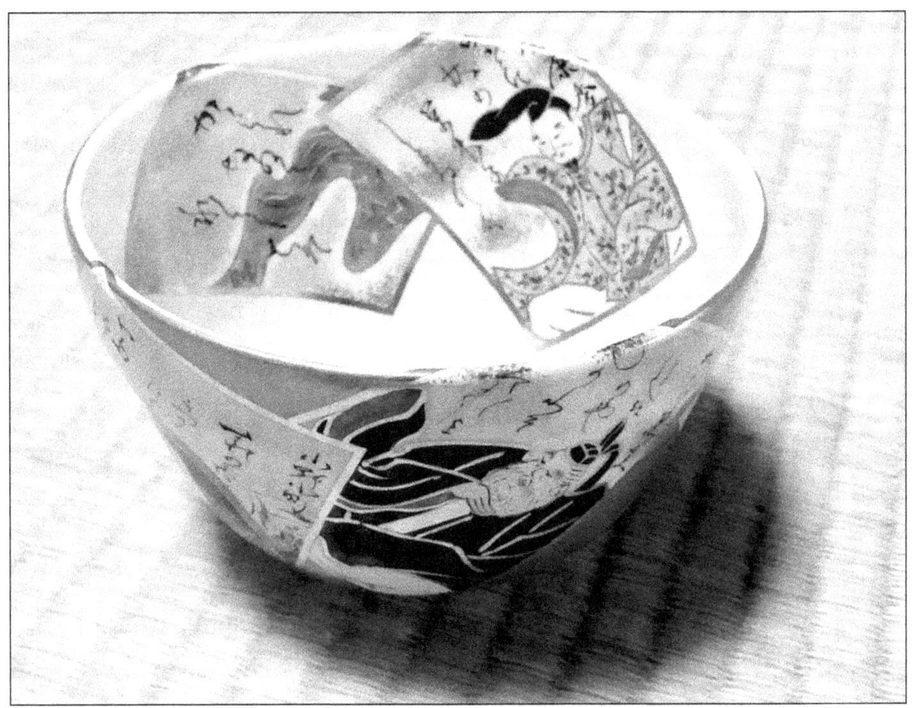

Abb. 49 Teeschale mit den Uta-garuda

Es gibt zweihundert Karten. Auf einer sind der jeweilige Verfasser und der Anfang eines Gedichtes abgebildet. Wer am schnellsten das vollständige Gedicht aufsagen kann, darf die zweite Karte mit dem Rest des Gedichtes suchen. Auf diese Weise sind die klassischen Gedichte noch heute für die meisten Japaner absolut präsent. Es gibt sogar Teeschalen, die mit den Karten des Spieles in kostbarer Goldmalerei bemalt sind.

16. Wabi und Sabi

Das erste Gedicht der Sammlung zeigt bereits das Thema. Es ist das Empfinden der Vergänglichkeit und der Einsamkeit und des wabi. Später wird Sen no Rikyū zwei der Waka aus den Sammlungen als hervorragende Beispiele für die ästhetischen Begriffe des wabi und des sabi bezeichnen. Es ist dem Kaiser Tenji zugesprochen, der von 668 bis 671 regierte.

秋の田の	Aki no ta no	des herbstlichen Reisfeldes
かりほの庵の	Kariho no io no	abgeerntet Hütte
苫をあらみ	Toma o arami	binsengedeckt
わが衣手は	Waga koromode wa	meine Ärmel
露にぬれつつ	Tsuyu ni nure tsutsu	vom Tau nass werden

Herbstreife Felder
Darin die Hütte des Wächters
mit Stroh gedeckt

Tau tropft unablässig herab
und durchnässt meine Ärmel[1]

Auf dem kargen, abgeernteten Herbstfeld steht eine notdürftig mit Binsengras gedeckte Hütte, eher nur ein Unterstand, der nur vorübergehend als Unterschlupf dient. Er bietet kaum Schutz vor Regen und dem niederfallenden Tau. Aber der Tau - tsuyu 露 - kann auch die Tränen meinen, die fließen. Dort ist ein Mensch, einsam und verlassen auf dem Herbstfeld und weint bittere Tränen, die seine Ärmel durchfeuchten. Es ist nicht gesagt, warum die Tränen fließen, aber es ist eine Stimmung der Einsamkeit und der Verlassenheit in der Zeit des untergehenden Jahres. Es wird kühl und immer dunkler und bald wird der erste Schnee fallen.

Diese kühle und nüchterne Stimmung der Trauer über die Vergänglichkeit aller Dinge inmitten einer armseligen und hinfälligen Umgebung ist die Stimmung des *wabi*. Wabi ist nicht nur ein ästhetisches Prinzip im Teeweg. Es ist eine Lebenshaltung, die viele Künste in Japan geprägt hat.

---

[1] Übersetzung: Jürgen Berndt in: Als wär's des Mondes letztes Licht am frühen Morgen.

Die Teeschale der Abb. 49 mit den Bildern des Kartenspieles *Uta-garuda* ist das genaue Gegenstück des wabi. Die Schale ist eine typische Schale im höfischen Geschmack der alten Kaiserstadt Kyōto, dick bemalt mit leuchtenden Farben und echter Goldauflage. Aber wabi ist nicht einfach die Armut in einer hinfälligen Welt. Es ist der bewusste Verzicht auf die Pracht des Palastes und der Rückzug in das Einfache und Bescheidene, das gerade ausreicht, um sein Leben zu verbringen.

In der Schrift Namboroku[1] wird ein anderes waka aus der Sammlung der *Shin Kokinwakashū*, der ‚neuen Sammlung der waka‘ als ideales Beispiel für wabi zitiert. Dort heißt es, dass Takeno Jōō,[2] der Lehrer von Sen Rikyū, ein Gedicht des Taika Fujiwara als bestes Beispiel für das Ideal des wabi erklärte.

見渡せば	Miwataseba
花も紅葉も	Hana Mo momiji mo
なかりけり	Nakari Keri
浦の苫屋の	Urano tomaya no
秋の夕暮れ	Aki no yugure

Wie weit man auch schaut
Weder Kirschblüten noch roter Ahorn
Am Strand nur eine strohgedeckte Hütte
in der herbstlichen Abenddämmerung.

Das Gedicht besteht aus zwei Teilen, dem Vorderstollen mit 5-7-5 Silben und dem zweiten Block mit 7-7 Silben. Im ersten Block wird das Bild der prächtig blühenden Kirschbäume und der herbstlichen Pracht des rot gefärbten Ahorns beschworen. Im Gedicht ist von *hana* 花 und *momiji* 紅葉 die Rede. Hana 花, Blüte ohne genauere Angabe, ist in Japan immer die Kirschblüte. Kirschblüten und roter Ahorn kennzeichnen zwei Eckpunkte des Jahres, den Beginn des Frühlings und den Herbst mit seinem Herbstbrokat, der die Berge färbt. Beides sind Zeiten, in denen Japan aufgeregt den Ereignissen in der Natur folgt. Heutzutage werden im Fernsehen sowohl der jeweilige Tagesstand der Kirschblüten in den einzelnen Regionen, wie auch der Zustand der Herbstfärbung in den Nachrichten gemeldet. Beide Ereignisse ziehen tausende von Men-

---

[1] ausführlich über das Namboroku im Band 2.
[2] Takeno Jōō (武野 紹鴎, 1502–1555).

schen an, um in der Natur zu feiern. Überall lagern unter den blühenden Kirschbäumen die Menschen und genießen ihr Picknick oder singen und tanzen. Sie feiern die Schönheit der Vergänglichkeit in den kurzlebigen Kirschblüten. Wenn ein Windstoß die Blüten zu Boden weht, ist das regenfeuchte Moos mit den Blüten gefärbt und auf den Bächen treiben die abgefallenen Blüten und zeigen die Schönheit der Vergänglichkeit.

Im Herbst zieht es die Menschen hinaus in die Berge, um den feurig-roten Ahorn zu genießen. Die himmlische Weberin durchzieht die Bergwälder mit ihrem Herbstbrokat, dem *momiji no nishiki* もみじの錦. Begeistert ziehen Fotografen durch die herbstlichen Wälder. Überall gibt es Tempura aus frittiertem roten Ahornlaub oder Udon Nudelsuppe mit Ahornblättern. Der rote Ahorn wird auch als *Hana* bezeichnet. Im Teeweg steckt man roten Ahornzweige als Blumengesteck in eine Vase. Aber die Schönheit der im Herbstbrokat gefärbten Berge ist die Schönheit des Abschiedes. Bald werden die Blätter fallen. Dann stehen nur noch die kahlen Bäume im herbstlichen Nebel und die ersten Fröste überziehen alles mit der weißen Farbe des Winters.

Aber das Gedicht ruft nicht die Kirschblüten und den roten Ahorn, um sie zu feiern. Vielmehr wird gerade die Abwesenheit und der Fehl von beiden beschworen. Soweit man auch schaut: Weder Kirschblüten noch herbstlich roter Ahorn. Das Gedicht ruft im zweiten Teil die blütenlose Herbstlandschaft eines dunklen Herbstabends an einem Strand wach. Unten am Strand in der einsamen Bucht stehen strohgedeckte Hütten und im herbstlichen Abendnebel riecht es nach Seetang.

Das Gedicht zitiert die Geschichte des Prinzen Genji, der nach einer Hofintrige an die Bucht von Suma verbannt wurde. Die Bucht liegt heute im Ortsteil Suma-ku von Kobe. Im modernen Vergnügungspark Suma-seaside-park gibt es heute noch ein Denkmal, das an die Geschichte vom Prinzen Genji erinnert. Im 12. Kapitel der Genji Monogatari, dem Suma Genji, wird berichtet, wie er in die Bucht von Suma kommt, nachdem er wegen einer Liebesaffäre verbannt worden war.

In Suma hatten früher einmal ein paar Wohnhäuser gestanden; aber nun war es eine einsame, menschenleere Gegend, sogar Fischerhütten gab es nur wenige. ...

224

Er wohnte nahe dem Ort, wo einst Arihara Yukihira[1] „betrübt sein Leben gefristet hatte", mitten in den schönen und doch einsamen Bergen, und nicht allzu weit vom Strand entfernt. ... Noch nie hatte er eine solche Wohnstätte gesehen. ... die Hütte mit ihrem Strohdach und den weit ausladenden, mit Binsengeflecht gedeckten Giebel dünkte ihn der außergewöhnlichste Wohnsitz. ...

„Hier in der Einsamkeit zu leben, wo alles so anders war, als in der Hauptstadt ... hätte wohl seinen Reiz, wenn ich nur aus freien Stücken gekommen wäre."

In Suma hatte nun der Herbstwind eingesetzt, der wie immer ganz besonders traurig stimmte. Genjis Haus stand zwar ein wenig vom Strand entfernt, aber Nacht für Nacht vernahm er die durch den Wind, von dem Yukihira einst gedichtet hat, er ‚wehte über den Paß' herangetriebenen Wellen. Der Herbst an diesem Ort ging wahrhaftig unvergleichlich tief zu Herzen.

Des Reisenden Ärmel / sind nun schon sehr kühl geworden. / Kalt weht der Strandwind von / Suma über den Paß.'

Die Landschaft des *wabi* ist geprägt vom Kontrast der prächtigen Welt der Hauptstadt und des Palastes. Die farbige Welt ist zurückgelassen, sie ist aber immer noch in einer großen Trauer präsent. Es zeigt das Lebensgefühl eines Menschen, der gewohnt ist, in Reichtum und Pracht zu leben. Jetzt hat er diese Pracht, sei es freiwillig oder gezwungen, zurückgelassen. Ähnlich wie Genji lebt er nun in der einsamen Fischerhütte. Allein, die Erinnerung an die Pracht bleibt erhalten. Takeno Jōō meinte, daß nur derjenige, der die Pracht und den Reichtum kennt, wahrhaft das Ideal des *wabi* leben könne. Jemand, der nur die Armut kennt, kann das Ideal des *wabi* niemals verstehen. Damit ist wabi nicht auf ein ästhetisches Prinzip zu reduzieren. Es ist eine Lebenshaltung des Verzichtes auf alle unnötige Pracht und eine bewusste Beschränkung auf die einfachen Dinge des Lebens. Es ist das kühl und welk werden, das Jukō in seinem

---

[1] Arihara Yukihira war ein Höfling am Tennōhof, der neben seinem politischen Amt ein berühmter Dichter von waka war. Eines seiner Gedichte hat auch Eingang in das Kartenspiel der Uta garuda gefunden. Er war ebenso wie Genji wegen einer Liebesaffäre am Hofe nach Suma verbannt worden. Im No-Stück ‚Suma Genji' begegnet Prinz Genji dem Geist des Yukihira.

Brief beschworen hat.

Von Rikyū wird erzählt, dass er einmal von einem reichen Kaufmann zum Tee eingeladen wurde. Der hatte in weit entfernten Bergen in einem halb verfallenen Tempel eine alte Tür entdeckt, die er für einen perfekten Ausdruck des *wabi* hielt. Für eine ungeheure Summe ließ er die Tür ausbauen und in einem aufwändigen Transport in die Hauptstadt bringen und in seinem Teehaus einbauen. Gespannt wartete er auf die lobenden Worte Rikyūs über seinen erlesenen Geschmack. Aber Rikyū würdigte die Tür mit keinem Blick. Auf die Frage des Kaufmannes antwortete er: „Diese Tür wurde von weit her mit großem finanziellen Aufwand gebracht. Sie passt von Stil her nur in einen abgelegenen Bergtempel. Weil sie mit großem finanziellen Aufwand hergebracht wurde, entspricht sie in keiner Weise dem Ideal des *wabi*.“

Takeno Jōō hatte eine eigene Interpretation des Waka von Taika Fujiwara. Takeno Jōō stammte aus dem Adelsgeschlecht der Takeda, die dem Shōgun sehr nahe standen. Sein Vater verließ in den Kriegswirren, wie viele andere Adelige auch, den Adelsstand und ließ sich als Kaufmann in Sakai, der Heimatstadt Rikyūs, nieder. Auf diese Weise kamen einige der Kulturtechniken aus dem Adel in das Bürgertum. Sakai entwickelte sich damals zu einem kulturellen Zentrum, in dem Kaufleute zusammen mit Adligen, die sich in das bürgerliche Leben zurückgezogen hatten, eine neue Kultur entwickelten. Sakai war damals auch ein Zentrum der Teezeremonie. Aber anders als in der Hauptstadt Kyōto, wo der prächtige Daisu-Stil gepflegt wurde, widmeten sich die Kaufleute in Sakai dem Ideal des wabi-Tees.

Takeno Jōōs Mutter war die Tochter eines Priesters des Kōfukuji in Nara, des Haupttempels des Hossō Buddhismus in Japan.[1] Takeno Jōō war nicht nur ein Kaufmann. Er hatte engen Kontakt zum Honganji-Tempel des Reinen-Land-Buddhismus und er hatte am Daitokuji in Kyōto ein Zentraining absolviert. Außerdem war er ein Meister der Waka-Dichtung, die er auch lehrte. In Sakai war er ein angesehener Meister des Teeweges und er pflegte und unterrichtete den wabi-Stil

---

[1] Genshoku Chadō Daijiten (Japanese encyclopedia of the Way of Tea). Tankosha, 1975. ISBN 4-473-00089-3.

seines Vorgängers Murata Jūko. In seiner Person vereinigten sich also verschiede Einflüsse, die seinen Stil des Teeweges prägten.

Takeno Jōō nannte das Gedicht des Fujiwara als Beispiel des wabi, aber er gab zugleich auch eine Erklärung des Gedichtes, die im Nambōroku aufgezeichnet ist:

Die Kirschblüten und das leuchtend rote Herbstlaub sind vergleichbar mit der erlesenen Pracht des Tees im Shoin – Raum, wenn man das Daisu verwendet. Wenn man immer wieder mit tiefen und aufmerksamen Blick die Blüten und das Herbstlaub schaut, erkennt man plötzlich, dass sie nichts anderes sind, als die Welt des ‚nicht Ein Ding‘ (無一物の境界 mu ichi motsu no kyōkai) – ebenso wie die Binsenhütte am Strand.

Jemand, der die Blüten und das leuchtend rote Laub nicht kennt, wird zunächst die Binsen-Hütte für einen unbewohnbaren Ort halten. Nur, wenn man Kirschblüten und roten Ahorn immer und immer wieder geschaut hat, wird man in der vollendeten Abgeschiedenheit des flüchtigen Aufenthaltsortes der Binsenhütte den Frieden finden (tomaya no sabi-sumashitaru tokoro wa mitatare とまや の　さび すましたる　所は　見立たれ). Dies ist das ursprüngliche Herz des Tee (cha no honshin 茶の本心). So verstand Jōō den wabi – Tee.

Der Tee im Stil des wabi galt nicht nur Takeno Jōō als ‚Herz des Tee-weges‘. Auch für Sen no Rikyū ist die Lebenshaltung des wabi eine Grundvoraussetzung, um die eigentliche geistige Tiefe des Teeweges zu erfahren. Das Nambōroku, die Aufzeichnungen des Mönches Nambō über seine Gespräche mit Rikyū beginnt ganz im Geiste Jōōs genau mit der Behauptung, dass der *wabi*-Tee seine Tiefe geistige Kraft nur in der einfachen Hütte im Grasstil entfalten kann:

Eines Tages, als Sōeki[1] in der Shūun-Klause über die Teekunst sprach, fragte ich ihn:

---

[1] Sōeki ist der ursprüngliche buddhistische Name Rikyūs. Den Ehrennamen Rikyū, unter dem er meistens bekannt ist, erhielt er erst viel später. Erst nach seinem Tode wurde dieser Name allgemein benutzt.

Ihr betont immer, dass die Grundlage der Teekunst zwar der *daisu*-Stil sei, es aber vom Standpunkt der spirituellen Tiefe her keinen Stil gäbe, der den des *sō an*, des anspruchslosen, kleinen Teeraumes überträfe?

Das Daisu[1] ist ein Schmuckgestell, das ursprünglich aus China importiert worden war. Es ist edel und kostbar ganz mit schwarzem, hochglänzendem Lack überzogen. Die Teegeräte im Daisu bestehen aus einem kostbaren Set, die alle dasselbe Design haben. Im Teeraum im Grasstil dagegen achtet man darauf, dass jedes der Utensilien ein anderes Design hat. Wird eine Teeschale aus Hagi verwendet, darf kein zweites Gerät aus Hagi-Keramik benutzt werden. Auf diese Weise ist jedes der Geräte ein absolutes Individuum. Alle Individuen werden so zusammengestellt, dass die gesamte Gruppe eine harmonische Einheit bildet. So wird auch das soziale Gefüge der Menschen abgebildet, die als Individuen eine harmonische Gemeinschaft bilden.

Rikyū stimmt Takeno Jōō zu in der Einschätzung des Gedichtes als Beispiel für wabi. Aber ihm genügt dieses Gedicht nicht. Für Rikyū zeigt es nur eine Seite des wabi. Um einen anderen Aspekt des wabi zu verstehen, gibt er ein anderes Gedicht aus dem shinkōkin wakashu. Im Nambōroku heißt es:

Sōeki wiederum entdeckte noch ein weiteres Gedicht in diesem Geiste, schrieb beide zusammen auf und hatte sie stets zur Hand als Ausdruck des Verständnisses des Tee-Weges. Das Gedicht des Ietaka, das sich ebenfalls im Shinkokin wakashū befindet lautet:

はなをのみ	Hana o nomi
まつらむ人に	matsuran hito ni
山里の	yamazato no
ゆきまのくさの	yukima no kusa no
春をみせばや	haru o misebaya

Den Menschen, die nur die Kirschblüten
Sehnsüchtig erwarten
zeigte ich gerne im einsamen Bergdorf
unter dem Schnee die Gräser des Frühlings.

---

[1] Vergl Abb. 40, Seite 14.

Das Gedicht über die Kirschblüten ist geprägt vom Abschied und dem Rückzug in die einsame Welt der strohgedeckten Hütte am Meeresstrand. Hier wird das Bild eines verlassenen Bergdorfes gezeigt. Yamazato ist ein abgelegenes Dorf in den Bergen. Aber dort lebten nicht nur einfache Bauern, die als unfreie und arme Menschen geboren wurden und die ihr Leben in Armut fristen. Man darf nicht vergessen, dass es in aller Regel Mitglieder des Hochadels waren, die das einsame Bergdorf besingen. Das Yamazato ist auch der Rückzugsort der Adligen, die in den Wirren der Kriegszeiten in die abgelegenen Dörfer zogen. Dort lebten sie in für sie einfachen Verhältnissen und widmeten sich ihrer buddistischen Übungen, der Musik und der Poesie. Das Dorf Ohara oberhalb der Kaiserstadt Kyōto war ein solcher Rückzugsort. Auch die Mutter des Kindkaisers Antoku, der bei einer großen Seeschlacht ertrunken war, zog sich als Nonne Kenraimon in ein einsames Kloster in Ohara zurück. Ihr Vater, der Exkaiser Go-Shirakawa besuchte sie dort. Im Heiko Monogatari wird der Besuch geschildert:

Die weißen Wolken auf den fernen Hügeln waren nun die verstreuten Kirschbäume, die noch in den Bergen blühten. Das frische Grün der Blätter leuchtete als sicheres Zeichen, dass nun der Frühling gegangen war. Kein Maler hätte die Szene besser malen können. Es war ein erster, milder Sommertag und der Ex-Kaiser, der noch niemals so weit außerhalb seines Palastes gewesen war, erkannte, dass er an einem Ort angekommen war, den nur selten von Menschen aufgesucht wurde.

Der einsame Ort mit einem buddhistischen Tempel weitab in den Bergen musste der Jakkō-In sein. Der geschmackvoll angelegte Garten mit dem kleinen Teich und dem alten Wäldchen zeugte von einer vornehmen Vergangenheit.

Die Dachziegel sind zerbrochen, der Nebel bildet den ewigen Weihrauch. Die Türen sind gestürzt und Strahlen des Mondes leuchten als ewiges Licht.

Wucherndes Gras bedeckte den Garten, biegsame Weidenzweige wehten im Wind und die grünen Wasserlinsen auf dem Teich wirkten wie kostbarer Brokat, der gerade zum Waschen ausgelegt ist. Tiefe Stille herrschte im Tempel. Der Exkaiser rief

mit lauter Stimme: »Ist niemand hier?«, aber es gab keine Antwort.[1]

Der Dichter Minamoto no Muneyuki [2] besang das einsame Bergdorf
in einem Waka, das im Kokinwakashū aufgenommen wurde und das
seinen Weg auch in das Kartenspiel der uta-garuda, den hyakunin isshu
fand.

山里は	yamazato wa
冬ぞさびしさ	fuyu zo sabishisa
まさりける	masarikeru
人めも草も	hitome mo kusa mo
かれぬと思へば	kaneru to omoba

Das Dorf in den Bergen -
einsam ist es im Winter.
Es scheint, als wären
mit den Gräsern ringsum
auch die Menschen verdorrt.

Das Bergdorf im Winter ist scheinbar verlassen, Es ist *sabishi*, kühl, alt
und welk geworden, einsam, verlassen. *Sabi* ist neben dem *wabi* das
zweite wichtigen Prinzip auf dem Teeweg. Es ist verwandt mit dem Wort
錆びる *sabiru*, rostig oder alt werden. *Sabi*, wörtlich eigentlich der Rost,
ist die Farbe des Teekessels. Damit der Kessel diese Farbe des Edelrostes
bekommt, werden sie, nach dem sie gegossen wurden, für etwa ein Jahr
draußen in der freien Luft gelagert und Regen und den Wettern ausgesetzt. Dadurch bildet sich der feine Rost des *Sabi,* der durch ein speziel-
les Verfahren konserviert wird.

Dazu werden die rostigen Kessel in einer speziellen Mischung gekocht.
Diese Mischung ist ein Geheimrezept der Kesselmacher. Eine Handvoll
Blätter vom billigen, grünen Bancha-Tee werden zusammen mit Reis und
Reiswein, dem Sake, gekocht. Das in den Teeblättern enthaltene Kate-

---

[1] Die ganze Geschichte der Kenraimonin in meinem Buch: Vor langer Zeit –
Mukashi mukashi.

[2] Muneyuki lebte um 900. Er gilt als einer der sechsunddreißig unsterblichen
Dichter Japans.

chin reduziert den Rost und übrig bleibt nur ein fester und harter Edelrost. Von nun an muss der Teekessel immer mit größter Achtsamkeit behandelt werden, damit der Edelrost erhalten bleibt und der Kessel nicht durch losen, gewöhnlichen Rost zerfressen wird. Dazu darf er nie wieder mit bloßen Händen berührt werden, denn das säurehaltige Hautfett erzeugt gewöhnlichen Rost. Nach dem Gebrauch muss der Kessel immer wieder auf dem Feuer getrocknet werden, damit auch der letzte Rest von Feuchtigkeit verschwindet. Wird der Kessel immer weiter so sorgfältig behandelt, so wird die Farbe des wabi immer schöner. Andernfalls wird er durch achtloses und nachlässiges Handeln rostig und einfach nur alt.

Wabi ist der Stil des einsamen Bergdorfes oder der Fischerhütte am Strand an einem Herbstabend. Man kann Teeräume so bauen, dass sie dem Geschmack des *wabi* entsprechen. Aber *sabi* kann nicht künstlich erzeugt werden. Es entsteht durch den achtsamen Gebrauch und die Alterung. Auch ein Mensch altert in Schönheit, wenn er sein Leben nach dem Prinzip des wabi in Achtsamkeit lebt. Andernfalls wird er vernutzt und endet krank und müde.

So sind auch die Menschen im Bergdorf im Winter gealtert und ‚trocken‘ oder verwelkt geworden ebenso wie das Gras unter dem Winterschnee verdorrt. Sie sind nicht ‚gestorben‘, wie es in manchen Übersetzungen heißt.[1]

Im Gedicht des Ietaka, das Rikyū zur Erklärung des wabi heranzieht, erwarten die Menschen sehnsüchtig ausschließlich nur auf die Kirschblüten. Sie erkennen die Schönheit der Winterlandschaft im Bergdorf nicht. Das Herbstgedicht war von der Farbe Grau des Herbstabends gezeichnet. In diesem Gedicht herrscht nur die Farbe Weiß.

Es ist vom *Yuki ma*, dem Zwischenraum zwischen dem Schnee die Rede. Aber damit ist nicht gemeint, dass sich der Schnee bereits stellenweise zurückgezogen hat und in diesen Zwischenräumen das frische Grün der Gräser erscheint. Noch ist das ganze Land tief im Schnee verhüllt. In den japanischen Bergen fällt viel mehr Schnee als in unserem

---

[1] Jürgen Berndt übersetzt die letzten Zeilen als: ‚Es scheint, als wären / mit den Gräsern ringsum / auch die Menschen gestorben. In: Als wärs des Mondes letztes Licht am frühen Morgen‘.

Land.

Die kalten Winde von Sibirien her laden sich über dem offenen Meer mit Feuchtigkeit auf und der Schnee fällt an den Bergen nieder. Die Kaiserstadt Kyōto dagegen kennt kaum weiße Tage im Schnee. Wenn es in den frühen Morgenstunden schneit, verschwindet der Schnee in den nächsten Stunden wieder völlig. Aber in den Bergdörfern gibt es in manchen Gegenden sogar Wintereingänge im Dach, weil der Schnee so hoch liegt, dass man die Häuser sonst kaum betreten kann.[1]

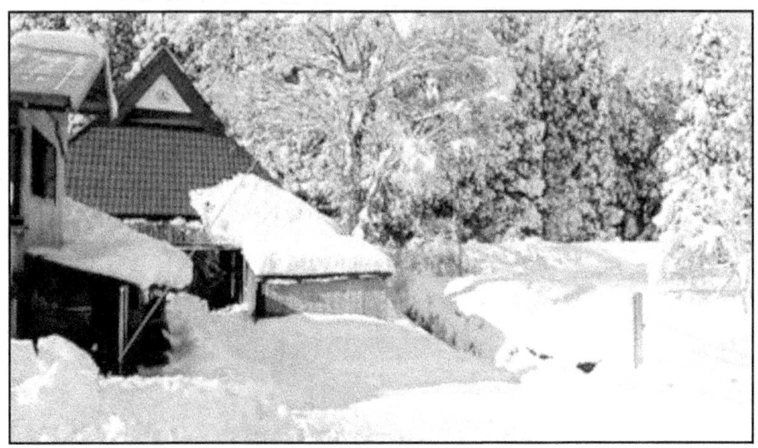

Abb. 50 Bergdorf im Schnee

Die Welt der Kirschblüten und des herbstlich roten Ahorns stehen für die Pracht des Daisu-Stils in den Palästen. Aber wenn man den Text Takeno Jōōs genau liest, so ist die Kenntnis dieser prachtvollen Welt eine Grundvoraussetzung für das Leben in wabi. Er geht sogar noch über die Gegensätze hinaus. Auch die prachtvolle Welt der Kirschblüten und des roten Ahorns sind nichts anderes als die Welt des ‚nicht ein Ding‘.

Der Spruch vom ‚Nicht ein Ding‘ geht zurück auf den sechsten Patriachen Huineng,[2] der als ungebildeter Koch im Tempel arbeitete. Als der Meister fühlte, dass er bald sterben würde, forderte er die Mönche auf, ein Gedicht über das Wesen des Zen zu schreiben. Der Verfasser des besten Gedichtes sollte sein Nachfolger werden. Der Hauptmönch Gyo-

---

[1] Das Foto stammt aus dem Jahr 2023 aus einem Bergdorf oberhalb von Kyōto. Es wurde von Uwe Walter, einem deutschen Shakuhachi-Spieler aufgenommen, der dort in dem Dorf lebt.

[2] Daikan Enō, bekannt als der 6. Patriarch Huineng (638 - 713)

kusen Jinshū (um 700) schrieb folgendes Gedicht:

身是菩提樹　　　Mi wa kore bodaiju
心如明鏡豪　　　kokoro wa meikyōdai no gotoshi
時時勤挑拭　　　jiji ni tutomete hosshiki shite
勿使惹塵挨　　　Jin'Ai wo hikashimuru nakare

Unser Leib ist wie der Baum,
an dem die Frucht der Erleuchtung wächst,
und unser Herz ist wie ein klarer Stand - Spiegel,
der die Erleuchtung spiegelt.
Jederzeit soll man ihn pfleglich putzen,
damit sich kein Staub darauf setzt.

Huineng, der weder lesen noch schreiben konnte, ließ sich das Gedicht von einem gebildeten Gast des Tempels vorlesen und ein Antwortgedicht für ihn aufschreiben. Huineng dichtete als Antwort:

菩提本無樹　　　bodai moto ki naku
明鏡亦非豪　　　meikyō mata dai ni arazu
本来無一物　　　honrai mu ichi motsu
何慮惹塵挨　　　izure no tokoro ni ka jin'ai wo hikan ya

Im Grunde der Wahrheit kein Baum,
klar leuchtender Spiegel braucht keinen Ständer,
im Ursprung nicht ein Ding - Honrai mu ichi motsu
wo könnte sich denn da Staub und Schmutz absetzen?

Die Teemeister haben ihre Lehren häufig nicht in spröden Prosatexten, sondern in poetischer Form als waka Dichtung hinterlassen. Es gibt in allen Teeschulen sogenannte Hyakushū 百首, etwa ,einhundert Köpfe' mit zentralen Aussagen über den Teeweg. Die meisten dieser Gedichte betreffen praktische Anweisungen zur Handhabung der Teegeräte oder zum Ablauf. Einige der Gedichte sind aber auch sehr philosophisch.

Berühmt sind die Rikyū hyakushū 利休百首, die Rikyū zugesprochen werden. Ausführlich werden die Rikyū hyakushū im zweiten Band besprochen. Hier soll nur eines der Gedichte interpretiert werden, dass die beste Zeit für Chanoyu besingt.

17. Zeit für Chanoyu

chanoyu ni wa:	茶の湯には
ume - kangiku ni	梅寒菊に
momiji miochi	黄葉み落ち
aodake - kare ki	青竹枯木
akatsuki no shimo	あかつきの霜

Zeit für den Tee:

Pflaumenblüte – Winterchrysantheme

Wirbelndes Herbstlaub

Grüner Bambus, kahle Bäume

Rauhreif am frühen Morgen

Rikyū Hyakushū

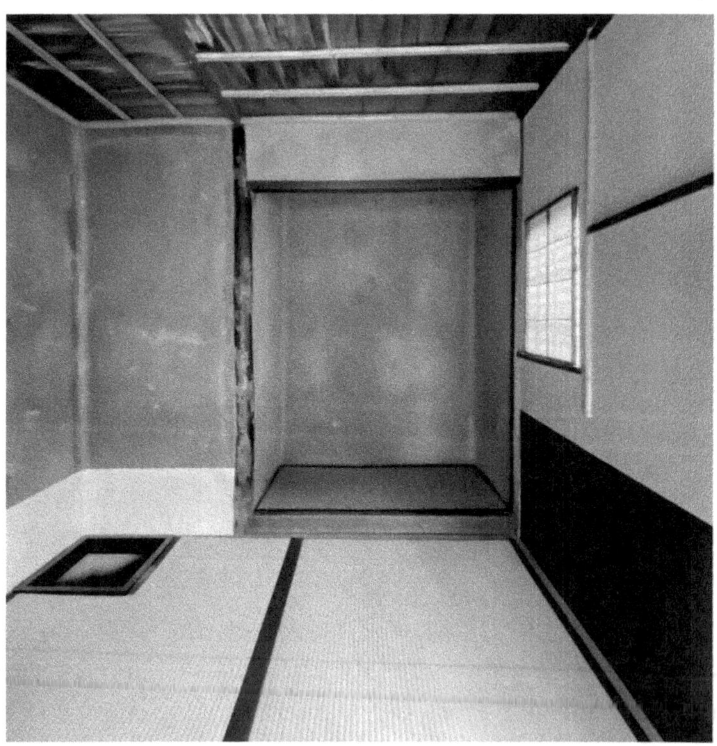

Abb. 51 Rikyūs Teeraum Taian

17.1 Frühling[1]

Warmer Frühlingsdunst verhüllt die Blütenknospen.

Noch liegt der letzte Schnee, aber der Frühling ist schon nahe.
Zwischen den Resten von Schnee zeigen sich zaghaft die ersten Gräser und Blüten. Tauwasser gluckert unter dem Schnee und fließt in kleinen Bächen davon. Die Erde duftet nach geschmolzenem Schnee und frischen Gräsern.

Im warmen Frühlingsdunst zeigen sich die ersten Knospen auf Bäumen und Büschen.
Auf dem kleinen Pflaumenbaum sitzen weiße Flocken:
Ist es der letzte Schnee oder sind es schon die ersten Blüten?
Ein zarter Duft erfüllt die Luft. Sind es die Pflaumenblüten oder kommt der Duft aus dem Teeraum?

Die Vögel haben es ganz eilig. Schwatzend und zwitschernd sitzen sie im Gebüsch und warten ungeduldig auf den Frühling, damit sie endlich ihre Nester bauen können.

Aus dem Teeraum ruft der Gong zum Tee.
Der Teekessel schwebt an einer Kette über dem Feuer und singt sein Lied. Er wetteifert mit dem Frühlingswind, der durch die Kiefern streicht.

Das heiße Wasser in der Teeschale klingt wie ein warmer Quell.
Der Tee duftet köstlich und tiefer Frieden erfüllt das Herz.

---

[1] Die folgenden vier Texte sind eigene Texte, entstanden, um die Freuden des Teeweges in den Jahreszeiten zu besingen.

17.2 Sommerhitze!

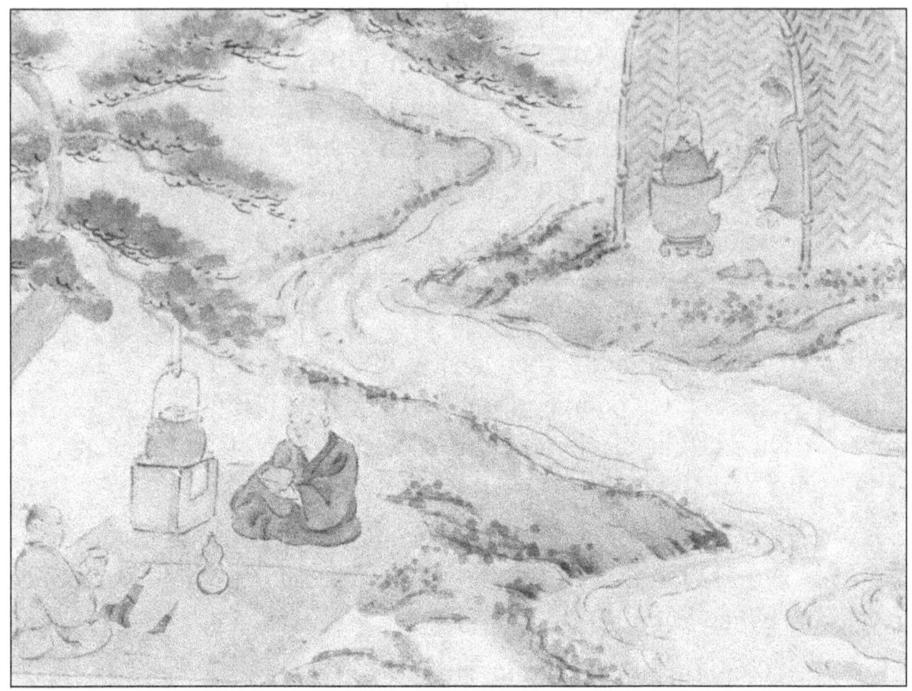

Abb. 52 Sommertee am Fluss

Wolken türmen sich über gelben Feldern. Flirrende Hitze.

Hoch über dem Tal ziehen weiße Wolken sorglos die Bahn.
Auf duftenden Bergwiesen spielt tanzendes Abendlicht im Schatten der Bäume.
Still sitzen Menschen im Gras.
Die Vögel singen.

Oben in den Bergen sammeln sich Gewitterwolken.
Warmer Regen fällt und füllt den Bergbach.
Das Wasser glitzert wie weiße Edelsteine auf den Felsen.
Der Wasserfall rauscht. Zwischen dem Moos fließen kleine Bäche ins Tal. Sie nähren die Flüsse und Meere.
Im moosgrünen Garten liegt still ein kleiner See.
Ein Frosch springt hinein.
Alles kehrt heim in den Ursprung.

Früh am Morgen ist es noch angenehm kühl.

Im kühlen Schatten am rauschenden Bergbach brennt ein kleines Feuer. In den Zweigen hängt eine Wasserkanne über dem Feuer.

Duftender Tee in der Morgenfrische.

Der Mönch Nambō sagt:

Eine Teegesellschaft im Freien muss vor allem an einem Ort veranstaltet werden, der rein und erfrischend wirkt. Dafür sind zum Beispiel Plätze unter Kiefern, am Rande eines Flusses oder inmitten von frischem grünem Gras geeignet. Es ist von großer Wichtigkeit für Gast und Gastgeber, reinen Geistes zu sein.[1]

17.3 Herbst

Hinunter sinket der Wald und Knospen gleich hängen einwärts die Blätter.

Der goldene Wind weht die bunten Blätter zu Boden.
Nebelblaue Zwetschen warten auf die letzte Sonne.
Langsame Schritte im Herbstlaub.
Durch die kahlen Zweige leuchtet der volle Mond.

Die Sommerhitze ist vorüber und die Natur atmet auf.
Sie erblüht in voller Schönheit im Abschied des Jahres.

---

[1] Aus: Namboroku, Buch 1

Über den Herbstgräsern leuchtet still der Septembermond.

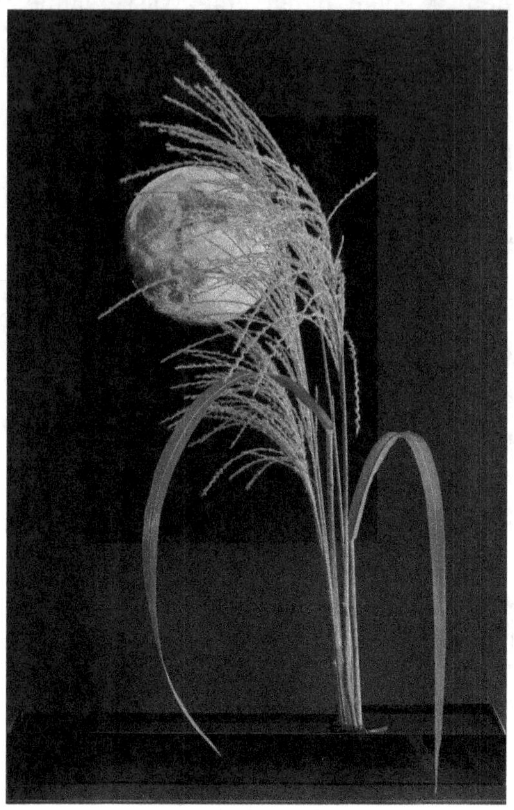

Abb. 53 Herbstgräser im Mond

In der Abendkühle singt drinnen der Teekessel sein stetiges Lied. Um das Feuer versammeln sich die Freunde und genießen den Tee in der neuen Frische und Schönheit des Herbstes. Seine grüne Farbe erinnert an das Grün der Wälder und Berge, die nun im nebligen Dunst verschweben.

Aki chikaki	秋近き
kokoro no yoru ya	心の寄るや
yo jo han	四畳半

Der Herbst kommt heran.
Das Herz erfüllt von Sehnsucht:
Viereinhalb matten

Matsuo Bashō

17.4 Winter

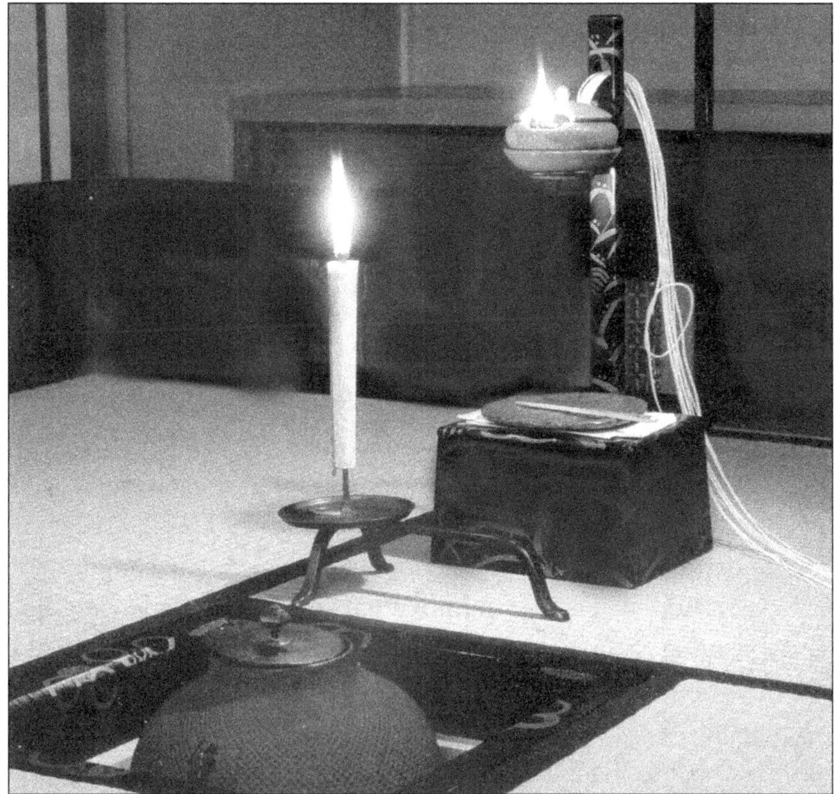

Abb. 54 Yobanashi – Abendlicher Tee

Draußen wirbeln weiße Flocken und decken das Land.
Alles verschwindet im winterlichen Weiß.
Der riesige Wintermond steht klar und hell
über den kahlen Feldern.

Drinnen singt der Teekessel über dem Holzkohlenfeuer.

In der versenkten Feuerstelle glühen die Holzkohlen und verbreiten wohlige Wärme.
Warmes, flackerndes Kerzenlicht erhellt den winzigen Raum.
Der Duft von edlen Hölzern und kostbarem Räucherwerk
erfreut das Herz.

Heimkehr in die Stille

18. Chanoyu ni wa

茶の湯には   chanoyu ni wa:
梅寒菊に   ume - kangiku ni
黄葉み落ち   momiji miochi
青竹枯木   aodake - kare ki
あかつきの霜   akatsuki ni shimo.

Zeit für Chanoyu:
Pflaume - kalte Chrysantheme
wirbelndes Herbstlaub
grüner Bambus, trockenes Holz
Rauhreif am Morgen.[1]

In der Sammlung Rikyū hyakushū von einhundert Gedichten zum Tee-weg, die Sen no Rikyū zugeschrieben wird, findet sich eines, das die besten Zeiten des Jahres für die chanoyu beschreibt. Das Gedicht nennt die idealen Zeiten für eine Tee-Einladung, indem es Erscheinungen in der Natur aufzählt, in der bestimmte Pflanzen oder Blumen aufblühen oder verschwinden. Es beginnt mit der Zeile: chanoyu ni wa. Chanoyu, wörtlich „heißes Wasser für den Tee" meint den Weg des Tee, den Tee-menschen versuchen zu gehen. Der Partikel ni - に bezeichnet ein Etwas in Raum oder Zeit. Es handelt sich also nicht um eine Bestimmung dessen, was chanoyu ist. Dann würde das Gedicht beginnen mit chanoyu to wa - was chanoyu anbelangt...! Es ist eine Zeit genannt, in der Cha-noyu geschieht oder praktiziert wird.

Auffällig ist, dass im Gedicht Gegensätze von Yin und Yang aufgebaut werden. Sowohl die japanische Pflaume als auch die Kan-Kiku, die Winter-Chrysantheme blühen in der dunklen Zeit. Die Pflaumenblüte erscheint im Februar, wenn noch der letzte Schnee auf den Blüten liegt. Oft weiß man nicht, ob es schon die ersten Blüten sind, die dort auf den Zweigen sitzen, oder ob es noch der letzte Schnee ist. Obwohl die Dunkelheit in dieser Zeit des Yin vorherrscht, blühen doch die Blumen und bringen Yang in die Dunkelheit.

Im späten Herbst erscheint die Winterchrysantheme, wörtlich im Japanischen der ‚Chrysanthemen der Kälte', Kan-Kiku. Die Nebel steigen

---

[1] Rikyū hyakushū Nr 99.

auf und der Winter kündigt sich an. Wenn sich in der Kälte der Nächte die weiße Blüte der Winterchrysantheme mit einem rötlichen Schimmer zu färben beginnt, dann ist es Zeit, die Winterfeuerstelle im Teeraum zu öffnen.

Allgemein ist eine Zeit, in der Yin und Yang ausgeglichen sind, eine ideale Zeit für Chanoyu. An einem heißen Sommertag ist der frühe Morgen kurz vor Sonnenaufgang eine ideale Zeit. Sonst könnte man den Tee auch an einem schattigen Platz an einem rauschenden und kühlen Bergbach genießen. Im kühlen Herbst und im kalten Winter ist es die wohlige Wärme der Winterfeuerstelle, um die man sich am Abend bei Kerzenlicht versammelt.

Das Herbstlaub, das sich jetzt bunt färbt, wird bald im Wintersturm fallen (momiji miochi). Es ist bemerkenswert, dass im Gedicht nicht das rote Herbstlaub genannt wird, sondern das Auseinanderstieben und Fallen der Blätter. Es ist eine Stimmung des Abschiedes.

Hölderlin schildert im ‚Winkel von Hardt‘ eine ähnliche Zeit und den abgeschiedenen Winkel:[1]

Hinunter sinket der Wald,
Und, Knospen ähnlich, hängen
Einwärts die Blätter, denen
Blüht unten auf ein Grund,

Das bunte Herbstlaub ‚hängt einwärts wie Knospen‘. Das Laub, das sich färbt, beginnt schon, sich zurückzuziehen, und geht beim Welken ‚einwärts‘. Es ist ein Bild, in dem das sterbende Laub wieder wie Knospen wird. Der Tod und das Vergehen erscheinen wie ein verheißungsvoller neuer Anfang. Wenn die Blätter gefallen sind, ‚blüht unten auf ein Grund‘. Vom Bild her wohl einfach der Boden unter den Bäumen, der jetzt in den bunten Herbstfarben des abgefallenen Laubs aufblüht. Im Sterben ist es wie ein Aufblühen und ein neues, bisher nie da gewesenes Leuchten.

Hölderlins Gedicht hat einen zweiten Teil, in dem der aufblühende

---

[1] Eine ausführliche Interpretation in meinem Buch: Hölderlin. Worte wie Blumen. Auf der Suche nach der Ganzheit. Meditationen zu Hölderlins Dichtung. 2021

Grund zu einer geschichtlichen Erinnerung wird:

> Hinunter sinket der Wald,
> Und Knospen ähnlich, hängen
> Einwärts die Blätter, denen
> Blüht unten auf ein Grund,
>
> Nicht gar unmündig
> Da nämlich ist Ulrich
> Gegangen; oft sinnt, über den Fußtritt,
> Ein groß Schicksal
> Bereit, an übrigem Orte.

Der ‚Grund‘ blüht auf, ‚nicht gar unmündig‘. Der Grund wird unversehens zur Ursache, dem Beginn, der nicht unmündig ist, das heißt, er ist ‚mündig‘ und beginnt zu sprechen. Er erzählt von Herzog Ulrich, der sich auf seiner Flucht 1519 hier im Winkel verborgen hatte, und von den Bauern der Umgebung mit Nahrung versorgt worden war. Später hat er diesen Bauern als Dank die Abgabe von Steuern erlassen. Das große Schicksal wurde am ‚übrigen Ort‘ - in einem Entwurf heißt es am ‚gesparten Ort - bereitet und in Sagen und Legenden aufbewahrt, gespart. Damit begründet der Grund die Sage und Historie, die an diesem gesparten Ort immer im Herbst, wenn das bunte Laub zu Boden fällt, besonders lebendig wird.

In dem Gedicht, das Rikyū zugeschrieben wird, aber wohl viel älter als Rikyū ist, werden ebenfalls Gegensätze aufgezählt:

> ume - kangiku ni　　　梅寒菊に
> Pflaumenblüte, - Winterchrysanthemen
>
> aodake - kare ki　　　青竹枯木
> grüner Bambus - kahle Bäume

Ume 梅, die kleine Pflaume Japans, ist in Wahrheit eine Aprikosenart. Die Früchte werden niemals vollkommen reif. In ihrer Reifezeit, dem Juni, regnet es häufig so stark, dass die kleinen, unreifen Pflaumen, die nur noch ganz locker an den Stielen hängen, vom Regen auf den Boden geschlagen werden. Dieser Regen ist der ‚Pflaumenregen‘, der 梅雨 Bai-u, ein besonderer Ausdruck für die Regenzeit im Juni. Dieselben Schriftzeichen können auch als Tsuyu. – Regenzeit gelesen werden. In dieser Zeit regnet es jeden Tag heftig, und die Luftfeuchtigkeit ist so groß, dass die Dinge beginnen zu schimmeln. So heißt die Regenzeit Tsuyu auch die Zeit des Schimmels, 黴雨. Ich habe selbst erlebt, wie meine Lederschuhe in dieser Zeit Schimmel ansetzten.

Der Regen in der Regenzeit heißt ‚Regen des fünften Monats' 五月雨, das wörtlich als go-gatsu-ame gelesen werden müsste. Der fünfte Monat ist nicht der Mai, sondern der fünfte Monat nach dem Mondkalender, also etwa Juni. Es gibt im Japanischen so viel unterschiedlichen Regen, dass die Aufzählung im Lexikon viele Seiten umfasst. Und so heißt dieser Regen des fünften Monats nicht go-gatsu-ame, sondern Samidare. In dieser Zeit mag sich niemand zum Tee im Teeraum treffen. Es ist viel zu schwül und feucht und der Schweiß rinnt in Strömen. In dieser schwülen Hitze fällt es schwer, lange Zeit auf dem Boden zu sitzen.

Nennt man die Ume in einem poetischen Zusammenhang, so ist aber niemals die Frucht, sondern die Blüte gemeint. Die Zeit der Ume ist also nicht die Regenzeit, sondern der Beginn des neuen Jahres. In der Zeit des Tsuyu 梅雨 ist es unerträglich schwül und man kann den Tee nicht in der schwülen Hitze im Teeraum nicht genießen.

Die japanische Pflaume blüht früh im Jahr, wenn oft noch Schnee fällt. Ja, voller Sehnsucht kann man kaum das kommende Frühjahr mit seinen Pflaumenblüten erwarten:

kokorosashi/ fukaku somete shi / orikereba/kieaenu yuki no / hana to miyuramaru

Da mein Herz / von Sehnsucht tief gefärbt, / hielt lange Zeit / für Blüten ich den Schnee, /der nicht vergehen will.[1]

Die Pflaumenblüten stehen für die tiefe Sehnsucht nach dem Ende der Kälte und dem Neubeginn. Sie werden niemals wegen ihrer bescheidenen Blüte gepriesen, die eher unauffällig und zurückhaltend ist, sondern vielmehr für ihren sehnsuchterweckenden Duft. Der Duft spricht nicht den nach außen gewandten Sinn des Sehens, sondern den inneren Sinn des Riechens an. Der vertraute Duft der Pflaume weckt sehnsüchtige Erinnerungen an Vergangenes.

---

[1] Kokin Wakashū" 古今和歌集.

Der Dichter Michizane,[1] der Minister am Hofe des Tennō war, und der wegen einer Intrige nach Kyushū verbannt wurde, liebte einen Pflaumenbaum an seinem Haus in der Heimat Kyōto so sehr, dass er dichtete:

東風吹かば / にほひおこせよ /
梅の花 / 主なしとて / 春を忘るな
Kochi Fuka ba / Nioi koyoseyo /
Ume no Hana / Hariji nashi tote / Haruna Warure so.

Wenn der Wind aus dem Osten weht,
dann schicke deinen Duft,
meine liebe Pflaumenblüte, an deinen Herrn,
damit ich nicht vergesse,
dass schon Frühling ist.

Die Legende will, dass der Pflaumenbaum der Bitte entsprach und sofort nach Kyushū zu seinem ehemaligen Besitzer flog. Heute noch kann man in Kyushū am Dazaifu Tenmangu Schrein, dem Gedenkschrein für Michizane die Tobi-Ume, den ‚fliegenden Pflaumenbaum' sehen, der nach Kyushū geflogen kam.

Michizana lebte in der Dunkelheit der Verbannung und sein Herz war voller Trauer und Kummer. Aber der Duft der Pflaumenblüte ließ ihn den Kummer vergessen und sein Herz füllte sich mit der Hoffnung auf einen Neuanfang im Frühling.

So ist die Zeit des Aufbruches während der Pflaumenblüte eine ideale zeit, um das neue Licht und die kommende Wärme zu feiern.

Das Gegenstück zur Ume ist Kan-Kiku 寒菊, die „Kalte Chrysantheme", die Winterchrysantheme. Noch ist der Winter nicht da, aber es wird kalt. Die Kan-Kiku, wörtlich kalte Chrysantheme ist eine kleine weiße Chrysantheme. Wenn die ersten kalten Nächte kommen, beginnt sich die reinweiße Farbe der kleinen Blume rötlich zu verfärben. Langsam wird die Farbe immer stärker. Die rote Farbe wird durch die Kälte hervorgerufen, so wie die erste Kälte das Herbstlaub färbt. Das ist dann die Zeit, in der man früher die Winterfeuerstelle im Teeraum öffnete. Es war also kein Datum im Kalender, sondern die Farbveränderung der weißen Chrysantheme, die den Winter im Teeraum vermeldete.

---

[1] Sugawara no Michizane 菅原 道真/菅原 道眞, * 845 + 903.

Ume steht für die tiefe Sehnsucht nach dem Neuanfang, die Kan-Kiku für die Einkehr in die Stille. Beide Zeiten sind Zwischenzeiten. Es ist nicht mehr Winter und es ist noch nicht Winter.

Das fallende Herbstlaub bezeichnet nicht die Pracht der Herbstfärbung des roten Ahorn, der tausende von Japanern in die Berge lockt, um die Pracht der Herbstfarben zu genießen. Es ist die Zeit der Stille und des Abschiedes von aller Pracht. Das fallende Herbstlaub ist die Stimmung des wabi, der schlichten Einkehr und der Abwendung von der Pracht des Lebens im Palast. Darum ist auch nicht die Kirschblüte genannt. Die ist viel zu prächtig und aufdringlich. Für Rikyū war das berühmte Gedicht aus dem Shin-Kokinwakashu der perfekte Ausdruck des wabi:

miwataseba	So weit man schaut:
hana mo momiji mo	weder Kirschblüten noch roten Ahorn
nakarikeri	gibt es da
ura no tomaya no	bei der Schilfhütte an der Bucht
Aki no yûgure	in herbstlicher Abenddämmerung

Die Pflaumenblüte ist viel bescheidener als die Kirschblüte. Zwar ist in dem berühmten Gedicht nur „hana" - Blüte genannt, aber das meint immer die Kirschblüte. Wer einmal die explosive Pracht der Kirschblüte in der alten Kaiserstadt Kyōto erlebt hat, weiß, dass es ein berauschendes, die Sinne völlig betörendes Erlebnis ist, wenn die Kirschen blühen. Das ist nicht die Stimmung für Chanoyu, die durch das Fehlen von Kirschblüten und den strahlenden Farben des leuchtenden Herbstlaubes geprägt ist. Die schlichte Hütte am Strand ist auch nicht eine ‚strohgedeckte Hütte' sondern die toma-ya, die Hütte für eine Nacht, also gerade eine Unterkunft für den flüchtigen Verbleib, die gerade eben gegen Wind und Wetter schützt. Genau dieser Stimmung entspricht der Teeraum, der ein Toma-ya, eine Hütte eben gerade für einen Tag ist. Im Namboroku heißt es:

Sich an der großartigen Konstruktion eines Hauses und an dem Geschmack erlesener Speisen zu freuen, ist eine sehr weltliche Angelegenheit. Uns genügt ein Haus, durch dessen Dach es nicht regnet, und ein Mahl, bei dem gerade der Hunger gestillt ist.

Nur die bescheidene, kleine weiße Pflaumenblüte, die wie leichte Schneeflocken auf den Zweigen sitzt, und mit ihrem Duft die Sehnsucht erweckt, kann für den Tee stehen. So ist es auch nicht zufällig, dass Rikyū sich die Pflaumenblüte als Wappen erwählt hat.[1] Das zweite Gedicht, das für Rikyū der Ausdruck des wabi ist, zeigt eine ähnliche Stimmung:

hana wo nomi	花をのみ
matsubaran hito ni	待つらむ人に
yamazato no	山里の
yuki ma no kusa	雪間の草の
no haru wo miseba ya.	春を見せばや

Zeigte man doch den nur die Kirschblüten erwartenden Menschen den Frühling der Gräser im tauenden Schnee des Bergdorfes!

Es geht nicht darum, sich nach der Pracht der Kirschblüte zu sehnen. Das Bild, das hier gezeichnet ist, ist ein völlig vom Schnee bedecktes einsames Bergdorf. Die Farbe ist: WEISS. Es ist die Farblosigkeit des erwachten Menschen. Im Gedicht wird das neue Gras erwartet, das im ‚Yuki ma' 雪間 sich verbirgt. Yuki ma ist der Zwischenraum zwischen dem Schnee. Es ist also eine Zeit, in der der Schnee langsam zu schmelzen beginnt. Die Luft ist erfüllt vom kaum wahrnehmbaren Duft von schmelzendem Schnee. Vielleicht ist der Zwischenraum auch noch nicht einmal, weil der Schnee schwindet und nur noch vereinzelte Stellen bedeckt, vielleicht ist es auch einfach nur der Zwischenraum UNTER dem Schnee, den das Schmelzwasser erzeugt. Die Gräser sind auch noch nicht erschienen: Man spürt und erahnt eher das beginnende Wachstum, als dass man es sehen könnte.

Aodake - karaki 青竹枯木 ist der Gegensatz von ‚blauem' (frisch grünem[2]) Bambus, der im Frühjahr vom Lebenssaft strotzt und dem trockenen Baum, der leer von Laub im Herbst- und Winterabend steht. Bashō dichtet:

---

[1] Rikyūs Wappen der Pflaumenblüte ziert auch den Einband dieses Buches.

[2] In der alten japanischen Sprache wird nicht zwischen blau und grün unterschieden. Beides ist ao 青, blau. Midori, das Wort für grün gibt es erst in der modernen Sprache.

枯枝に　　　　　kare eda ni
烏のとまりけり　karasu no tomarikeri
秋の暮　　　　　aki no kure

Auf dem dürren Ast
hockt eine Krähe
Herbstabend.

Der trockene Baum - kara Ki ist nicht nur die Zeit des Todes, sondern die Zeit der Einkehr und Stille. Wenn die Pracht des Herbstlaubes verschwunden ist, dann kommt das „reine Wesen", das NICHT zum Vorschein, das zuvor von den 10.000 Dingen mit all ihrer Pracht und Schönheit verdeckt war. Im Daodejing heißt es, ‚Wünsche habend sieht man die Begrenzung, die Außenseite der Dinge, wunschlos sieht man das NICHT'. Das NICHT ist nicht die nichtige Leere, sondern der Urgrund, aus dem alles her-kommt und in den alles hin-geht. Die Zeit des Überganges wird auch durch die letzte Zeile deutlich: akatsuki ni shimo - Raureif im frühen Morgen. Diese Zeile bildet den Abschluss des Gedichtes und ist damit eine Art Höhepunkt des Gedankenganges. Der Raureif erscheint im späten Herbst, wenn die Feuchtigkeit der Nacht in der Kälte des frühen Morgens friert und das Gras und die Blätter mit einem weißen, kalten Belag überzieht. Weiß ist die Farbe des Alters, das die Haare weiß färbt. Wenn aber der weiße Raureif auf den Blättern erscheint, bringt er die Vielfalt der Herbstfarben hervor:

Weißer Tau / hat nur eine Farbe - wie kann er denn / das Herbstlaub / in tausend Farben tauchen?

Der weiße Raureif erscheint in einer Zeit, wenn es noch nicht Winter ist. Er liegt nur in der Morgenfrühe, wenn der Mond fahl und rötlich am Himmel steht (ao-tsuki) über den Wiesen und Bäumen. Sofort, wenn die Sonne hervorkommt, verschwindet er, aber er hinterlässt die tausendfältigen Farben des Herbstes. Wie kann die Farblosigkeit die zehntausend Farben hervorbringen? Hier ist nicht das Phänomen gemeint, dass die erste Kälte der Herbstnacht das Laub färbt, es ist der Wechsel zwischen der Farblosigkeit des NICHT und den zehntausend Farben der Dinge der Welt gemeint. Dieser Wechsel ist das Hin und Her Gehen zwischen den Bereichen der Wünsche und der Wunschlosigkeit, wie es im Daodejing beschrieben ist.

Es ist nicht der Mensch, der alt und müde und dessen Haare weiß geworden sind. Die Einkehr in die Stille des Teeraumes lässt uns die Leere sehen. Zurückgekehrt in den Alltag erscheint uns die Welt wieder in den zehntausend Farben.

Wieder? Nein, vor der Erfahrung der Stille im Teeraum war die Welt nicht farbig, eher grau und trostlos, eben „alltäglich" und nicht lebenswert. Erst die Erfahrung der Stille bringt die Farbigkeit der Welt hervor, so wie der weiße und farblose Raureif die leuchtende Farbigkeit des Herbstlaubes hervorbringt, die uns in ihrer Schönheit förmlich den Atem rauben kann. Wer die Stille nie erfahren hat, für den ist die Welt leicht grau und farblos, aber dann eben sinnlos und leer.

Die Schönheit der Dinge kommt erst zum Leuchten, wenn man die Farblosigkeit, die Stille und die LEERE des NICHT erfahren hat. Die Einkehr in die Stille des Teeraumes verwandelt den Menschen und lässt ihn, zurückgekehrt in den Alltag die Welt wieder bunt und farbig erscheinen.

Ausblicke

Murata Jukō beschreibt in seinem Brief den Gegensatz zwischen chinesischen und japanischen Dogū. Soll man nur chinesische oder nur japanische Dinge beim Tee verwenden, oder ist es besser, diese beiden Stile zu mischen. Letztlich geht es aber darum, dass der Tee und die gesamte Teezeremonie, die aus China nach Japan kam, japanisch werden kann. In der Folgezeit wurde der Teeweg zu einer rein japanischen Angelegenheit. Aber dabei haben die Japaner niemals die Herkunft aus China vergessen.

Auch in der Dichtung gab es in Japan dieselbe Entwicklung. Die Dichtkunst kam aus China und wurde in Japan fleißig kopiert. Aber allmählich wurde die Dichtung vollkommen japanisch. Aber selbst bei einem der japanischsten Dichter, dem Haikudichter Bashō bleibt die Erinnerung an die chinesischen Ursprünge erhalten. Aber seine Dichtung ist derart originell japanisch, dass erst wieder wissenschaftliche Untersuchungen einer Chinesin die Erkenntnis gebracht haben, dass Bashōs Dichtung immer wieder dem chinesischen Denker Zhuangzi verpflichtet ist.[1]

In gewisser Weise befinden wir uns heute in einer ähnlichen Situation. Der Teeweg ist von Japan aus in den Westen gekommen. Er kam bereits nach der Meijireform um die Wende des 19. Jahrhunderts nach Amerika. Kakuzō Okakura wurde 1862 in Yokohama geboren. Es war eine Zeit, in der die japanische Welt von rasanten Umbrüchen geprägt war und Amerika als das große Vorbild galt. Okakura ging nach Amerika, zunächst nur mit der Absicht, Englisch zu lernen, um die westliche Wissenschaft in Japan vermitteln zu können. Aber er geriet in große Selbstzweifel und versuchte, sich aus der alten japanischen Kultur neu zu verstehen. Für ihn war der Teeweg das Herz der japanischen Kultur, das er mit seinem ‚Buch vom Tee' (1906) dem Westen vermitteln wollte. Nach dem Zweiten Weltkrieg kam Sōshitsu Sen, der Oiemoto der Urasenke-Schule nach Amerika und gründete dort die ersten Teegruppen. Er setzte sein Werk der Vermittlung des Teeweges in den Westen 1972 fort, indem er das erste offizielle japanische Teehaus in Deutschland im Münchner Englischen Garten stiftete.

Inzwischen sind mehr als 50 Jahre vergangen und eine ganze Reihe von Menschen haben den Teeweg unter der Anleitung von japanischen Teelehrern geübt. Nun ist es die Frage, ob diese Kunst vollkommen japanisch bleibt, oder ob sie auch in Deutschland ankommen kann. Es geht nicht darum, wie auf einem Kostümfest in japanischer Kleidung gewandet eine merkwürdige Kunst vorzuführen, die sich dem deutschen Verständnis vollkommen verweigert. Es geht darum, sich dem wesentlichen Kern dieses Weges zu nähern, so dass er ein Stück weit zu unserer eigenen Natur werden kann. Zwar ist der Teeweg tiefgreifend von der japanischen Kultur geprägt, aber gemeinsam Essen und Trinken gehört zu den Urerfahrungen der Menschen, unabhängig von Nationalität, Religionszugehörigkeit oder Hautfarbe. Hat nicht jeder Mensch Augen? Haben wir nicht Hände, Organe, Glieder, Sinne, Neigungen, Leidenschaften wie die Japaner? Werden wir nicht mit derselben Speise

---

[1] Peipei Qiu: Bashō and the DAO. The Zhuangzi and the Transformation of Haikai. University of Hawai'i Press, 1988.

genährt, durch dieselben Waffen verwundet, von denselben Krankheiten heimgesucht, durch dieselben Mittel geheilt, im Winter durch dieselbe Kälte und im Sommer durch dieselbe Hitze wie ein Japaner erwärmt und abgekühlt?

In Amerika lebt Lauren W. Deutsch, eine amerikanische Jüdin, die intensiv den Teeweg geübt und gelebt hat. Einmal hatten wir eine gemeinsame Reise zu den koreanischen Schamanen geplant. Aber leider wurde aus organisatorischen Gründen nichts daraus. Sie hat im Kyōto Journal einen Artikel geschrieben mit dem Titel ‚Tea Beyond Japan: Chanoyu in the Diaspora‘. Darin schildert sie, wie sich in Amerika Gruppen der unterschiedlichen Teeschulen im universitären Bereich treffen und Erfahrungen austauschen. Sie schildert eine dieser Veranstaltungen, bei der Schüler der unterschiedlichen Schulen gemeinsam Tee vorgeführt haben:

> Die folgenden Versammlungen hatten strukturiertere Workshops und Vorträge zu verschiedenen Themen und beinhalteten die inzwischen charakteristischen Elemente des spontanen Tee-Zubereitens. Am Ende fand ein gemeinsamer Temae-Tee-Dienst statt, der von Gastgebern der Urasenke- und Omotesenke-Schulen durchgeführt wurde, um unsere kollektive Anstrengung in Zeit und Raum zu verankern. Zu den Diskussionsthemen gehörten die philosophischen Grundlagen des Chanoyu, Poesie, historische Schriften, die Zubereitung von Kaiseki-Tee-Mahlzeiten und handgefertigte Teeräume und Gärten. Es gab praktische Sitzungen zu Kalligraphie, der Herstellung von Tee-Utensilien und Süßigkeiten, dem Überleben des körperlichen Aspekts des Sitzens im Seiza-Stil und Vorträge von ansässigen Gelehrten. Wir haben auch Handwerker, insbesondere Keramiker, begrüßt, die neue Kunden für ihre Handarbeiten finden möchten. Während der Versammlungen in den Zen-Zentren wurden wir von der Sangha eingeladen, an ihrer Meditation und ihrem Dienst teilzunehmen. Im Gegenzug luden wir sie zum Tee ein. Der Geist, mit Tee zu leben, war begeisternd.

Sehr wenige japanische Staatsangehörige haben teilgenommen; diejenigen, die es taten, erzählten uns, dass sie durch unseren unabhängigen Geist des Chado ermutigt wurden, etwas zu tun, das sie zu Hause nicht unbedingt finden können. Die meisten meiner in Japan geborenen Tee-Kollegen in Los Angeles können nicht verstehen, was wir in diesem Rahmen machen könnten. Mein lieber Lehrer findet sie ‚interessant‘. Menschen aus Europa sehen unser Modell als nützliches Beispiel, um eine kritische Masse von Praktizierenden über nationale Grenzen hinweg zu versammeln.

Japaner sind verwundert über diesen Geist der Freiheit, der über die unterschiedlichen Schulen hinweg die Herzen der Menschen ergreifen kann. Der Teeweg ist in Japan alt geworden. Im Westen gibt es auf dem Teeweg noch den lebendigen Anfängergeist.

Ich hatte einmal Besuch von einem japanischen Studenten, der für eine traditionelle Universität in Kyōto untersuchen sollte, wie sich der Teeweg außerhalb von Japan verändert. Er beobachtete einen Tag lang meinen Unterricht mit totalen Anfängern. Meine Unterrichtsmethoden sind geprägt aus meiner Erfahrung in der Erwachsenenbildung. Meine Vorgehensweise war ‚pädagogisch‘. Ein traditioneller japanischer Lehrer wird zunächst den Schüler nahezu ignorieren und ihm für mehrere Monate die richtige Verbeugung und das ehrfürchtige Grüßen beibringen. Aber meine Studenten schlugen alle nach ein paar Stunden Unterricht mit großer Begeisterung die ersten Schalen mit Matcha. Und das annähernd in einer guten Form. Dennoch muss man dann dabei darauf achten, dass auch der rechte Geist des Teeweges vermittelt wird. Nicht durch Nachahmen, sondern durch fragen, antworten und die rechte Praxis. Für uns ist der Teeweg fremd. Wir müssen fragen und verstehen. Aber der Fisch muss das Wasser, in dem er schwimmt, nicht verstehen. Wir dagegen müssen erst schwimmen lernen. Das ist kein Mangel, sondern eine große Chance, den Teeweg aus dem ursprünglichen Geist zu verstehen und zu praktizieren.

Wir befinden uns heute in einer Zeit des Wandels und der Annäherung von Ost und West. Mein größter Wunsch wäre es, dass der japanische Teeweg, der einen tiefen inneren Frieden schenken kann, einmal so in Deutschland ankommen möge, dass er fast wie ein Bestandteil unserer eigenen Kultur wirken kann. Aber die Erinnerung an seine Herkunft aus

Japan wird für immer erhalten bleiben.[1]

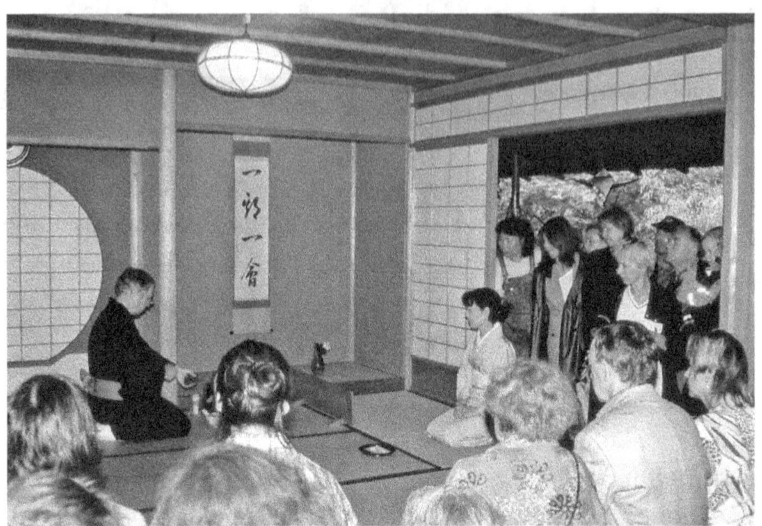

Abb. 55 Der Autor beim Tee

---

[1] Das Bild ist in den 1990er Jahren im Japanischen Teehaus Kan-Sho-An in München bei einem Japanfest entstanden.

Anhang

19. Jukō Brief Kokoro no fumi

Jukō Original Text in mittelalterlichem Japanisch:

古市播磨法師　　　　　　　　　　　　珠光

比道、第一わろき事ハ、心のかまんかしやう也、

こふ者をはそねミ、初心の者をハ見くたす事、一段無勿躰事共也、

こふしやにハちかつきて一言をもなけき、又、初心の物をはいかにもそたつへき事也、比道の一大事ハ、和漢之さかいをまきらかす事、肝要肝要、ようしんあるへき事也、又、當時、ひゑかるゝと申て、初心の人躰かひせん物、しからき物なとをもちて、人もゆるさぬたけくらむ事、言語道断也、かるゝと云事ハ、よき道具をもち、
其あちわをよくしりて、心の下地によりてたけくらミて、
後までひへやせてこそ面白くあるへき也、又、さハあれ共、一向かな
ハぬ人躰ハ、道具にハからかふへからす候也、いか様のてとり風情にても、なけく所、肝要にて候、たゝかまんかしやうかわろき事にて候、又ハ、かまんなくてもならぬ道也

銘道ニいわく、心の師とハなれ、心を師とせされ、と古人もいわれし也

Übersetzung ins moderne Japanisch:

古市播磨法師　　　　　　　　　　　　珠光
この道において、まず忌むべきは、自慢・執着の心である。達人をそねみ、初心者を見下そうとする心。もっての外ではないか。本来、達人には近づき一言の教えをも乞い、また初心者を目にかけ育ててやるべきであろう。

そしてこの道でもっとも大事なことは、唐物と和物の境界を取り払うこと。（異文化を吸収し、己の独自の展開をする）これを肝に銘じ、用心せねばならぬ。

さて昨今、「冷え枯れる」と申して、初心の者が備前・信楽焼などをもち、目利きが眉をひそめるような、名人ぶりを気取っ

ているが、言語道断の沙汰である。「枯れる」ということは、良き道具をもち、その味わいを知り、心の成長に合わせ位を得、やがてたどり着く「冷えて」「痩せた」境地をいう。これこそ茶の湯の面白さなのだ。とはいうものの、それほどまでに至り得ぬ者は、道具へのこだわりを捨てよ。たとえ人に「上手」と目されるようになろうとも、人に教えを乞う姿勢が大事である。それには、自慢・執着の心が何より妨げとなろう。しかしまた、自ら誇りをもたねば成り立ち難い道でもあるのだが。

この道の至言として、わが心の師となれ　心を師とするな

（己の心を導く師となれ　我執にとらわれた心を師とする）と古人もいう。

20.　Ausgewählte Literatur

Chasho Geist und Geschichte der Theorien japanischer Teekunst
Horst Siegfried Hennemann　1994

Baisao. The Old Tea Seller
Norman Waddell　2008 222 Seiten　ISBN 976-1-58243-413-1

Rikyu's Hundret Verses in Japanese and English
Rikyu; Iguchi Kaisen　übers.: Gretchen Mittwer erschienen 2020 235 Seiten　ISBN 978-4-473-04428-0

The Ideologies of Japanese Tea.
Subjectivity, Transience and national Identity Tim Cross, Fukuoka University　Erschienen 2009　ISBN 978-1-905246-75-5

Yamanoue Soji no ki. Aufzeichnungen des Yamanoue
Yamanoue Soji　Rikyu jidai no meibutsu ki.　Japanischer Text
ISBN 978-4-473-03787-9

Chanoyu no Rekidai – History of chanoyu
Kozu Asao　　japanischer Text ISBN 978-4-04-400645-7

Jingde chuandeng li
Aufzeichnungen von der Übertragung der Leuchte aus der Ära Jingde
hrsg. und übersetzt von Cristian Wittern　2014　978-3-458 70046-3

Hojo ki – Aufzeichnungen aus meiner Hütte
Kamo no Chomei　Kindle

21. Andere Bücher des Autors:

Heilige Drachen Band 1. Alte Welt – Indien – China

Heilige Drachen Band 2. Korea und Japan

Der WEG und das LEBEN. Meditationen zum Daodejing

Hölderlin: Worte wie Blumen. Auf der Suche nach der Ganzheit

Vor langer Zeit. Mukashi mukashi. Erzählungen aus dem alten Japan

Bunte Steine am Weg. Freies unbekümmertes Wandern in der Welt des Geistes im Abendland und im Fernen Osten.

Wind in den Kiefern. Haiku und Haibun – Zenkunst der Achtsamkeit.

Die reißende Zeit und die Stille. Überarbeitete Fassung vom Garten der Stille.

Mukashi mukashi. Geschichten von Göttern, Menschen Tieren und Geister im alten Japan.

Wie der Donnergott einmal in den Brunnen fiel. Japanische Märchen, Legenden und Mythen.

Von Hunden, Katzen und anderen Menschen. (Mein Leben mit Hunden, von der Kindheit bis ins Alter.)

Das zerrissene Herz. Viel sind Erinnerungen. (Kindheit und Jugend an der grünen Grenze Deutschlands im Krieg und Nachkriegszeiten.)

22. Stichwortverzeichnis

Namen